CARÁTER E LIDERANÇA

NOVE ESTADISTAS QUE CONSTRUÍRAM A DEMOCRACIA BRASILEIRA

CARÁTER E LIDERANÇA

NOVE ESTADISTAS QUE CONSTRUÍRAM A DEMOCRACIA BRASILEIRA

2ª EDIÇÃO

LUIZ FELIPE D'AVILA

70

CARÁTER E LIDERANÇA
NOVE ESTADISTAS QUE CONSTRUÍRAM
A DEMOCRACIA BRASILEIRA
2.ª Edição

Autor: Luiz Felipe D'Avila

Diretor da Almedina Brasil: Rodrigo Mentz
Editor: Marco Pace
Editor de Desenvolvimento: Rafael Lima
Assistentes Editoriais: Larissa Nogueira e Letícia Gabriella Batista
Estagiária de Produção: Laura Roberti
Revisão: Gabriela Silva e Sol Coelho

Diagramação: Almedina
Design de Capa: Roberta Bassanetto

ISBN: 9786554271578
Agosto, 2023

Dados Internacionais de Catalogação na Publicação (CIP)
(Câmara Brasileira do Livro, SP, Brasil)

D'Avila, Luiz Felipe
Caráter e liderança : nove estadistas que
construíram a democracia brasileira / Luiz Felipe D'Avila.
2. ed. – São Paulo : Edições 70, 2023.

ISBN 978-65-5427-157-8

1. Ciência política 2. Conservadorismo
3. Democracia – Brasil – História 4. Estado de direito – Brasil
5. Estadistas – Brasil 6. Liderança I. Título.

23-158260 CDD-321.8

Índices para catálogo sistemático:

1. Democracia : História : Ciência política 321.8

Eliane de Freitas Leite – Bibliotecária – CRB 8/8415

Este livro segue as regras do novo Acordo Ortográfico da Língua Portuguesa (1990).

Editora: Almedina Brasil
Rua José Maria Lisboa, 860, Conj. 131 e 132, Jardim Paulista | 01423-001 São Paulo | Brasil
www.almedina.com.br

"... é mais fácil viver na falsa procura do que na responsabilidade de encontrar."

MARCEL PROUST

AGRADECIMENTOS

Gostaria de agradecer às pessoas que leram capítulos do livro, concederam depoimentos e contribuíram com comentários, sugestões e críticas para este trabalho: Fernando Henrique Cardoso, Jorge Caldeira, Pedro e André Correa do Lago, Sergio Fausto e Antônio Bonchristiano. Agradeço especialmente a Orlando de Assis Baptista, que teve o trabalho de revisar os textos com grande competência e senso crítico.

SUMÁRIO

INTRODUÇÃO

LIDERANÇA, VALORES, CARÁTER E A CONSTRUÇÃO DAS INSTITUIÇÕES DEMOCRÁTICAS DO BRASIL

A construção das instituições democráticas não é obra do acaso, nem um ato voluntarista de líderes carismáticos. Ela deriva da atuação de governantes com coragem de enfrentar resistências políticas, econômicas e sociais que impedem a promoção das mudanças de cultura; ela é fruto da atuação de estadistas que demonstram determinação e paciência para educar a opinião pública e para conquistar o respaldo da sociedade em torno das reformas estruturais do Estado; ela é obra de indivíduos que revelam, por meio de ações e escolhas, convicção profunda nos valores democráticos e princípios éticos.

Não basta medir a boa liderança apenas pela qualidade da gestão pública, pela eficácia administrativa do governo e pelo resultado das políticas públicas. A boa liderança compreende também um componente fundamental: a ética. A defesa incondicional de valores e de princípios, o exemplo da conduta pessoal e a habilidade de educar a opinião pública são atributos indispensáveis para assegurar a aprovação das leis e das reformas que garantem o florescimento da liberdade, a confiança nas leis e instituições e a credibilidade do Estado de Direito. Valores importam. Eles são vitais para criar uma visão inspiradora que desperte o senso de propósito, o sentido de urgência e a capacidade de mobilizar as pessoas em torno das prioridades do país. Um líder é, acima de tudo, um educador, uma pessoa que ajuda seus liderados a enfrentar as dificuldades, os riscos e os sacrifícios que toda mudança de cultura e institucionalização de processos exigem da sociedade.

Joseph Nye, professor de Harvard e um dos maiores estudiosos de liderança pública, concebeu um critério para mensurar o desempenho dos estadistas que serviu de inspiração para a seleção dos líderes políticos retratados neste livro. Segundo ele, os *objetivos*, os *meios* e as *consequências* das decisões dos governantes precisam ser avaliados do ponto de vista ético e de eficácia das políticas públicas. Ao analisar a eficácia dos *objetivos*, é necessário avaliar não só os resultados que se almeja atingir, como também avaliar os valores e as intenções que expressam a visão do líder. Do ponto de vista ético, os *meios* empregados pelo líder para atingir seus objetivos são tão importantes quanto o resultado de suas ações. A eficácia de suas medidas, as escolhas e as decisões não podem se sobrepor aos valores éticos; os meios e os fins são igualmente fundamentais. Quanto ao critério de mensuração das *consequências* da ação política, Nye afirma que a boa política é aquela que beneficia não só os interesses imediatos de um grupo, como também assegura ganhos para as pessoas que não pertencem ao grupo[1]. Em outras palavras, as mudanças transformadoras trazem benefícios não só para um grupo de cidadãos, como também para todo o restante da sociedade. Os casos selecionados neste livro exemplificam esse ponto.

A luta de Joaquim Nabuco contra a escravidão não beneficiou apenas milhares de escravos que conquistaram a liberdade. Ela colaborou para romper o oligopólio do poder político dos grandes proprietários de terra, pavimentou o caminho para o surgimento da indústria e para a retomada do crescimento econômico. A cruzada de Ulysses Guimarães pela redemocratização do Brasil não beneficiou apenas o seu partido, o PMDB; ela foi vital para garantir a transição pacífica do regime autoritário para a democracia – um ganho para todos os brasileiros que recuperaram a liberdade política e cívica. Da mesma forma, a introdução do Plano Real, em 1994, que garantiu a eleição do presidente Fernando Henrique Cardoso, permitiu ao país

---

[1] NYE JR., Joseph. *The Powers to Lead.* New York: Oxford University Press, 2008.

não apenas combater a inflação e resgatar a estabilidade econômica, como também promover as reformas institucionais que permitiram a redução da desigualdade social.

Numa época na qual a discussão de valores parece ausente da vida pública, é importante resgatar o senso de que valores, princípios e caráter do estadista são fatores determinantes para o aprimoramento das instituições democráticas. Líderes sem caráter contribuem para o enfraquecimento das instituições, se deixam seduzir pela popularidade momentânea e são guiados pelo oportunismo, pela tentação imediatista e pelos ganhos de curto prazo. Esses falsos líderes são incapazes de correr os riscos políticos, de educar a opinião pública e de assumir o ônus da impopularidade para tomar medidas corajosas que colaborem para o fortalecimento das instituições e a construção de um legado.

Há pontos em comum nas histórias dos estadistas aqui contadas: a preocupação com o fortalecimento das instituições democráticas; o impacto e a eficácia de suas ações; e o emprego dos meios éticos para atingir os fins políticos. A primeira parte do livro retrata os esforços dos nossos *Founding Fathers* para construir as instituições brasileiras: José Bonifácio, os imperadores D. Pedro I e D. Pedro II, Joaquim Nabuco e os três primeiros presidentes civis do Brasil – Prudente de Moraes, Campos Salles e Rodrigues Alves. A segunda parte trata de dois líderes excepcionais, Oswaldo Aranha e Ulysses Guimarães, cuja defesa dos princípios democráticos em tempos sombrios serviu de estopim para debelar os regimes autoritários. O livro termina com o capítulo sobre Fernando Henrique Cardoso, o presidente que inaugurou uma nova era de estabilidade política e econômica, cujo principal legado foi o resgate da confiança nas instituições e o restabelecimento da credibilidade externa do país.

A construção das instituições é obra de várias gerações de estadistas que, por meio das suas ações e escolhas, do seu exemplo e caráter, lutaram para promover mudanças transformadoras no Estado brasileiro. Ela advém da continuidade de políticas públicas, do aprimoramento das instituições, da previsibilidade das regras e do repúdio a governos que sufocam a liberdade e procuram sucumbir o Estado de Direito. A herança bendita que recebemos é fruto dos feitos e do legado desses líderes. Graças a eles, vivemos num país no qual reina a liberdade de expressão, o Estado de Direito, a alternância no poder por meio do voto livre e democrático, o respeito à propriedade privada e às regras da economia de mercado e instituições fortes capazes de coagir o voluntarismo populista de governantes oportunistas. Apenas 20% das nações do mundo gozam desse privilégio. O Brasil é uma delas.

Cabe a nós e às gerações futuras a responsabilidade de continuar a zelar pelo bom funcionamento das instituições e de não deixar que a herança bendita que recebemos seja dilapidada por governos populistas e aventureiros que desejam transformar a democracia numa fachada, com o propósito de legitimar decisões personalistas. Os desafios do presente nos obrigam a rever crenças e atitudes que dificultam o avanço das reformas estruturais. Eles testam a nossa capacidade e determinação de extirpar costumes obsoletos e práticas imorais que corroem a credibilidade das leis e das instituições. Eles nos levam a resgatar o senso de dever e de propósito para pressionar os nossos governantes a renunciar aos impulsos do espírito imediatista e aos objetivos de curto prazo que nos desviam dos sacrifícios que temos de enfrentar para garantir aos nossos filhos e netos um país estável, democrático e livre, no qual a solidez das instituições é a melhor garantia contra o surgimento de ditadores e de líderes populistas. Os desafios do presente são muitos e os perigos de retrocesso continuam a ameaçar a credibilidade e a eficácia das nossas instituições. Como dizia Winston Churchill, "o preço da liberdade é a eterna vigilância". Não podemos baixar a guarda nem abandonar a vigília.

PARTE I

OS CONSTRUTORES DAS INSTITUIÇÕES

JOSÉ BONIFÁCIO DE ANDRADA E SILVA: O PATRIARCA DA INDEPENDÊNCIA E A CRIAÇÃO DO ESTADO BRASILEIRO

Políticos que costumam reclamar que quatro anos de mandato é muito pouco para promover mudanças transformadoras deveriam estudar a vida de José Bonifácio de Andrada e Silva. Em apenas dois anos no comando do primeiro governo de D. Pedro I, ele se tornou protagonista da luta pela independência do Brasil, fundador da monarquia constitucional e responsável pela preservação da unidade territorial brasileira. Como estadista, liderou a luta contra os extremistas de ambos os lados do Atlântico. Enfrentou as Cortes (Parlamento) portuguesas e os demagogos brasileiros. As Cortes queriam submeter a nação à antiga condição de colônia após o Brasil ter sido alçado a Reino, em paridade com Portugal. Já os demagogos domésticos desejavam transformar o país numa república de caudilhos – como veio a ser o trágico destino do restante da América Latina. Graças à visão, à coragem e à determinação de José Bonifácio, o Brasil trilhou o caminho da construção do Estado de Direito, da monarquia constitucional, das instituições democráticas e da liberdade de expressão. Não é por outro motivo que lhe foi concedido o título de Patriarca da Independência.

Após 37 anos vivendo na Europa, José Bonifácio desembarcou no Brasil, em 1819, com claro intuito de se aposentar. Era um senhor de 56 anos que trazia consigo a mulher, três filhas, 6 mil livros e uma coleção impressionante de minerais – considerada uma das maiores e mais importantes do mundo. A bagagem de um homem diz muito sobre a sua personalidade. A erudição, a curiosidade intelectual e os estudos sobre minerais transformaram-no num intelectual renomado e abriram-lhe as portas do mundo político, cultural e social na Europa.

Em Portugal, onde iniciou seus estudos universitários, tornou-se amigo do duque de Lafões (D. João de Bragança), um dos homens mais influentes na Corte, na política e na comunidade intelectual do reino. Político, militar e fundador da prestigiosa Academia de Ciências de Lisboa, o duque encantou-se com a erudição de José Bonifácio. Além de elegê-lo membro do seleto grupo da Academia de Ciências, conseguiu uma bolsa de estudos para o jovem expandir seus conhecimentos científicos. Começava então sua odisseia pelo mundo iluminista da Europa. José Bonifácio chegou a Paris logo após a Revolução Francesa, na primavera de 1790. Estudou mineralogia e química com o professor Antoine François de Fourcroy, que trabalhava com Lavoisier, o pai da química moderna. Os estudos e o convívio com intelectuais e políticos franceses foram intercalados com o melhor da vida parisiense: teatro, jantares, *promenades* e mulheres. Vaidoso, o jovem Andrada gastava dinheiro comprando flores de *Mlle.* Hardi, encadernando livros com *Mlle.* Gerard e investindo no seu vestuário: "meia de seda branca, fivelas de prata, fita para o cabelo, duas varas e meia de renda para gravatas, punhos de cassa". Teve de comprar também "uma cocarda tricolor, sem a qual nem as mulheres poderiam sair à rua".[2]

Símbolo da Revolução Francesa, a cocarda representava tudo aquilo que José Bonifácio abominava: o triunfo dos demagogos, o fim da ordem, das leis e, portanto, da liberdade. A estada na França marcou profundamente suas convicções políticas. Passou a ter aversão a revoluções, a governos populistas e à desordem social. Presenciou os levantes populares em Vendée, um fuzilamento no Campo de Marte que terminara com um saldo de 53 mortos, a tentativa frustrada de fuga do rei Luís XVI e a sua captura em Varennes. Felizmente, José Bonifácio já havia deixado a França quando o país imergiu no reino do Terror, sob a liderança de Robespierre.

[2] SOUSA, Octávio Tarquínio. *História dos fundadores do império do Brasil.* Rio de Janeiro: José Olympio, 1957, v. 1, p. 73.

Em 1792, ele estava na Alemanha, estudando na escola de Minas de Freiburg. Foi o período mais fértil do seu aprendizado acadêmico. Era amigo de classe de Wilhelm Humboldt – o homem que revolucionou a educação na Alemanha – e teve o privilégio de assistir a uma aula de Immanuel Kant, um dos maiores filósofos do seu tempo, de quem se tornou profundo admirador. Os estudos de mineralogia foram intercalados com excursões científicas por minas e jazidas na Alemanha e na Áustria. Mas a sua notoriedade científica firmou-se durante uma viagem pelas minas da Suécia e da Noruega em 1796. Nessa ocasião, descobriu quatro novas espécies de minerais. Segundo Pierre-Guillaume Le Play, um conhecido mineralogista, Brasil e Portugal deveriam dedicar-lhe estátuas para imortalizar o feito "deste grande sábio numa época tão fecunda de grandes homens".[3] Mas o governo português desejava empregar o talento de José Bonifácio em atividades mais práticas.

Quando retornou a Portugal em 1800, o chefe do governo era ninguém menos que D. Rodrigo de Souza Coutinho, amigo e admirador de José Bonifácio. D. Rodrigo, fiel discípulo do marquês de Pombal, acreditava que a verdadeira transformação de uma nação começava com o emprego de homens talentosos na administração pública. Por isso, não tardou em nomear José Bonifácio para várias funções: reitor da cátedra de Metalurgia em Coimbra, intendente-geral das Minas e Metais do Reino, membro do Tribunal de Minas, diretor da Casa da Moeda, Minas e Bosques do Reino e superintendente das Obras Públicas de Coimbra.

Seu batismo na vida pública foi frustrante e irritante. José Bonifácio reclamava da incapacidade de decidir dos políticos, da incompetência dos subalternos, da ignorância e da má-fé dos administradores públicos. Enquanto a máquina governamental estivesse nas mãos de gente incompetente e preguiçosa, o país não seria capaz de promover mudanças transformadoras e implementar projetos inovadores, esbravejava José Bonifácio nas suas cartas e nos seus despachos para D. Rodrigo. Seus projetos, tratados e recomendações sobre administração dos bosques e florestas, pesca e agricultura emperravam na malha

3 *Ibid.*, p. 78.

burocrática, na complacência dos funcionários públicos e nas infinitas delongas do governo. A ideia de "tempo perdido e trabalho perdido" o irritava profundamente. Em 1807, sua frustração com a burocracia foi substituída pela adrenalina da guerra.

No fim daquele ano, Napoleão invadiu Portugal, e a família real portuguesa, juntamente com quase 20 mil membros da corte, refugiou-se no Brasil no ano seguinte. José Bonifácio resolveu ficar em Portugal e lutar. Organizou o Corpo Voluntário Acadêmico em Coimbra, tornou-se encarregado da fabricação de munição para as tropas e chegou ao posto de comandante do Corpo Voluntário. Engajou-se nas batalhas e foi capaz de conquistar o forte de Santa Catarina Figueira da Foz. Com a derrota de Napoleão em Waterloo em 1814 e o fim das aventuras militares, José Bonifácio retornou às suas entediantes atividades burocráticas. O tédio e a frustração foram expressos em centenas de cartas e pedidos ao rei de Portugal implorando-lhe para eximi-lo de suas funções administrativas e permitir o seu regresso ao Brasil. Foram quase dez anos, até que um dia seu pedido foi aceito. Em 1819, José Bonifácio finalmente recebeu a autorização real para embarcar com a família para o Brasil.

Sua breve estadia no Rio de Janeiro causou-lhe um sentimento misto de encanto e repulsa. Encantou-se com a melhoria da cidade, a frondosa beleza das florestas tropicais, a pujança econômica após a abertura dos portos brasileiros para o comércio internacional e o livre debate de ideias nos jornais. Por outro lado, envergonhava-se do próspero tráfico de escravos e abominava o clima de intriga dos áulicos na corte de D. João VI. Deve ter se lembrado da carta que escrevera ao seu amigo conde de Funchal, alertando-o para os riscos que corria ao assumir um cargo ministerial em 1812 e de ser obrigado a frequentar a Corte: "Não se deixe enganar pelos intrigantes, astutos e hipócritas, que lhe hão de beijar os pés e lamber o traseiro, quando quiserem ligar-lhe as mãos ou desatar para seu interesse e plano tenebroso".[4]

Jose Bonifácio seguiu com a família para Santos, sua cidade natal, onde pretendia terminar seus dias organizando excursões científicas

[4] CALDEIRA, Jorge (Org.). *José Bonifácio de Andrada e Silva*. São Paulo: Editora 34, 2002, p. 219. (Coleção Formadores do Brasil).

pelo sertão, cultivando seu sítio e dedicando tempo à leitura e ao convívio da família, dos parentes e amigos. Mas a sua aposentadoria durou apenas algumas semanas. Não tardou para que sua costumeira inquietação, curiosidade intelectual e vontade de intercalar seus estudos com experiências práticas voltassem a se manifestar, levando-o a se envolver com uma infinidade de experimentos, projetos e ações. José Bonifácio partiu para uma longa excursão pelo interior de São Paulo com seu irmão Martim Francisco. Tudo lhe interessava: as culturas e o manejo agrícola, a preocupação com o tratamento dos escravos, os costumes locais, a dieta dos soldados, a organização política das vilas e, evidentemente, as minas paulistas. A redescoberta da sua encantadora província o levou a produzir uma profusão de textos e ensaios sobre mineralogia, organização política, práticas agrícolas e preservação das florestas.

Foi também uma viagem importante para reforçar os laços familiares e as convicções pessoais. Ao redescobrir a amizade, as afinidades e o companheirismo do seu irmão, José Bonifácio propôs a Martim Francisco que se casasse com sua filha Gabriela, o que acabou ocorrendo em novembro de 1820. A excursão por São Paulo também reforçou a determinação de José Bonifácio de combater a escravidão, inspirando-o a escrever inúmeros estudos e projetos que clamavam pelo fim do hediondo regime escravista no Brasil. O comércio de escravos o indignava. Grande parte da fortuna da sua família havia sido construída com o tráfico negreiro. Mas, ao contrário de Thomas Jefferson – que defendia a liberdade e a igualdade na Constituição americana, mas possuía uma legião de escravos –, José Bonifácio aboliu a escravidão na sua propriedade e fez questão de mostrar que era possível ter lucro e ganho de produtividade cultivando o solo com mão de obra livre e remunerada.

A dramática mudança do clima político levaria José Bonifácio a abandonar definitivamente a vida reclusa na província de São Paulo, colocando-o no centro da arena política. Em 1820, eclodiu a Revolução Liberal em Portugal, demandando a criação de um governo constitucional. A esperança de se criar uma monarquia constitucional – como a britânica –, em que o Parlamento governa e o rei reina, animara os espíritos liberais de brasileiros e portugueses.

Quando chegaram as primeiras notícias no Brasil sobre a Revolução liberal e o decreto das Cortes convocando os brasileiros a eleger os seus representantes para participar da Assembleia Constituinte em Lisboa, a euforia tomou conta do país. As eleições nas províncias brasileiras mesclavam o sentimento liberal com as rivalidades políticas locais, causando levantes populares na Bahia, em Pernambuco, no Maranhão e no Pará. Em São Paulo, a revolta foi contida por José Bonifácio. Eleito deputado em maio de 1821, José Bonifácio tornou-se o líder inconteste da Câmara paulista. A insatisfação popular com o governo de João Carlos Oyenhausen e a revolta dos militares com o atraso do pagamento dos soldos somaram-se ao sentimento liberal que incendiou o país, resultando no levante popular contra o governo de São Paulo.

Pressionado pela população para assumir o comando do governo, José Bonifácio preferiu usar seu poder e influência para restabelecer a ordem e unir os paulistas em torno da formação de um governo liberal. Seu objetivo não era conquistar o poder, mas trabalhar para a preservação de um reino unido, regido por um único monarca, mas respeitando a autonomia política brasileira para se criar "um Brasil coeso, com um governo constitucional, com leis adequadas às circunstâncias de clima e desenvolvimento do país".[5]

Ao preservar o governo de Oyenhausen, José Bonifácio pretendia atingir dois objetivos políticos. Primeiro, mostrar que a revolta em São Paulo não era um ato de rebelião contra a Coroa, mas contra um governo incompetente. Segundo, provar que os paulistas poderiam unir conservadores e liberais em torno de um governo paulista. José Bonifácio manteve Oyenhausen na presidência da província, mas reservou para si o cargo de vice-presidente. Os conservadores preservaram duas secretarias, enquanto os liberais ocuparam as outras três. Martim Francisco foi escolhido por seu irmão para ocupar a secretaria da Fazenda, com a missão de restaurar a situação financeira da província, que era caótica. Após ter selecionado os membros do novo governo paulista, José Bonifácio submeteu-os à aprovação popular. Do alto da janela da Câmara Municipal, diante dos cidadãos que se

[5] D'AVILA, Luiz Felipe. *Dona Veridiana*. São Paulo: Girafa, 2004, p. 122.

aglomeravam na praça em frente à Câmara, ele propôs os nomes dos membros do governo. O povo aplaudiu e deu "vivas", e assim foi eleito o primeiro governo liberal de São Paulo.

A paz e a ordem cívica haviam sido restauradas em São Paulo, mas no Rio de Janeiro, o príncipe D. Pedro assumiu a regência após o retorno do rei D. João VI para Portugal em abril de 1821. O jovem príncipe demonstrou grande coragem ao enfrentar o levante militar no Rio de Janeiro e dissolver o conflito entre as tropas portuguesas e o povo. O príncipe marchou em direção à praça do Comércio, dispersou as tropas e anunciou que, enquanto fosse regente, respeitaria as liberdades individuais e o "sagrado direito à propriedade privada". Aproveitou a ocasião para anunciar uma medida de grande impacto popular: a redução de alguns impostos e taxas. Ao retornar ao palácio, D. Pedro escreveu ao pai para lhe dar as boas-novas. Não se esqueceu de mencionar na carta que a ordem em São Paulo tinha voltado a reinar, graças à atuação política de José Bonifácio. O reconhecimento de D. Pedro transformou-se em profunda admiração por José Bonifácio quando as decisões insensatas das Cortes de Lisboa desencadearam uma profunda crise política entre Brasil e Portugal no fim de 1821.

No início de 1821, tanto o príncipe regente como José Bonifácio acreditavam que as Cortes promulgariam uma Constituição liberal. De fato, José Bonifácio concluíra em julho um documento memorável de recomendações e de instruções para os parlamentares paulistas que representariam a província nas Cortes em Lisboa. *Lembranças e Apontamentos do Governo Provisório da Província de São Paulo para os seus Deputados* é um texto ímpar para compreender as aspirações, as condições essenciais e os desafios que precisavam ser enfrentados para que a integridade do Reino Unido de Portugal, Brasil e Algarves fosse preservada. *Lembranças e Apontamentos* é um verdadeiro tratado de governo para o Brasil.

As recomendações de José Bonifácio vão muito além das questões da província paulista. De fato, elas estão divididas em três capítulos: "Negócios da União", "Negócios do Reino do Brasil" e "Negócios da Província de São Paulo". Os dois primeiros merecem especial consideração. Eles retratam o pensamento político de José Bonifácio e nos ajudam a compreender melhor a sua atuação política durante o movimento da independência do Brasil. No primeiro capítulo, ele deixou claro que tipo de reino unido deveria ser criado para preservar "a integridade e indivisibilidade" do império luso. Era fundamental estabelecer a "igualdade de direitos políticos e dos civis, tanto quanto permitir a diversidade de costumes e território". As leis orgânicas do reino unido deveriam contemplar os "negócios de paz e guerra e os seus tratados", mas era preciso garantir a autonomia do Brasil e de Portugal para selar acordos comerciais, de acordo com os interesses de cada nação. As despesas com a manutenção da Corte, o sustento da família real e os gastos militares para assegurar a defesa do Império deveriam ser compartilhados "*pro rata* das rendas públicas dos tesouros de ambos os reinos para o tesouro geral da nação". Inspirado nas teses de Montesquieu, José Bonifácio recomendou a divisão do poder constitucional entre Legislativo, Executivo e Judiciário "a fim de que nenhum faça invasões no território do outro".[6]

O capítulo sobre os "Negócios do Reino do Brasil" é o mais importante. Nele, José Bonifácio concebeu a construção das instituições políticas brasileiras, assim como estabeleceu as prioridades do país. O Brasil deveria ter um governo central, eleito pelo povo, mas o Poder Executivo estaria subordinado à Regência (ao príncipe D. Pedro). As províncias estariam submetidas ao governo central, porém elas teriam governo próprio e certo grau de autonomia que seria definida posteriormente pelo governo central. O Brasil precisaria criar os seus próprios códigos Civil e Criminal, que deveriam refletir a realidade e as circunstâncias específicas da nação.

Em seguida, há uma longa lista de prioridades que tinham de ser abordadas para assegurar a "prosperidade e conservação do Reino do Brasil". A catequização dos "índios bravos que vagueiam pelas matas", a emancipação gradual dos escravos, a criação de escolas primárias em "todas as cidades, vilas e freguesias consideráveis", de ginásios e colégios nas províncias (ênfase especial no estudo das ciências) e faculdades de filosofia, matemática, ciências naturais, belas

---

[6] BONIFÁCIO, José. "Lembranças e apontamentos do Governo Provisório da província de São Paulo para os seus deputados". *In*: CALDEIRA, *op. cit.*, p. 126.

artes, medicina, direito, "economia, fazenda e governo". A propriedade privada seria respeitada, mas os latifúndios improdutivos seriam confiscados pelo governo que os lotearia e venderia as terras aos "europeus pobres, índios, mulatos e negros forros". Muito antes de o presidente Juscelino Kubitscheck conceber a criação de Brasília, José Bonifácio já havia recomendado a criação da sede do governo brasileiro numa cidade do "interior do Brasil que poderá ser na latitude mais ou menos de 15 graus em sítio sadio, ameno e fértil" – local exato onde foi criada a cidade de Brasília.[7]

As Cortes, entretanto, não só ignoraram as recomendações de José Bonifácio como anunciaram a determinação de anular o estatuto de reino do Brasil e transformá-lo novamente numa colônia submissa a Portugal. Ordenaram a extinção da Regência no Brasil e o retorno imediato do príncipe D. Pedro à Europa. Os decretos do Parlamento português equivaliam a uma declaração de guerra ao Brasil. Eles sepultavam o fim da esperança da Constituição liberal, da monarquia constitucional e da construção do Reino Unido.

Quando a notícia da decisão das Cortes chegou ao Rio de Janeiro em dezembro de 1821, a revolta e a indignação tomaram conta do país. Para José Bonifácio, os decretos parlamentares representavam o êxito dos demagogos sobre os moderados, a vitória da paixão sobre a razão, o triunfo da insensatez sobre os verdadeiros interesses do Estado. Nesses momentos de jactância dos jacobinos, José Bonifácio se inflamava de indignação, como se fosse um vulcão em erupção. Despia-se de seu papel de velho sábio e deixava a fúria e o sentimento de revolta aflorarem com a intensidade de um jovem guerreiro. Nesses instantes, a política deixava de ser um embate de ideias e se tornava uma cruzada moral e pessoal contra os bárbaros e os infiéis que ameaçavam destruir a ordem, a paz, as leis e as instituições que sustentavam a pátria, o reino e a civilização.

A insensatez das Cortes de Lisboa transformou o sonho e o entusiasmo dos brasileiros com a ideia de uma Constituição liberal em revolta e frustração. Personificando a indignação da nação, José Bonifácio reagiu prontamente ao ultimato do Parlamento português.

---

[7] *Ibid.*, p. 127.

No dia 21 de dezembro, foi à tribuna da Câmara paulista e proferiu um violento discurso contra as Cortes, acusando-as de querer fragmentar o Brasil, destruir a integridade nacional e transformar a nação numa coletânea de províncias independentes e subordinadas a Lisboa. São Paulo precisava mobilizar suas forças, unir-se ao príncipe regente e incitá-lo a descumprir os decretos das Cortes e defender o Brasil. D. Pedro era a personificação do poder legítimo; um príncipe de sangue, da Casa Real de Bragança, ungido pela vontade da nação brasileira a resistir a cumprir as decisões insanas dos usurpadores que se apoderaram do Estado português e cujo intuito resumia-se em destruir o Brasil, o Reino Unido e a esperança de um governo constitucional.

A Câmara paulista incumbiu José Bonifácio de redigir o manifesto de repúdio às decisões das Cortes, conclamando o príncipe regente a defender o Brasil. Nesse documento, o velho Andrada convocava D. Pedro a liderar a revolta do Brasil contra os decretos de Lisboa: "Os paulistas são os primeiros que ousam levantar sua voz e protestar contra os atos inconstitucionais com que pretende iludir e escravizar um povo livre, cujo crime é haver dado demasiado crédito a vãs promessas e doces palavras". Mas a decisão mais ultrajante foi a ordenação do retorno imediato do príncipe para Portugal: "a medida mais impolítica que o espírito humano podia ditar... sua execução será o primeiro sinal da desunião e da discórdia, será o princípio das desgraças incalculáveis que têm de arruinar ambos os reinos". Chegou a hora de D. Pedro se desvencilhar do mando das Cortes e de assumir a liderança da luta pelos interesses do Brasil, "pois, de outra sorte, rios de sangue hão de inundar este belo país".[8]

D. Pedro recebeu com grande alegria o manifesto paulista. Estava sendo conclamado a defender o Brasil e a liderar uma nação pujante que ele tanto amava. Mandou imprimir o manifesto e distribuí-lo pelas ruas do Rio de Janeiro. A leitura do manifesto paulista incendiou os fluminenses que também apelaram para o príncipe desobedecer a decisão das Cortes, permanecer no Brasil e defender a nação. Pressionado entre o povo, que queria que ele ficasse, e os militares portugueses no

[8] *Ibid.*, p. 136.

Rio de Janeiro, para os quais o príncipe deveria cumprir a vontade soberana das Cortes e retornar a Portugal, D. Pedro optou pelo Brasil no dia 9 de janeiro de 1822: "Como é para o bem de todos e felicidade geral da nação, diga ao povo que fico". O dia do "Fico" foi o primeiro ato de rebeldia do príncipe; era o início da sua trajetória como líder do movimento da independência do Brasil.

No momento do "Fico", José Bonifácio estava a caminho do Rio de Janeiro, acompanhando uma delegação do governo paulista que trazia o apoio de São Paulo ao príncipe regente. D. Pedro estava ansioso para conhecer pessoalmente o grande Andrada. Mas, ao desembarcar no porto de Sepetiba no dia 17 de janeiro, havia outra pessoa da família real que estava igualmente ansiosa para encontrar José Bonifácio. Tratava-se da princesa Leopoldina, esposa de D. Pedro. Ela estava na fazenda Santa Cruz (próxima ao porto), onde se refugiou para escapar da tensão política e militar que tomou conta do Rio de Janeiro após o dia do "Fico".

A jovem princesa o aguardava no porto. Assim que José Bonifácio desembarcou, ela foi ao seu encontro. A empatia entre os dois foi imediata. O velho Andrada encantou-se com a curiosidade intelectual, a vasta cultura e a perspicácia da jovem princesa que se interessava por botânica, expedições científicas, política, arte, literatura e música. Leopoldina, por sua vez, encontrara alguém com quem podia conversar sobre plantas, ciências, política e filosofia – em alemão ou francês – com desenvoltura, sabedoria, graça e cortesia que a lembravam sua vida na corte austríaca, onde fora criada e educada numa atmosfera de grande efervescência cultural e artística. A cumplicidade entre a princesa e José Bonifácio foi vital nos momentos cruciais da luta pela independência.

Ao chegar ao Rio de Janeiro, à noite, D. Pedro nem sequer esperou José Bonifácio instalar-se, banhar-se e vestir-se propriamente para encontrá-lo. Pediu-lhe para que se dirigisse imediatamente ao seu encontro. Como de costume, mandou às favas a etiqueta, as convenções e as formalidades da Corte e recebeu José Bonifácio com o calor, o entusiasmo e a simpatia de um velho amigo. Em poucos minutos de conversa, o príncipe revelou a essência de um jovem de 23 anos, cuja energia, audácia e ambição mesclavam-se com o gosto por aventuras, mulheres e causas gloriosas. D. Pedro possuía a inteligência instintiva, a coragem e a determinação de um príncipe que se preocupava com as coisas certas e se indignava com as coisas erradas. Almejava, por exemplo, ser um príncipe liberal e constitucional e rechaçava o despotismo e os decretos das Cortes.

D. Pedro encantou-se com José Bonifácio. Apesar de ter quase 60 anos, ele possuía uma mistura curiosa de sabedoria e irreverência. Sua visão era clara e objetiva; sua fala, passional e sedutora. Sua linguagem, franca, direta e sem meias palavras. José Bonifácio não recorria às artimanhas dos cortesãos e à adulação dos áulicos que expressavam suas opiniões com cuidado e eufemismos por temerem perder favores, empregos ou a simpatia do monarca. Nesse primeiro encontro com o príncipe, José Bonifácio reiterou as consequências nefastas do cumprimento dos decretos das Cortes para o futuro do Brasil. Era mister evitar a fragmentação do Brasil, estancar a onda de revoltas nas províncias e dar ao país um governo legítimo, constitucional e alicerçado no sistema monárquico.

José Bonifácio deixou claro o papel fundamental que caberia a D. Pedro desempenhar naquele momento: defender os interesses do Brasil, preservar a unidade territorial da nação e fundar um império sobre os pilares da monarquia constitucional. A única forma de salvar o Brasil – a joia da Coroa do Império luso – para a Casa de Bragança residia na coragem de lutar pela independência da pátria e se tornar o monarca de um jovem país, cuja pujança econômica e política o levaria a ocupar um lugar no panteão das grandes nações do mundo. Se aceitasse essa missão, concluiu José Bonifácio, contaria com o seu apoio incondicional, com o respaldo dos paulistas e com a lealdade dos verdadeiros brasileiros.

A resposta de D. Pedro à missão que o líder paulista acabara de incumbi-lo foi clara. D. Pedro não só a aceitou como, no mesmo instante, nomeou José Bonifácio ministro do Reino e dos Estrangeiros, delegando-lhe a responsabilidade de organizar o primeiro governo do príncipe regente. A aliança do jovem monarca com o velho Andrada foi vital para superar os desafios e as ameaças do momento. José Bonifácio encontrou um governo falido. Quando D. João VI e sua corte voltaram para Portugal, em 1821, levaram todo o dinheiro que se encontrava nos cofres públicos. Além da caótica situação financeira, as revoltas militares, comandadas por soldados e oficiais portugueses, tornaram-se ainda mais alarmantes no Rio de Janeiro. A decisão de D. Pedro de desafiar o governo português, permanecendo no Brasil, contribuiu para aumentar a tensão entre brasileiros e portugueses. Por fim, o clima de insegurança agravou-se dramaticamente após a extinção da Regência no Brasil e a restauração do antigo regime colonial, no qual as províncias brasileiras deveriam responder diretamente ao governo de Portugal e não mais ao príncipe regente no Rio de Janeiro. Em outras palavras, nem as províncias nem o governo português tratavam D. Pedro como representante legítimo do governo brasileiro. De fato, a autoridade política do príncipe estava restrita às fronteiras do Rio de Janeiro.

Apesar de tantas adversidades, D. Pedro e José Bonifácio possuíam duas qualidades fundamentais para enfrentar a crise. A primeira era a coragem e a capacidade de mobilizar as pessoas que o príncipe revelara desde os primeiros instantes da luta pela independência. A segunda era a determinação do ministro paulista de eleger com objetividade e clareza as prioridades políticas do momento. Em *Lembranças e Apontamentos*, José Bonifácio deixou claros os fundamentos políticos que balizariam a criação das instituições brasileiras. No epicentro, estava a monarquia constitucional, elemento crucial da preservação da unidade nacional e dos princípios liberais: Estado de Direito, divisão dos Poderes constitucionais, liberdade de expressão, liberdade econômica e respeito à propriedade privada.

Uma nação só pode prosperar se houver cidadãos livres. Por isso, a emancipação dos escravos, a catequese dos índios e a criação de um ensino público de boa qualidade compreendiam medidas imprescindíveis para a formação de um povo livre e de uma nação onde reinassem a ordem, a liberdade e as leis. A educação pública sempre lhe pareceu a melhor forma de integrar os índios e os escravos à sociedade. Sem educação pública de qualidade, o país seria dilacerado pelos demagogos que destruiriam as instituições liberais e os governos constitucionais. Seria o fim do Brasil livre e independente.

Cargos políticos conferem autoridade, mas não asseguram poder ou liderança. Líderes exercem o poder quando são capazes de mobilizar as pessoas em torno de uma visão para atingir um objetivo comum. A autoridade e a legitimidade do novo governo seriam conquistadas por meio das decisões, atitudes e da capacidade de D. Pedro de angariar o apoio da sociedade para o projeto de nação que se ambicionava implementar. O primeiro ato político do governo liderado por Jose Bonifácio não poderia ter sido mais apropriado para ressaltar seu caráter nacional e independente. No dia 21 de janeiro, o governo decretou que nenhuma resolução proclamada pelas Cortes de Lisboa seria cumprida no Brasil sem a anuência prévia de d. Pedro. Em seguida, removeram boa parte das tropas portuguesas para Niterói. D. Pedro preservou um pequeno número de soldados no Rio de Janeiro e proibiu o desembarque de uma nova divisão militar portuguesa que havia sido enviada ao Brasil, em março de 1822. O contingente militar português tornou-se um elemento ameaçador da paz e da ordem interna.

Com a ordem assegurada no Rio de Janeiro, José Bonifácio começou as articulações políticas para garantir o apoio das demais províncias ao príncipe. No início, os apelos patrióticos de José Bonifácio aos governos provinciais não surtiram o efeito esperado. Os levantes políticos nas províncias representavam séria ameaça à unidade nacional. Rivalidades políticas e vendetas pessoais mesclavam-se a disputas legítimas pela criação de governos liberais e constitucionais, desencadeando uma série de revoltas, confrontos, perseguição e intimidação pelo país. Era preciso conter rapidamente as rebeliões regionais para salvar a unidade brasileira. Mas como atingir esse objetivo se o governo não possuía tropas, recursos ou apoio político da maioria das províncias? Só havia uma possibilidade de estancar os levantes: explorar o carisma de D. Pedro e usá-lo para conquistar o apoio e a estima das pessoas. Na ausência de instituições fortes, a legitimidade do governo tinha de ser conquistada por meio do exemplo e da conduta virtuosa do príncipe. Somente assim, D. Pedro seria reconhecido como líder da unidade nacional e da criação de um Estado liberal e constitucional.

Com essa ideia em mente, José Bonifácio incitou o príncipe a aceitar uma missão arriscada: ir a Minas Gerais para conquistar o apoio da província. A adesão dos mineiros, somada à dos paulistas e dos fluminenses, uniria as três principais províncias do país em torno de D. Pedro. Essa unidade garantiria ao príncipe a conquista da legitimidade e da relevância política para atrair as outras províncias para sua esfera de influência. D. Pedro, que gostava de ideias ousadas e de projetos arrojados, adorou a proposta de José Bonifácio e aceitou-a com grande entusiasmo. Começava, então, a odisseia do príncipe pelo Brasil.

Pela primeira vez, D. Pedro deixou o Rio de Janeiro para se aventurar numa excursão a cavalo pelo interior do país. Em abril de 1822, partiu para Minas Gerais numa viagem de grande risco pessoal e político. As tropas portuguesas poderiam aproveitar a ausência do príncipe na cidade para orquestrar um golpe fatal contra o governo de José Bonifácio. Havia também o risco de se planejar uma emboscada durante a viagem para capturar, prender e enviar o príncipe de volta a Portugal, cumprindo a determinação das Cortes. Já o risco político da viagem a Minas Gerais era de outra natureza. O temperamento passional e o espírito impulsivo de D. Pedro poderiam tragá-lo para as disputas políticas locais, levando-o a tomar partido e a apoiar uma das facções. Tal atitude contribuiria não só para acirrar as divisões políticas na província, como também comprometeria o principal objetivo da viagem: manter Minas unida em torno do príncipe. Essa possibilidade não podia ser descartada, especialmente porque D. Pedro estava sozinho nessa missão, sem a companhia e os conselhos de José Bonifácio.

O ministro permaneceu no Rio de Janeiro. Na ausência de D. Pedro, ele havia sido investido de plenos poderes para chefiar o governo. Enquanto o príncipe cavalgava rumo a Minas, descobrindo o interior do Brasil, comendo "feijão e farinha de mandioca e dormindo sobre uma esteira com a mala a fazer de travesseiro",[9] José Bonifácio desmantelava complôs, revoltas e golpes que estavam sendo orquestrados no Rio de Janeiro. O episódio mais sério ocorreu no dia 18 de abril, data em que seria realizada a eleição para o Conselho dos Procuradores. A ocasião era perfeita para confabular, tramar e promover uma revolta. A eleição para o Conselho dos Procuradores seria o primeiro duelo entre liberais e conservadores, brasileiros

---

[9] SOUSA, *op. cit.*, p. 185.

e portugueses, para dominar a assembleia que havia sido imbuída de redigir a nova Constituição do país. Sem alarde, José Bonifácio desarmou as articulações revolucionárias, mandou prender vários suspeitos, neutralizou a ação de alguns ministros do governo que externavam simpatia pelos golpistas e assumiu, em parceria com o general Joaquim Xavier Curado, "governador das armas e da Corte do Rio de Janeiro", a responsabilidade de ordenar a ação das tropas no Rio de Janeiro. O acirramento da disputa eleitoral entre liberais e conservadores havia atingido um grau de tamanha tensão e belicosidade que uma mera discussão de rua entre um soldado português e um comerciante brasileiro poderia gerar confrontos violentos na cidade. Preocupado com o grau de tensão política no Rio de Janeiro e com as possíveis consequências devastadoras para o governo, José Bonifácio resolveu postergar a data da eleição.

Em Minas Gerais, D. Pedro se saiu vitorioso. A adesão da província ao príncipe e ao projeto de nação por ele proposto foi o seu primeiro grande trunfo político. A simpatia e o despojamento do monarca encantaram os mineiros; sua determinação e coragem de enfrentar os desafios políticos e as rivalidades locais revelaram a capacidade do príncipe de lidar com conflitos e de negociar acordos; sua destreza em mobilizar os mineiros e convidá-los a participar da tarefa de defender os princípios liberais e fundar um governo constitucional despertou o senso de união nacional nos mineiros. No seu pronunciamento de despedida, D. Pedro proclamou: "Confio tudo em vós; confiai em mim. Vós amais a liberdade, eu adoro-a".

Líderes personificam as aspirações e os valores que inspiram as pessoas a compartilhar uma visão comum e um senso de propósito; governos têm obrigação de institucionalizá-los. Líderes mobilizam e engajam as pessoas em torno de ideias e aspirações nacionais; governos convertem-nas em decisões políticas. Líderes definem o rumo; governos traduzem-no em políticas públicas. Líderes procuram se tornar exemplo por meio dos princípios que defendem e das suas ações virtuosas; governos são reconhecidos por sua eficiência administrativa e pela eficácia de suas políticas. Líderes nos fazem olhar para o horizonte; governos são reconhecidos pelo resultado de suas ações. A aliança de D. Pedro e de José Bonifácio funcionou tão bem no momento crucial da nossa independência política porque ambos compreendiam o papel que cabia a cada um na construção da nação. D. Pedro admirava a capacidade de José Bonifácio de traduzir ideias e visão em ações de governo. José Bonifácio sabia que o carisma, a coragem e a determinação de D. Pedro eram vitais para mobilizar os brasileiros e evitar que as rivalidades políticas e as disputas locais dilacerassem a unidade nacional.

Pragmático, assertivo e objetivo, José Bonifácio resolvia os problemas administrativos e políticos que surgiam com destreza e competência. Mas, na política, a eficiência administrativa é tão importante quanto a capacidade de inspirar as pessoas, cultivar relacionamentos, forjar alianças e construir coalizões. José Bonifácio não possuía essas virtudes. Não suportava cortesãos, menosprezava gente medíocre e cultivava profundo horror e antipatia por aqueles que procuravam se aproximar do príncipe para conquistar favores, prestígio e influência. A política era um assunto demasiadamente importante e complexo para ser tratado por esses cortesãos. Nesse sentido, José Bonifácio era um homem do século XVIII, um iluminista que acreditava que os destinos do Estado deveriam ser conduzidos por uma aliança virtuosa entre o monarca e os governantes esclarecidos As decisões importantes do governo deveriam ser formuladas em conversas reservadas com o príncipe e não em assembleias em que interesses mesquinhos, vaidades pessoais e vontades particulares procuravam ditar a política de Estado.

Essa visão exclusivista, adicionada à irritação e à impaciência de José Bonifácio em lidar com cortesãos, despertou a ira, o ciúme e a animosidade de uma parcela importante de aliados de D. Pedro; pessoas influentes – como fazendeiros, comerciantes e senhores da terra – também desejavam participar, influir e contribuir na formulação da política de Estado. Queriam se engajar e sentir-se parte do grupo íntimo do príncipe que lutava pela independência da pátria. Havia três grupos predominantes que cortejavam o príncipe. O primeiro era formado pelos liberais fluminenses que também defendiam a independência e a criação de um governo constitucional, mas que José Bonifácio tratava como um bando de demagogos e arruaceiros que insuflavam perigosamente o povo. Havia também o grupo dos fazendeiros e dos traficantes de escravos que apoiavam D. Pedro e a independência, mas que não gostavam da determinação de José Bonifácio de abolir a escravidão. Por fim, havia o Partido Português, composto de militares, comerciantes e cortesãos que constituíam o grupo próximo do príncipe e que defendiam a ideia do reino unido e que não pretendiam deixar o Brasil escapar do domínio da Coroa portuguesa. A influência do partido luso estava espelhada no primeiro ministério de D. Pedro. José Bonifácio era o único brasileiro num governo composto de portugueses.

Os embates e os conflitos de José Bonifácio com essas facções começaram de maneira velada, mas foram tomando corpo até se tornarem uma guerra aberta e trágica para o ministro do Reino e Estrangeiros. No início de 1822, D. Pedro costumava ir frequentemente à casa de José Bonifácio, no largo do Rossio, para conversar, aconselhar-se e despachar os assuntos de governo com o seu ministro. Os adversários de José Bonifácio aproveitaram essa rotina do príncipe para espalhar o boato de que D. Pedro havia se tornado um mero ajudante de ordens do ministro do Reino. Apesar das intrigas, a cumplicidade entre o príncipe e José Bonifácio foi um elemento vital para o êxito da luta pela independência.

Os três meses que antecederam a Independência foram extremamente desafiadores. As revoltas provinciais continuaram a perturbar a paz. José Bonifácio despachou uma expedição militar para a Bahia e ficou profundamente preocupado com o levante em São Paulo, conhecido como a "bernarda de Francisco Ignácio". O levante paulista expulsou os partidários de José Bonifácio do governo provincial, inclusive Martim Francisco, irmão do ministro do Reino. Graças ao prestígio e poder de José Bonifácio, D. Pedro nomeou Martim Francisco ministro da Fazenda, logo após ter sido deposto pela "bernarda" paulista.

José Bonifácio incumbiu seu irmão de fazer o que já havia realizado no governo de São Paulo: restaurar o equilíbrio das finanças públicas por meio de um austero controle das despesas públicas e de uma rigorosa e implacável cobrança de tributos devidos ao Estado. Martim Francisco repetiu o feito no governo de D. Pedro. Cortou gastos, aboliu sinecuras, imprimiu a eficácia administrativa que caracterizara a sua atuação no governo paulista e promoveu uma rígida fiscalização na cobrança e no recolhimento de taxas e impostos. O cumprimento rigoroso da lei não tardou a gerar descontentamento e protestos de comerciantes, traficantes de escravos e de fazendeiros acostumados a não pagar as suas dívidas com o erário. O rigor administrativo de Martim Francisco colaborou para o saneamento das finanças públicas, mas ajudou a aumentar a impopularidade dos Andradas no ministério.

No dia 3 de junho de 1822, o governo promulgou um decreto convocando a Constituinte brasileira. A decisão representava mais uma afronta à soberania das Cortes portuguesas. D. Pedro já havia alertado D. João VI para a decisão numa carta que escrevera ao pai no dia 23 de maio: "É necessário que o Brasil tenha Cortes suas. Sem Cortes o Brasil não pode ser feliz. As leis feitas tão longe de nós por homens que não são brasileiros e que não conhecem as necessidades do Brasil não podem ser boas".[10] Portugal reagiu muito mal à notícia da Constituinte brasileira.

Em julho, chegou ao Rio de Janeiro a notícia de que seriam enviadas tropas ao Brasil para retomar o controle da nação, prender os rebeldes e deportar D. Pedro – o "desgraçado e miserável rapaz" – para Portugal. Esse decreto das Cortes contribuiu de maneira decisiva para sedimentar a unidade nacional. José Bonifácio reagiu prontamente à insolência do governo português. Aproximou-se dos liberais e proclamou que as tropas portuguesas que tentassem desembarcar no país seriam tratadas como inimigas da nação. No dia 6 de agosto, redigiu o manifesto anunciando o rompimento formal dos laços do Brasil com Portugal.

O manifesto, assinado por D. Pedro, denunciava "a mesquinha política de Portugal, sempre faminto e tirânico" na exploração das riquezas do Brasil a fim de "manter o seu fictício esplendor". Apesar de todas as injustiças e brutalidades de Portugal, o Brasil acolheu generosamente D. João VI, a família real e os portugueses que buscaram refúgio. "E que ganhou o Brasil? A continuação de velhos abusos e o acréscimo de novos, introduzidos parte pela imperícia, parte pela imoralidade e parte pelo crime. Tais abusos clamavam por uma

---

[10] *Ibid.*, p. 196.

ampla reforma do governo." Em vez de reformas, as Cortes, "cegas de orgulho e arrastadas pela vingança e egoísmo", buscam escravizar o país, separar o Brasil de Portugal, extirpando da família real portuguesa a sua mais valiosa porção. Como herdeiro do trono português e príncipe-regente do Brasil, D. Pedro vinha agindo como o legítimo defensor dos interesses do Brasil e de Portugal e apresentava as Cortes como usurpadores do poder.

> A minha firme resolução e a dos povos que governo estão legitimamente promulgadas. Espero que os governos e nações amigas do Brasil hajam de fazer justiça a tão justos sentimentos. Estarei pronto a receber os seus ministros e diplomatas e a enviar-lhes os meus enquanto durar o cativeiro d'El Rei, meu augusto pai.[11]

Imediatamente após a publicação do manifesto, José Bonifácio começou a pavimentar o caminho do reconhecimento diplomático da nação brasileira. Caldeira Brant foi enviado a Londres, Manoel Rodrigues Pessoa a Paris e Luis Moutinho a Washington. Era preciso assegurar o respaldo internacional para que o Brasil pudesse contar com o apoio (ou a neutralidade) das grandes potências no embate final com Portugal. O manifesto de 6 de agosto contribuiu substancialmente para acelerar o desfecho final. As Cortes reagiram ao manifesto com a insensatez costumeira de um governo que ainda acreditava ser possível voltar a colonizar e a escravizar o Brasil. O Parlamento português reagiu como se tivesse o poder e a determinação de impor a sua vontade aos brasileiros. Ao determinar a anulação da Constituinte brasileira, desautorizar o príncipe e exigir a transferência imediata da sede do governo brasileiro para Lisboa, as Cortes aceleraram o rompimento definitivo do Brasil com Portugal.

D. Pedro encontrava-se em São Paulo, onde fora enfrentar a revolta paulista com a mesma mistura de destreza política, encanto pessoal e firmeza de governante que pautou a sua atuação política

[11] BONIFÁCIO, José. "Manifesto do dia 6 de agosto de 1822". *José Bonifácio Obra Completa* [site]. Disponível em: <https://www.obrabonifacio.com.br/colecao/obra/1200/digitalizacao/pagina/7>. Acesso em: 26 abr. 2023.

na viagem a Minas Gerais. O príncipe retornava de uma inspeção das fortalezas em Santos quando recebeu, às margens do riacho do Ipiranga, o oficial militar Paulo Emílio Bregaro, que trazia mensagens urgentíssimas do Rio de Janeiro. A indignação e fúria de D. Pedro estavam estampadas no seu rosto ao conhecer os decretos das Cortes. Em seguida, leu a correspondência de José Bonifácio: "O dado está lançado e de Portugal não temos a esperar senão escravidão e horrores. Venha Vossa Alteza quanto antes e decida-se porque irresoluções e medidas d'água morna para nada servem e um momento perdido é uma desgraça". Era o empurrão final que D. Pedro necessitava para ali mesmo, às margens do riacho do Ipiranga, desembainhar a espada e proclamar a independência do Brasil.

A proclamação da independência no dia 7 de setembro de 1822 encerra a fase romântica da conquista da liberdade e inaugura o período de consolidação das instituições políticas. Inicia-se a dura e árdua tarefa de enraizar o Estado de Direito, o governo constitucional, as liberdades individuais e de converter princípios e valores liberais em políticas de Estado. Esse trabalho exigia perseverança, constância e serenidade – atributos que não se encontravam no espírito e no coração de José Bonifácio e D. Pedro. Ambos eram audaciosos, corajosos, passionais e impacientes. No momento em que era preciso decantar as paixões e institucionalizar as conquistas políticas da Independência, o príncipe e o ministro começaram a se desentender.

Ao procurar expandir o leque de apoio ao governo, D. Pedro aproximou-se do grupo dos liberais e de Gonçalves Ledo, um dos principais adversários de José Bonifácio. O príncipe acreditava que era preciso engajar as principais lideranças políticas na construção do Brasil independente. Era preciso envolvê-las nos debates sobre a construção das instituições e lhes conceder espaço para participar da formulação das políticas de Estado. Engajá-las no jogo político parecia-lhe a melhor forma de unir os diferentes grupos em torno de um projeto para a nação e de desinflar as disputas partidárias que fomentavam as revoltas locais e os dissensos políticos nas províncias.

José Bonifácio considerava temerária a estratégia do príncipe. Parecia-lhe um movimento perigoso à estabilidade política. Era preciso organizar o Estado antes de permitir o livre embate dos partidos pelo poder. A influência nefasta dos oportunistas e dos demagogos no jogo político antes da consolidação da unidade nacional, da elaboração da Constituição e do reconhecimento internacional do Império representava um enorme risco à soberania do país. Em vez de fortalecer a unidade nacional, a estratégia de D. Pedro dificultaria a busca do consenso político. As vaidades pessoais, os interesses locais e as disputas por cargos e influência junto ao príncipe drenariam o esforço e o foco necessários para estabelecer o arcabouço político e institucional que balizariam a organização do Estado e as regras do embate político-partidário.

A atuação de Gonçalves Ledo, logo após a Independência, provou que os temores de José Bonifácio tinham fundamento. Ledo não perdeu tempo em aproveitar da abertura de D. Pedro para se aproximar do príncipe e minar o poder de José Bonifácio. Aconselhou o jovem monarca a cancelar o processo contra os paulistas rebeldes que participaram da "bernarda" (que eram amigos de Ledo e inimigos de José Bonifácio). Procurou convencer D. Pedro a jurar previamente a Constituição a ser elaborada pela Assembleia Constituinte, como prova do seu compromisso em criar uma monarquia constitucional. Ledo também usou sua influência na maçonaria para criar uma trincheira de opositores ao ministro do Reino e insuflou os jornais liberais a atacarem as políticas de José Bonifácio.

Apesar das intrigas e maquinações de Ledo e dos liberais, José Bonifácio venceu todas essas disputas. Manteve o processo judicial contra os paulistas rebeldes, dissuadiu o príncipe de jurar previamente a Constituição e conseguiu fechar temporariamente a maçonaria. Mas, quando D. Pedro decidiu reabri-la no dia 27 de outubro, José Bonifácio interpretou o ato como uma afronta à sua autoridade. No mesmo dia, apresentou sua carta de renúncia; Martim Francisco seguiu o exemplo do irmão e também renunciou ao cargo de ministro da Fazenda. D. Pedro não esperava tal reação. Foi duas vezes à casa de José Bonifácio e pediu-lhe para reconsiderar. Numa dessas visitas, levou consigo a imperatriz Leopoldina. De nada adiantou. No dia seguinte, D. Pedro retornou à casa de José Bonifácio para se aconselhar sobre nomes que deveriam compor o novo ministério. D. Pedro acatou todas as sugestões.

O novo gabinete durou apenas quatro dias. Os aliados de José Bonifácio organizaram um movimento que tomou conta das ruas do Rio de Janeiro. No dia 30 de outubro, os partidários de Ledo quase foram agredidos no Parlamento. José Clemente, presidente do Senado e aliado de Ledo, não conseguiu sequer terminar o seu discurso. Os protestos e insultos levaram-no a deixar o Parlamento e se refugiar até os ânimos se acalmarem. Na mesma sessão em que atacaram José Clemente, os parlamentares aprovaram uma moção exigindo a volta dos Andradas ao governo. D. Pedro aproveitou a manifestação popular e dirigiu-se a galope ao encontro de José Bonifácio para lhe pedir que voltasse.

O retorno de José Bonifácio ao poder revelou o melhor do estadista e o pior do homem. No âmbito da política, trabalhou resolutamente para aplacar as revoltas provinciais que ainda eclodiam por causa de disputas políticas locais. Criou a marinha brasileira e nomeou para comandá-la Lorde Cochrane, um inglês "ávido de dinheiro e sem escrúpulos... mas um grande marinheiro que não temia aventuras e riscos", como o próprio José Bonifácio o descreveu. Instou seu irmão Martim Francisco a continuar a árdua tarefa de equilibrar o orçamento da nação, contrariando interesses que ameaçavam aprofundar o déficit público. No campo diplomático, buscou o respaldo dos Estados Unidos, da Inglaterra e da França para assegurar o reconhecimento da independência do Brasil. Pressionou o imperador a abolir a escravidão, reafirmando que tal ato magnânimo aceleraria o processo de reconhecimento diplomático do Brasil.

Por outro lado, José Bonifácio cedeu à pressão dos liberais e acabou apoiando a convocação da Assembleia Constituinte. Suspeitava que ela seria dominada pelo "espírito demagógico". Na visão bonifaciana, se há palanque, há demagogia. O desejo de ser popular é mais forte do que a necessidade de ser sábio e justo. Para ele, a lucidez política se perde nos discursos para a plateia, que inflamam os ânimos e suscitam aplausos e "vivas". Portanto, o ministro do Reino não nutria muitas esperanças em relação à criação de uma boa Constituição que emanasse de uma assembleia popular. Aliás, temia que ela que se tornasse uma trincheira da oposição contra o governo.

A Assembleia Constituinte não era a única fonte de preocupação de José Bonifácio. Sua dificuldade em lidar com adversários políticos tornou-se paranoica. Enxergava em cada opositor um inimigo mortal dos seus planos de edificar um Brasil unido e monárquico. Assim que reassumiu o poder, agiu como um furioso Robespierre, o líder do Terror da França revolucionária. Mandou prender, exilar e deportar os principais líderes da oposição, voltou a fechar a maçonaria (antro dos liberais comandos por Ledo) e perseguiu jornais da oposição. A abominável devassa de José Bonifácio revelou o seu lado sinistro e inseguro de lidar com as divergências e as adversidades do jogo político no momento em que se pretendia edificar uma monarquia constitucional, fortalecer o Estado de Direito e as liberdades individuais.

A natureza tempestiva de José Bonifácio era conhecida, mas ela não havia até então extravasado para a política de governo. Limitava-se a rompantes de fúria, cartas desaforadas e protestos malcriados. É difícil entender por que agiu contra seus princípios e valores. Mas há duas pistas que devem ser investigadas. A primeira é o episódio do seu pedido de demissão. Rompeu-se ali o elo de confiança que o unira a D. Pedro nos momentos críticos da luta pela independência. A decisão de D. Pedro de revogar a ordem do seu ministro em relação ao fechamento da maçonaria não era apenas uma divergência entre eles. Era, acima de tudo, um ato de independência política do monarca. O jovem imperador, cioso de sua majestade e autonomia política, procurou arbitrar – pela primeira vez – as rivalidades e as disputas políticas entre conservadores e liberais, aliados e inimigos de José Bonifácio. Orgulhoso dos seus princípios e feitos políticos, o ministro preferiu renunciar ao cargo e evitar a humilhação de se tornar uma simples peça no tabuleiro político do imperador. Quando voltou ao poder, José Bonifácio recebeu o apoio incondicional de D. Pedro, mas sabia que tal respaldo seria temporário. Aproveitou o momento que lhe era favorável para quebrar a espinha dorsal da oposição, eliminando os seus principais adversários que, na sua visão, colocavam em risco a unidade do país e a criação de um regime político capaz de assegurar a ordem, as leis e a liberdade.

Mas, o que teria levado D. Pedro a exercer sua "autonomia política" e a romper o elo com José Bonifácio? A resposta pode estar no segundo motivo da nossa investigação. A entrada em cena de uma poderosa adversária política de José Bonifácio: Domitila de Castro, futura marquesa de Santos, amante do imperador. Após um fulminante caso amoroso com D. Pedro em São Paulo, durante a histórica semana de 7 de setembro, Domitila mudou-se para o Rio de Janeiro, atendendo aos pedidos insistentes de D. Pedro. José Bonifácio e Domitila cultivavam uma animosidade mútua. Ele a considerava uma aventureira perigosa que flertava com seus adversários políticos. Ela acreditava que José Bonifácio exercia uma influência nefasta e dominadora sobre o imperador, transformando-o num cavalo de batalha dos seus interesses políticos. Domitila queria expandir o leque de opções políticas do imperador, por isso se aproximava dos adversários de José Bonifácio, usando Ledo e os liberais para contrabalançar o peso e a influência dos Andradas no governo. José Bonifácio acreditava que o caso com Domitila ameaçava a monarquia. A relação de D. Pedro com a amante tornou-se escandalosa, o que afetava não só a imagem e a reputação do monarca como causou profunda consternação à imperatriz Leopoldina, por quem o ministro cultivava grande respeito, estima e admiração.

A crescente influência de Domitila e o afastamento gradual de D. Pedro da esfera de influência de José Bonifácio devem ter contribuído para acirrar os temores e as suspeitas que o ministro do Reino nutria por seus adversários. José Bonifácio não os tratava como adversários políticos, mas como inimigos da nação. A Assembleia Constituinte queria subjugar o imperador e transformá-lo num monarca refém do Parlamento; os poderosos comerciantes de escravos e os fazendeiros trabalhavam para minar sua proposta de acabar com a escravidão no Brasil; e, agora, Domitila de Castro, instalada na Corte e na cama do imperador, devia sussurrar conselhos e palavras de fel contra ele. José Bonifácio sentia que o tempo urgia e que em breve o imperador poderia ter outro rompante e demiti-lo antes do término da institucionalização do Estado brasileiro. Quando a visão do estadista está divorciada dos princípios morais, ela tende a se perder no emaranhado de suspeitas, preconceitos e crenças que poluem o julgamento imparcial do contexto político. É nesse momento que as paixões ditam as ações de que nos arrependemos amargamente.

Ao agir como Robespierre, José Bonifácio permitiu ao vício triunfar sobre a virtude.

Alguns dos temores de José Bonifácio provaram ter fundamento. A relação pessoal com D. Pedro nunca mais voltou a ser como antes; a falta de união do ministro do Reino com o imperador comprometeu a condução da política de Estado. A fissura na relação entre o imperador e o ministro foi paulatinamente alargada por intrigas, desgastes e discórdias fomentadas pelos adversários de José Bonifácio. Era possível tolerar a nomeação de um adversário político para o governo, lidar com as intrigas de Domitila e observar o imperador deixar-se seduzir pela adulação dos áulicos sedentos de poder e de favores governamentais, mas, para José Bonifácio, era inaceitável não contar com o apoio incondicional de D. Pedro para as questões vitais de Estado. Uma delas foi a falta de empenho e determinação do monarca para fazer avançar dois temas que lhe eram muito caros: a extinção do tráfico de escravos e a abolição da escravidão. O ministro insistia na ideia de que o Brasil deveria inaugurar um novo capítulo da sua independência política, sepultando a ignomínia do comércio negreiro e da escravidão. D. Pedro preferiu deixar-se cortejar pelos comerciantes de escravos e fazendeiros, evitando comprar uma briga política que lhe parecia politicamente custosa e demasiadamente andradista. Assim como um convidado educado que sabe que chegou a hora de se despedir do anfitrião, José Bonifácio preferiu pedir demissão do cargo.

Em julho de 1823, ele deixou o ministério e disse que nunca mais aceitaria um cargo governamental. Estava cansado das intrigas palacianas, das hesitações do príncipe e de seu temperamento voluntarioso, que se agravou com a crescente influência de Domitila de Castro e dos áulicos que o cortejavam. No diário íntimo de José Bonifácio há uma frase de um poeta persa que descreve perfeitamente seu sentimento: "Ninguém deve contar nem com a amizade de um rei, nem de uma criança, porque aquele muda com a mais leve suspeita, e esta, de um momento para o outro".

José Bonifácio planejava voltar para o seu sítio em Santos, onde pretendia passar o restante dos seus dias usufruindo da companhia da família, dos amigos e dos livros. Pretendia dedicar-se aos estudos, escrever artigos científicos e finalmente desfrutar da paz e da tranquilidade que ele tanto almejava desde seu retorno ao Brasil. Antes de realizar o sonho da aposentadoria merecida, resolveu alongar a sua estada no Rio de Janeiro por alguns meses. Essa decisão mudou radicalmente, mais uma vez, o curso da sua vida.

A política prendeu José Bonifácio no Rio de Janeiro. Ele havia deixado o governo, mas continuava a ser um estadista que se preocupava com o destino da nação. Naquele instante, o futuro do país estava sendo debatido. Transformado em Assembleia Constituinte, o Parlamento tinha em mãos uma missão muito importante e delicada: redigir a Constituição do Império brasileiro. José Bonifácio não havia mudado de ideia. Continuava a acreditar que a tribuna parlamentar não era um bom lugar para discutir assuntos que exigem reflexão, moderação e equilíbrio, como era o caso da redação da Constituição. Temia que o debate sobre os temas constitucionais se mesclasse com os assuntos parlamentares, acirrando os ânimos políticos, o fervor demagógico e as divergências partidárias que nada contribuiriam para a redação de um texto constitucional sensato e democrático. Conhecendo bem a personalidade do imperador, José Bonifácio sabia que D. Pedro se recusaria a aceitar uma Constituição que o transformasse numa figura decorativa, submisso à vontade absoluta do Parlamento. Quando D. Pedro inaugurou os trabalhos da Assembleia Constituinte, em 3 de maio de 1822, ele conclamou os parlamentares a redigir uma Constituição "justa, adequada e executável", mas deixou claro que não aceitaria uma Constituição que fosse indigna de ser cumprida e respeitada: "Espero que a Constituição que façais mereça minha imperial aceitação".

Eleito deputado por São Paulo, José Bonifácio resolveu assumir o seu mandato no Parlamento e liderar o debate constitucional. Pretendia agir como o verdadeiro guardião das instituições, ora moderando o tom dos debates para eliminar o radicalismo de algumas propostas, ora insuflando a Assembleia a adotar medidas corajosas que eram fundamentais para o país. Juntamente com seu irmão Antônio Carlos, ele tornou-se o líder inconteste da Assembleia Constituinte. Queria deixar como legado uma Constituição que assegurasse a ordem, as liberdades individuais, os princípios da monarquia constitucional e que evitasse concentrar poderes absolutos nas mãos do Parlamento ou do imperador. José Bonifácio detestava as tiranias, fossem elas republicanas ou monárquicas. A Constituição asseguraria a ordem, as leis e a liberdade, definida por Benjamin Constant como "o triunfo do indivíduo sobre a autoridade que deseja governar pelo despotismo quanto sobre as massas que exigem o direito de submeter a minoria à maioria".[12]

A grande frustração de José Bonifácio na Assembleia Constituinte foi não ter persuadido os seus pares a abolir a escravidão. O velho Andrada percebeu como era difícil mudar as crenças e as atitudes de um povo que dependia do trabalho escravo. Não seria por meio das ideias iluministas de José Bonifácio e de artigos constitucionais que o Brasil acabaria com a escravidão. Mudanças culturais requerem um longo e gradual esforço da sociedade para rever valores e crenças arcaicas. Seriam necessários mais 66 anos de embates políticos, discussões partidárias e debates nas ruas e na imprensa para que os abolicionistas conseguissem aprovar a Lei Áurea em 1888, sepultando definitivamente a escravidão no país.

José Bonifácio tampouco conseguiu conter as desavenças entre o Parlamento e o governo. A dissensão aumentou com a falta de um interlocutor capaz de diminuir os desentendimentos entre o imperador e a Assembleia Constituinte. A tensão política agravou-se quando o partido antiandradista ocupou o espaço político deixado por José Bonifácio. O poder pessoal de D. Pedro crescia à medida que ele se cercava de ministros fracos e cordatos, de cortesãos e de cortesãs que disputavam favores e amores do imperador e dos oficiais portugueses que ingressaram no Exército brasileiro.

Entrincheirados na Assembleia Constituinte, os irmãos Andrada destacavam-se nos debates no Parlamento. A oratória eletrizante de Antônio Carlos, a atuação política de Martim Francisco e a liderança de José Bonifácio tornaram-se símbolo das aspirações dos "brasileiros", enquanto D. Pedro e a Corte representavam o interesse dos

[12] HOLANDA, Sérgio Buarque de. *História geral da civilização brasileira*. Tomo 2 (O Brasil monárquico), vol. 2. Rio de Janeiro: Bertrand Brasil, 2004, p. 185.

"portugueses". A disputa entre "brasileiros" e "portugueses" era travada no Parlamento, nos partidos, nos jornais, nos cafés, nos clubes e nas agremiações. Os "brasileiros" eram acusados de radicais, nativistas, republicanos e liberais; os "portugueses" eram considerados antipatriotas, entreguistas, conservadores e inimigos da nação.

Não tardou para um oficial português sentir-se ofendido por um artigo de jornal e reunir um grupo de soldados para dar uma surra no autor do texto. Os militares confundiram o jornalista com um pobre farmacêutico que, após uma surra imerecida, dirigiu-se ensanguentado até o jornal para denunciar os soldados que o espancaram. David Pamplona, o farmacêutico ferido, tornou-se o símbolo vivo da prepotência e da arbitrariedade do Partido Português. Os ataques ao governo nos jornais e no Parlamento tomaram grande dimensão e D. Pedro foi obrigado a demitir o ministério, mas a pressão popular não diminuiu.

D. Pedro resolveu reagir como fizera em 1821, quando enfrentou os soldados rebeldes e salvou a sua regência de um golpe militar. O imperador mandou os militares cercarem o Parlamento e fecharem a Assembleia Constituinte em 11 de setembro de 1823. A incompreensão do contexto é um dos principais fatores que levam governantes a cometerem erros crassos de diagnóstico e de ação política. O contexto de 1823 não se assemelhava em nada ao de 1821. Em primeiro lugar, o Parlamento não era um grupo de soldados rebeldes portugueses, mas representantes legítimos dos cidadãos brasileiros. Segundo, o Parlamento contava com o apoio do povo, enquanto os soldados portugueses eram hostilizados. Terceiro, D. Pedro acreditava que, silenciando o Parlamento e prometendo dar ao país uma "Constituição duplicadamente liberal", ele conseguiria angariar o apoio popular em torno do seu governo. Esqueceu que em um país onde reina a liberdade, ela está presente não só no Parlamento, como também nas ruas, nos jornais, nos teatros, nos partidos e nos cafés. Era preciso calar todas essas vozes, o que só poderia ser feito se resolvesse tornar-se ditador. Por outro lado, D. Pedro queria governar a nação com o apoio do povo e ser reconhecido como um príncipe que defendia a liberdade e a ordem. Essa ambiguidade lhe custaria o trono, como José Bonifácio o havia alertado por meio de uma carta logo após a dissolução da Assembleia Constituinte. O ex-ministro aconselhava o imperador a salvar o trono para os seus descendentes, porque ele já o havia perdido.[13]

Mas, naquele novembro de 1823, quem havia perdido tudo foram José Bonifácio e seus irmãos. Líderes da Assembleia Constituinte e da oposição aos "portugueses", os Andradas foram presos. Ao ser recebido no arsenal da Marinha sob vaias dos militares, José Bonifácio disse aos outros parlamentares que o acompanharam no cárcere: "Hoje é o dia dos moleques!".[14] O ex-ministro não poderia imaginar que a sua prisão era apenas o início de um longo exílio político. José Bonifácio acreditava que permaneceria preso por algumas semanas até desanuviar o clima de tensão e confronto entre o governo e o Parlamento. Contudo, os adversários políticos de José Bonifácio que estavam no poder não perderam a chance de destruí-lo. Primeiro, transferiram-no do Arsenal da Marinha para a fortaleza de Laje e o puseram numa cela imunda e úmida por quase uma semana. Em 20 de novembro, José Bonifácio recebeu a notícia de que o governo o havia exilado e que deveria partir imediatamente com sua família para a Europa. Desse modo, o Patriarca da Independência, o verdadeiro fundador da monarquia constitucional, o *Founding Father* do Brasil foi forçado a embarcar de volta à França. Assim que deixou o país, teve início uma devassa judicial para apurar os "crimes" que ele havia cometido quando governara o Brasil.

José Bonifácio exilou-se em Talence, em Bordéus, e permaneceu na Europa até 1829. Nesse período, seguiu com angústia e apreensão, que aumentavam com a distância, os eventos políticos no Brasil: a promulgação da Constituição em 1824; o reconhecimento da independência brasileira por Portugal em 1826 e a revolta das províncias do Nordeste, que culminou com a destruição do movimento emancipacionista da Confederação do Equador. Houve também a fatídica Guerra da Cisplatina, que levou à criação do Uruguai, à perda de mais de 8 mil soldados brasileiros e ao surgimento de um tremendo prejuízo para os cofres públicos, que gerou a primeira grande crise

[13] SOUSA, *op. cit.*, p. 285.

[14] *Ibid.*, p. 285.

financeira do Império. A Guerra da Cisplatina, somada à morte da imperatriz Leopoldina e à maneira escandalosa como D. Pedro se comportava com a sua amante – transformando-a em marquesa de Santos –, contribuíram para a sua crescente impopularidade.

Pessoalmente, a única boa notícia para o imperador foi o seu casamento com dona Amélia de Leuchtenberg, uma princesa de 17 anos cuja beleza cativou D. Pedro desde o primeiro instante que a viu, ao chegar ao Brasil. A felicidade do imperador com o casamento resolveu dois problemas. Trouxe-lhe estabilidade emocional e encerrou definitivamente o longo romance com a marquesa de Santos. Ela foi obrigada a deixar a corte e retornar a São Paulo. Outra boa notícia foi a volta de José Bonifácio ao Brasil. Apesar do exílio, das perseguições políticas, das devassas judiciais para humilhá-lo, José Bonifácio reagia com a magnanimidade dos estadistas. Compreendia que D. Pedro deixou-se seduzir por áulicos e políticos que detestavam os Andradas. O próprio José Bonifácio deve ter reconhecido que parte do ódio dos seus adversários advinha da maneira implacável como ele e seus irmãos os combateram quando estiveram no governo. Nada como o sofrimento, a distância do exílio e a franqueza de enfrentar os nossos próprios erros, defeitos e atos injustos para fazer brotar o perdão.

D. Pedro também deve ter feito seu exame de consciência. O imperador permitira que seu amigo e fiel aliado desde os primeiros instantes da luta pela independência fosse dilacerado por cortesãos e políticos oportunistas que queriam vingar-se de José Bonifácio e destruí-lo moral e politicamente. A sensação de culpa e de arrependimento deve ter aumentado conforme sua impopularidade crescia e seus cortesãos desertavam. No início de 1829, a solidão do poder e o peso da impopularidade o levaram a lembrar-se da época em que podia confiar na sinceridade das opiniões, na visão de Estado, na coragem de governar e na lealdade pessoal de José Bonifácio. O imperador sentia falta do seu velho amigo e do estadista. Apesar das resistências políticas, D. Pedro decretou o fim do exílio do seu ex-ministro e permitiu que ele retornasse ao Brasil.

José Bonifácio desembarcou no Rio de Janeiro em julho de 1829 e foi imediatamente recebido por D. Pedro. O imperador não escondeu a alegria de reencontrá-lo. Estava ansioso para vê-lo, relatar-lhe a situação política e ouvir seus conselhos. Queria também lhe apresentar a nova imperatriz, dona Amélia, que, além de encantadora, passou a ocupar o lugar da grande adversária política de José Bonifácio na corte, a marquesa de Santos. A cumplicidade do velho Andrada com a jovem imperatriz foi imediata e José Bonifácio logo percebeu que dona Amélia teria um importante papel a desempenhar naquele momento crítico. Ao reunir-se com o casal imperial, "José Bonifácio não perdeu tempo em lisonjas, expôs seu modo de pensar sobre a situação do país e pediu a dona Amélia que trabalhasse pela reconciliação do imperador com a nação".[15]

Três assuntos aumentaram a distância entre o imperador e a nação: a Guerra da Cisplatina, a relação diplomática com Portugal e a questão da escravidão. A guerra representou não só a primeira derrota militar, como também provocou a primeira grande crise financeira do Império. O tratado de Paz e Amizade firmado com Portugal em 1825 gerou indignação popular quando tornou-se público que o reconhecimento da independência do Brasil veio acompanhado de obrigações indenizatórias que agravaram a já dramática situação do Tesouro nacional. Os brasileiros mal haviam digerido a "fatura da Independência" quando D. Pedro teve de administrar a crise da sucessão do trono português. A morte de seu pai, D. João VI, em 1826, transformou-o no herdeiro legítimo da Coroa portuguesa, mas D. Pedro renunciou em favor de sua filha dona Maria. Não tardou para D. Miguel, seu ambicioso irmão, reivindicar o trono e iniciar uma guerra contra a sobrinha em 1828.

Outro tema que causou tensão entre o imperador e o Parlamento foi o tratado de cessação do tráfico de escravos com a Inglaterra em 1826. D. Pedro foi duramente criticado no Parlamento por ter traído o interesse da nação ao assinar um acordo que poderia quebrar o país. Um deputado, Cunha Mattos, denunciou o fim do comércio de escravos como "derrogatória da honra, do interesse, da dignidade, da independência e soberania da nação brasileira".[16] Os deputados

---

[15] *Ibid.*, p. 318.

[16] GRINBERG, Keila; SALLES, Ricardo. *O Brasil imperial*. Rio de Janeiro: Civilização Brasileira, 2009, v. 1, p. 159.

aproveitaram essa discórdia com o imperador para ressuscitar a necessidade de fortalecer a preponderância do Parlamento sobre a Coroa. O Brasil precisava se tornar de fato uma monarquia constitucional em que o rei reina, mas não governa. Nem D. Pedro, nem José Bonifácio acreditavam que as instituições políticas já estavam suficientemente maduras para essa transição do poder soberano da Coroa para o Parlamento. Era preciso tempo para que os princípios constitucionais se enraizassem no coração da nação, disciplinassem as disputas políticas, determinassem as práticas e os costumes que ditam os hábitos e o senso de dever e responsabilidade que deveria pautar a atuação do governo, dos partidos e dos políticos. Parafraseando Montesquieu, nos estados recém-criados os líderes fundam as instituições e, somente depois de enraizadas, as instituições formam os líderes da nação.[17]

Em 1830, José Bonifácio acreditava que o poder do monarca ainda era um importante elemento de equilíbrio – um sistema de freios e contrapesos – entre o Parlamento, o governo e os partidos. A tentativa de extirpar o poder do imperador e transferi-lo inteiramente ao Parlamento antes do pleno amadurecimento das instituições políticas representava um sério risco político para o país. O desequilíbrio entre os poderes ameaçaria a ordem, a credibilidade das instituições e a estabilidade do regime monárquico – reconhecido por José Bonifácio e D. Pedro como o anticorpo institucional contra o florescimento de uma república de caudilhos.

A visão e os objetivos do imperador e de José Bonifácio estavam alinhados. Era preciso agir sem delongas. D. Pedro pediu ao seu ex-ministro que assumisse novamente a chefia do governo. José Bonifácio recusou o convite, mas aconselhou o imperador a formar um novo governo, composto por homens de grande prestígio político e de brasileiros natos, como o mineiro Caldeira Brant (marquês de Barbacena) e o baiano Miguel Calmon Pin de Almeida (marquês de Abrantes). Mas a luta de D. Pedro provou-se inglória. Em julho de 1830, eclodiu a revolução na França que culminou com a deposição

---

[17] MONTESQUIEU. *Grandeur et decadence des Romains*. Paris: Garnier-Flammarion, 1968, p. 26.

do rei Carlos X. A revolução de 1830 derrubou um monarca que se recusava a abrir mão do seu poder de governar e a aceitar as limitações constitucionais que o Parlamento pretendia lhe impor. O figurino do rei despótico que resistia a se submeter às limitações constitucionais da democracia parlamentar foi habilmente explorado pelos liberais brasileiros que voltaram a atacar o imperador e o poder "absolutista" da Coroa. D. Pedro tentou reagir aos ataques apelando ao povo. Resolveu visitar a província de Minas Gerais, como fizera na época da Independência, para reacender a chama da popularidade. Durante a viagem, percebeu que o acolhimento formal que recebera em Minas coincidia com a animosidade encontrada nas ruas do Rio de Janeiro. Sem apoio popular e obrigado a enfrentar duelos cada vez mais frequentes entre "brasileiros" e "portugueses" no governo, no Exército e na imprensa, D. Pedro perdia rapidamente o poder de arbitrar as disputas.

A "Noite das Garrafadas" foi o estopim que faltava para desencadear uma crise política. Ao retornar de sua viagem a Minas Gerais, oficiais "portugueses" resolveram homenagear o imperador. Não tardou para que os "brasileiros" reagissem e impedissem a homenagem. O enfrentamento das duas facções desencadeou um conflito nas ruas do Rio de Janeiro, no qual "estrangeiros" e "brasileiros" criaram barricadas e arremessaram garrafas uns nos outros. O episódio aumentou a pressão sobre o imperador, que se recusou a submeter a escolha do seu governo ao crivo do Parlamento. A situação tornou-se insustentável e, em 7 de abril de 1831, D. Pedro I renunciou à coroa brasileira, passando-a ao seu filho, o infante D. Pedro, de apenas 5 anos.

Um dos últimos atos políticos de D. Pedro I foi a nomeação de José Bonifácio como tutor dos seus filhos e do futuro imperador, D. Pedro II: "Tendo maduramente refletido sobre a posição política deste Império, conhecendo quanto se faz necessária a minha abdicação (...) hei por nomear tutor dos meus amados e prezados filhos ao muito probo, honrado e patriótico cidadão José Bonifácio de Andrada e Silva, meu verdadeiro amigo"[18].

---

[18] SOUSA, *op. cit.*, p. 323.

A ausência do imperador criou um vácuo, e o embate entre governo e Parlamento desencadeou uma série de crises, revoltas estaduais e disputas políticas fratricidas que ameaçaram gravemente a unidade territorial, as instituições democráticas e a existência do regime constitucional. José Bonifácio não pretendia assistir passivamente à ruína da sua obra política. Não tardou para defender a volta de D. Pedro I e apoiar o movimento "regressista", que clamava a volta do imperador destituído. Ao ingressar novamente na arena política, José Bonifácio foi combatido pelo governo regencial, que o destituiu da posição de tutor do príncipe e das princesas em 1833. Exilado na ilha de Paquetá, o velho Andrada sabia que o Brasil passava por sua primeira crise de adolescência e que somente o sofrimento e as dificuldades fariam o Brasil amadurecer e reconhecer as virtudes da monarquia constitucional, das instituições democráticas e da unidade territorial que ele ajudara a edificar. Desolado no seu refúgio, José Bonifácio continuava a pensar e agir como um estadista, mesmo sabendo que morreria antes de ver o seu país triunfar: "É preciso sacrificar-se para o bem do Brasil, e tu não verás este bem. Os campos estão cheios de sementes e flores, e tu não as gozarás. Vivamos hoje se no-lo permitem; não lutemos contra o destino. O indivíduo é nada, a espécie é tudo".[19] No dia 6 de abril de 1838, José Bonifácio faleceu, aos 75 anos.

O Brasil precisou da ousadia, coragem e determinação de D. Pedro I para proclamar a independência e fundar a nova nação. Mas a independência seria insustentável se não tivéssemos tido um estadista como José Bonifácio, que soube comandar o processo de construção de instituições políticas que assegurassem a unidade nacional e a existência de um regime constitucional alicerçado nos princípios democráticos e no Estado de Direito. O príncipe foi a energia, a inspiração e o símbolo da independência brasileira; José Bonifácio foi o arquiteto, o *Founding Father* e o estadista responsável por transformar a audácia política do príncipe em leis e instituições, e a Coroa no símbolo vivo da unidade nacional. Esse foi o legado de José Bonifácio.

---

[19] *Ibid.*, p. 346.

A independência de um país é fruto do esforço do seu povo de preservar a liberdade, defender as instituições e combater os tiranos que buscam se apoderar do Estado e destruir o espírito generoso e empreendedor dos brasileiros. José Bonifácio dizia: poderemos ser "os atenienses da América, se não formos comprimidos e tiranizados pelo despotismo". Seu pupilo, o futuro imperador D. Pedro II, tornou-se um fiel guardião de seus ensinamentos. Lutou durante todo seu reinado para preservar a liberdade, as instituições e a independência da nação que herdara de seu pai e de seu tutor. Mas a liberdade é incompatível com a escravidão, e José Bonifácio sabia que a reconciliação da monarquia liberal e constitucional com os fundamentos da liberdade só seria alcançada no dia em que o Brasil tivesse coragem de abolir a escravidão. A missão de mobilizar a sociedade e o Parlamento para enfrentar a vergonha nacional da escravidão coube a um legítimo representante da elite nordestina, um jovem que teve coragem de romper com os seus pares, despertar a ira de sua classe social e de defender o interesse de uma raça que não tinha voz, poder ou representação política.

Seu nome era Joaquim Nabuco.

JOAQUIM NABUCO: O ARISTOCRATA ABOLICIONISTA E O PODER DE MOBILIZAR A SOCIEDADE EM TORNO DE MUDANÇAS TRANSFORMADORAS

A principal diferença entre políticos medíocres e estadistas é que os primeiros costumam evitar as questões difíceis que geram desconforto na sociedade. Torcem para que os assuntos urgentes não se transformem em crises durante o seu mandato e rezam para que não tenham de enfrentar temas urgentes que possam levá-los a perder popularidade, poder ou votos. Estadistas, por sua vez, provocam desconforto na sociedade e correm riscos – eleitoral, político e pessoal – para promover mudanças transformadoras. Mudanças que exigem coragem, determinação e perseverança para desafiar as pessoas a rever crenças, valores e atitudes que retardam o progresso socioeconômico do país e o fortalecimento das instituições democráticas. Líderes são educadores da sociedade; orientam, inspiram e mobilizam as pessoas a se engajar em mudanças, ajudando-as a encontrar os meios e os caminhos que as levem a enfrentar os verdadeiros problemas que ameaçam o bem-estar da comunidade.

Joaquim Nabuco foi um dos estadistas brasileiros. Teve coragem de liderar a luta contra a escravidão, obrigando o país a encarar o mais explosivo tema político, econômico e social da época. Se a questão premente do século XXI é a reforma do Estado assistencial – que viciou muitos povos em benefícios, direitos e benesses insustentáveis –, o problema central do século XIX, nas Américas, era a questão da escravidão. Nos Estados Unidos, a escravidão só foi abolida após uma devastadora guerra civil que durou quatro anos (1861-1865) e que matou quase 1 milhão de pessoas – ou 3% da população americana. No Haiti, a rebelião de escravos levou à expulsão dos franceses e à declaração da independência do país em 1804. A combinação de sublevação de escravos com conquista da independência política marcou igualmente a história de Cuba e de Porto Rico. Ao contrário desses países, o Brasil possuía estadistas que tiveram coragem, visão, determinação e perseverança de enfrentar o problema da escravidão por meio das leis e das instituições. Dentre essas figuras eminentes, Joaquim Nabuco se destacou.

Ao se tornar o símbolo de uma causa, o líder aumenta dramaticamente a atenção e a visibilidade do tema que a sociedade evita enfrentar de maneira corajosa e responsável. Em contrapartida, o líder se transforma no alvo preferido dos ataques de pessoas que se sentem ameaçadas pelas mudanças propostas. O grande desafio do estadista se resume em promover transformações sem se tornar mártir da sua causa. Essa foi a missão política de Joaquim Nabuco entre 1884 e 1888. Era preciso eliminar a escravidão do Brasil sem fomentar revoluções ou guerra civil que pudessem destruir a monarquia constitucional, as leis e as instituições democráticas. Não era uma tarefa fácil. Para os defensores da escravidão, Nabuco era o traidor da sua classe social, porque defendia uma causa que representava a ruína financeira dos fazendeiros e o colapso da economia brasileira. Afinal, os três maiores produtos de exportação do país – café, açúcar e algodão – dependiam de mão de obra escrava. Para os abolicionistas radicais, a moderação de Nabuco despertava suspeitas e resvalava no preconceito de classe. Ele era um aristocrata que procurava contemporizar duas coisas contraditórias: os interesses econômicos da elite agrícola e a emancipação dos escravos. O fim da escravidão representava a perda de poder, renda e privilégio da camada mais privilegiada da sociedade – à qual Nabuco pertencia – e o triunfo da liberdade política e a extensão do direito à cidadania a uma raça excluída da vida pública.

Joaquim Nabuco não compreendia o fim da escravidão como luta de classes nem como instrumento de manobra política para comandar uma revolução no país. Era uma batalha pela defesa de um princípio fundamental: a liberdade. Um país que possuía um grau de liberdade de imprensa como poucas nações do mundo e um regime liberal e constitucional que figurava entre as democracias mais avançadas da época, não podia conviver com a vergonhosa escravidão. O Brasil era a única nação liberal que ainda cultivava o regime servil. Para Nabuco, a escravidão representava um entrave ao desenvolvimento econômico do país, à mobilidade social, e uma séria ameaça à monarquia constitucional e aos princípios liberais que deram ao país a estabilidade política, o Estado de Direito e a ordem institucional. Escravidão e liberalismo eram conceitos antagônicos e conflitantes. Se o Brasil não tivesse coragem de extirpar o regime escravocrata, ele destruiria o Estado liberal.

O imperador D. Pedro II simpatizava com a causa abolicionista, mas se recusava a endossá-la abertamente porque temia perder o apoio da elite. Preferiu adotar medidas graduais que permitissem desmantelar lentamente o sistema escravocrata sem desestabilizar os alicerces do regime monárquico. Os eventos, entretanto, nem sempre acontecem no ritmo desejado. Num país em que a liberdade de expressão e a liberdade política reinavam, o debate se dava por meio do duelo de ideias para conquistar a opinião pública. Surgiram dezenas de jornais, movimentos, manifestos, clubes e agremiações defendendo e criticando a abolição nas ruas, nos cafés e no Parlamento. A pressão da população metropolitana e dos profissionais liberais do Rio de Janeiro a favor do fim da escravidão chegou a tal ponto que D. Pedro II resolveu formar um novo governo sob a liderança do Conselheiro Dantas e incumbiu-lhe de encontrar uma solução política para a questão da escravidão.

O imperador acreditava que o perfil conciliador de Dantas e a sua capacidade de articular entendimentos políticos colaborariam para a construção de uma solução politicamente viável. Mas Dantas compreendeu rapidamente que não havia mais espaço para meias medidas. Fez o que tinha de ser feito. Escolheu um lado, tomou partido e tornou-se um defensor da abolição no Parlamento. Assim que assumiu a chefia do governo, apresentou um projeto de lei que previa a emancipação dos escravos com mais de 60 anos e exigia o recadastramento nacional dos escravos no prazo de um ano. Os proprietários que não apresentassem registros dos seus escravos seriam obrigados a emancipá-los sem direito a recompensa financeira.

O projeto, conhecido como "Lei Dantas", foi festejado pelos abolicionistas e repudiado pelos escravocratas.

A proposta do governo representava a consagração da política da emancipação gradual da escravatura. A Lei Dantas complementaria a tríade formada também pelas leis Eusébio de Queiroz e do Ventre Livre. Promulgada em 1850, a Lei Queiroz extinguiu o tráfico negreiro, mas não conseguiu estancar o contrabando de escravos nem impedir a proibição do comércio de escravos entre as províncias brasileiras, que continuava ativo. A decadência dos engenhos de açúcar nas províncias do Norte e do Nordeste estimulou a venda de escravos aos fazendeiros do Sudeste, onde o crescimento do cultivo de café exigia o emprego de mão de obra intensiva. De 1850 a 1884, foram comercializados mais de 120 mil escravos no país. Após um hiato de 21 anos e da traumática Guerra do Paraguai, que contou com a participação dos negros que ingressaram no Exército e lutaram bravamente pelo país, o visconde do Rio Branco aprovou a Lei do Ventre Livre em 1871, mesmo ano em que terminou o conflito. A lei assegurava a liberdade aos filhos de escravos nascidos a partir da sua promulgação. O projeto de lei do Conselheiro Dantas pretendia concluir a obra iniciada por Eusébio de Queirós e Rio Branco. A emancipação dos sexagenários e o recadastramento praticamente sepultariam a escravidão no Brasil.

Conselheiro Dantas aproveitou a pressão da opinião pública, o entusiasmo dos abolicionistas e a popularidade do seu projeto de lei para investir contra a resistência dos escravocratas no Parlamento. Resolveu endurecer o tom do seu discurso e mostrar que o chefe do governo não estava disposto a negociar, contemporizar ou fazer concessões: "Neste assunto nem retroceder, nem parar, nem precipitar". Ao superestimar o apoio e a pressão da população fluminense e subestimar a resiliência dos escravocratas, Conselheiro Dantas resolveu colocar o seu projeto de lei em votação, mesmo sabendo do risco que tal projeto representava à sobrevivência do seu governo. A questão da abolição sempre dividiu governos, províncias e partidos. Havia apenas uma minoria no Parlamento disposta a arriscar a sua carreira política para defender a Lei Dantas. O deputado Moreira Barros, por exemplo, preferiu renunciar à presidência da Câmara a ser obrigado a colocar a lei em votação. O impasse paralisou o Parlamento, levando à dissolução do governo e à convocação de novas eleições.

A abolição da escravidão foi o tema predominante da eleição de 1884. Abolicionistas e escravocratas se engalfinharam na campanha política mais eletrizante e disputada do Império. A Lei Saraiva alterou a natureza da disputa eleitoral. Promulgada em janeiro de 1881, ela instituiu o voto direto para senadores e deputados. Até então, havia apenas eleições diretas para vereadores.[20] A eleição para o Parlamento era indireta. O eleitor escolhia o votante que, por sua vez, elegia deputados e senadores. Antes da Lei Saraiva, 50% da população masculina adulta votava. Isso representava praticamente a totalidade dos homens livres acima de 25 anos (mulheres e escravos não votavam). Não havia nenhum país no mundo com um contingente tão grande de eleitores. Após a promulgação da Lei Saraiva, apenas 1,5% da população passou a ter direito ao voto.[21] O fator predominante que ceifou drasticamente o número de eleitores não foi a determinação de comprovação de renda mínima de 200 mil réis/ano, mas a exigência de que o eleitor soubesse ler e escrever. Em 1880, 85% dos brasileiros eram analfabetos.

Apesar da exclusão dos analfabetos, o Barão de Penedo, em carta endereçada a Joaquim Nabuco, exprimiu a aprovação das novas regras eleitorais: "Que revolução a da Lei Saraiva! Estamos num país onde em muitos pontos a eleição é mais livre do que na Itália, na Espanha e em Portugal". A Lei Saraiva conferiu ao eleitor o poder de eleger pelo voto direto todos os seus representantes – senadores[22],

---

[20] Jorge Caldeira argumenta que há eleições municipais no Brasil há mais de 500 anos; um costume estabelecido entre nós muito antes da fundação do Estado brasileiro em 1808. Ver: CALDEIRA, Jorge. *O Banqueiro do Sertão*. São Paulo: Mameluco, 2006, 2 v.; e CALDEIRA, Jorge. *História do Brasil com empreendedores*. São Paulo: Mameluco, 2009.

[21] "Para efeito de comparação, observe-se que em torno de 1870 a participação eleitoral na Inglaterra era de 7% da população total; na Itália, de 2%; em Portugal, de 9%; na Holanda, de 2,5%". Ver: CARVALHO, José Murilo de. *Cidadania no Brasil*: o longo caminho. Rio de Janeiro: Civilização Brasileira, 2001.

[22] Os senadores eram eleitos pelo voto direto, mas o imperador tinha o poder de escolhê-los de uma lista tríplice composta dos três senadores mais votados por província.

deputados e vereadores. Nem as duas maiores democracias liberais da época – Inglaterra e Estados Unidos – estenderam o direito irrestrito de escolha aos seus eleitores. Na Inglaterra, o eleitor votava para deputado, mas não tinha poder de escolher os membros da Câmara dos Lordes, onde residia uma parcela significativa do poder político. Nos Estados Unidos, o eleitor elegia apenas os deputados de maneira direta e sem filtro. Os senadores eram selecionados pelas assembleias estaduais e o presidente da República, apesar de escolhido pelo povo, era eleito oficialmente pelo Colégio Eleitoral, como se verifica ainda hoje.

Segundo Nabuco, o voto direto aumentou consideravelmente o peso do eleitor urbano, permitindo uma escolha mais criteriosa e independente da coerção dos chefes políticos locais. Ele acreditava que a crescente importância e independência do voto urbano seria um fator determinante para a aprovação de mudanças transformadoras, como a abolição da escravidão. O sepultamento do voto indireto acabaria com a campanha restrita e discreta voltada para um pequeno grupo de votantes que se resumia "à circular eleitoral e a uma ou duas conferências".[23] A adoção do voto direto para o Parlamento mudou a natureza da campanha. Para conquistar o voto popular, o candidato tinha de ir às ruas, participar de comícios, improvisar discursos nos teatros e nas praças públicas, angariar o apoio de militantes. Nabuco sentia-se muito melhor nesse novo cenário eleitoral. Era um grande orador, capaz de cativar os eleitores de todas as camadas sociais e seduzir uma legião de simpatizantes com suas ideias, seus discursos empolgantes e seu carisma. Mas nem todo mundo compartilhava do entusiasmo de Nabuco com as mudanças da lei eleitoral.

Sancho Barros Pimentel, um dos caciques do Partido Liberal e amigo de Nabuco desde o tempo da faculdade de Direito, via com certo ceticismo os benefícios da Lei Saraiva: "A reforma eleitoral elevou umas coisas e abateu outras... eu receio que nessa época ainda não possa um homem da tua ordem reunir mais de 100 votos".[24] A promulgação de leis não desmantela estruturas de poder arraigadas

---

[23] ALONSO, Ângela. *Joaquim Nabuco*. São Paulo: Companhia das Letras, 2007, p. 187.

[24] *Ibid.*, p. 186.

na sociedade. As leis só deixam de ser uma mera intenção quando passam a ser cumpridas e respeitadas por meio de cobrança, imposição e punição. A Lei Saraiva aumentou a participação do voto urbano e independente, mas, como Sancho alertara, foi incapaz de abolir os mecanismos de fraude e cooptação amplamente utilizados nas campanhas. O emprego de capangas para intimidar adversários e agredir eleitores da oposição; a compra de votos com dinheiro, favores e presentes; o emprego de correligionários na falsificação de cédulas eleitorais e de identidade que permitia até defunto votar – tudo isso fazia parte dos meios e métodos de garantir a vitória nas urnas. Nabuco teve o dissabor de descobrir na eleição de 1884 que os velhos hábitos não desaparecem com a mera promulgação de leis e reformas.

Assim que o Parlamento foi dissolvido, em setembro de 1884, e as eleições foram convocadas, Nabuco deixou o Rio de Janeiro e partiu para Pernambuco onde pretendia se eleger deputado pelo seu estado natal. Havia se tornado a personificação da campanha abolicionista. A viagem ao Recife transformou-se num acontecimento político. Jornais abolicionistas do Rio de Janeiro publicaram coletâneas dos seus célebres artigos denunciando a escravidão. Um cortejo de personagens do movimento abolicionista, capitaneado por dois de seus principais líderes, José do Patrocínio e André Rebouças, acompanhou-o até o navio que o levaria ao Recife. Na escala em Salvador, o próprio Conselheiro Dantas foi recepcioná-lo a bordo. Era uma forma de agradecer-lhe e prestigiá-lo pelo seu inestimável apoio à Lei Dantas. Nabuco usou pseudônimos ingleses, como William Lloyd Garrison, para atacar os adversários da Lei Dantas em artigos na imprensa e denunciar os parlamentares que se recusavam a apoiar o projeto. Criticava os políticos que usavam a máscara da moderação para ocultar a inação, o silêncio e a covardia em torno de uma questão urgente e inadiável.

Se Nabuco encantava as massas, a imprensa e os intelectuais, ele despertava desconfiança na elite. Não queria se indispor com os chefes políticos e com a cúpula do Partido Liberal, erro que cometera em 1881 e que lhe custara sua derrota eleitoral. Em 1884, recorreu aos seus relacionamentos políticos e familiares para persuadir as lideranças do partido de que pretendia ser um fiel e disciplinado aliado dos Liberais no Parlamento e agir como um líder moderado e pragmático, capaz de conter os abolicionistas radicais. "A missão do governo é fazer por meio da política o que a revolução faria pela força", afirmou. Essa era a voz do herdeiro político de uma ilustre família, cujo avô fora senador e cujo pai, José Thomaz Nabuco de Araújo, ocupara cargos ministeriais e se tornara uma destacada liderança do Império. Mas o figurino do aristocrata moderado não resistiu ao embate da campanha eleitoral. Assim que foi ungido como o candidato do Partido Liberal pelo primeiro distrito do Recife, mergulhou na campanha eleitoral e defendeu de maneira inequívoca a abolição.

Joaquim Nabuco não pretendia se eleger deputado para defender interesses paroquiais ou livrar-se do ócio, disputando eleições e pleiteando cargos públicos. Ingressara na política porque queria acabar com a escravidão e erradicá-la do país. Essa foi a causa que despertou o seu senso de missão política e de dever público. Desejava deixar como legado um país de homens livres. Em seus comícios no Recife, deixava claro que se candidatara a deputado para acabar com o hediondo regime escravocrata: "Candidato como sou, represento acima de tudo uma ideia, a saber, que a escravidão, palavra que os brasileiros não deviam mais pronunciar porque queima como ferro em brasa a consciência humana, deve ser banida para sempre das nossas leis".

Ao anunciar o propósito da sua candidatura, Nabuco convocou os eleitores a lutar por uma causa que não era apenas sua, mas da nação:

> Liberais, conservadores, republicanos e abolicionistas, vós tendes hoje duas únicas bandeiras diante de vós. A inscrição de uma é este brado da civilização: "abaixo a escravidão!". A inscrição da outra é um sofisma, "respeitemos o direito de propriedade", quando o objeto possuído é um homem como nós.

A indignação moral servia de pretexto para inocular outro argumento mais mundano e imediatista. Nabuco anunciava como os grilhões da escravidão retardaram o progresso econômico e o avanço social das camadas menos favorecidas. Ele defendia o fim da escravidão e a promulgação de uma lei agrária que acabasse com o latifúndio improdutivo, "abrindo um futuro a vós e a vossos filhos, pela posse e pelo cultivo da terra". A libertação dos negros representava também a emancipação econômica dos trabalhadores que sonhavam em se tornar proprietários de terra.

Graças aos anos em que vivera na Inglaterra, Nabuco aprendeu que o combate à miséria se dá por meio do aumento da produtividade econômica e não pelo inchaço do Estado e da criação de empregos públicos:

> É preciso que os brasileiros possam ser proprietários de terra e que o Estado os ajude a sê-lo. Não há empregos públicos que bastem às necessidades de uma população inteira. É desmoralizador ao operário acenar-lhe com uma existência de empregado público, porque é prometer-lhe o que não se lhe pode dar e desabituá-lo do trabalho que é a lei da vida. O que pode salvar a nossa pobreza não é o emprego público, é o cultivo da terra.[25]

Nabuco se apresenta como o candidato de todos aqueles que se sentem oprimidos por um sistema que concentra renda, direitos, propriedade e oportunidade nas mãos de latifundiários e de escravocratas que vivem à sombra do Estado e não se importam com o futuro da nação:

> É como representante dessa enorme massa de vítimas da escravidão que eu vos peço que me mandeis ao Parlamento. Votando por mim, não votais por um indivíduo, votais pela libertação do nosso território e pelo engrandecimento do nosso povo, votais por vós mesmos e vos elevais neste país de toda a altura da liberdade e da dignidade humana.[26]

Os seus comícios tornaram-se um acontecimento político e social. Mulheres, jovens, operários, escravos libertos, profissionais liberais, burocratas, comerciantes e aristocratas esclarecidos lotavam teatros,

---

[25] NABUCO, Joaquim. "Discurso em São José". *In*: MELLO, Evaldo Cabra de (Org.). *Essencial Joaquim Nabuco*. São Paulo: Companhia das Letras, 2010, pp. 114-116.

[26] *Ibid.*, pp. 114-116.

clubes, praças e ruas para ouvi-lo discursar e disparar diatribes contra a escravidão. Nabuco transformou os seus comícios eleitorais numa oportunidade para conquistar votos e educar a opinião pública. Sua oratória cativava a audiência ao mesclar fatos e dados com metáforas e histórias para ilustrar como as injustiças da escravidão ameaçavam corroer os pilares da liberdade, do progresso, da mobilidade social, do aumento da produtividade da economia e das instituições políticas.

Os trabalhadores vislumbravam a perspectiva de ver o país livrar-se da escravidão que limitava a geração de empregos e de renda. Nabuco foi o primeiro estadista a cortejar e a valorizar o papel dessa categoria esquecida, pequena e menosprezada no Brasil da escravidão: "O que é operário? Nada. O que virá a ser? Tudo. É que o futuro, a expansão, o crescimento do Brasil estão em vós. Enquanto não fores um elemento ativo, enérgico, preponderante, não teremos chegado ainda ao nível das nações emancipadas".

Os empreendedores e os comerciantes vibravam com a determinação de Nabuco de desmantelar o Estado que mantinha a escravidão à custa do estrangulamento do crédito, do comércio e do progresso econômico: "A escravidão quer dizer monopólio e a missão do comércio em toda parte é destruir monopólios... o capital da escravidão é limitado e não se pode comparar ao do trabalho livre que é geral... Não é mais preciso mostrar como a escravidão entorpece, limita, paralisa e arruína o comércio". As mulheres gostavam de ir aos comícios de Nabuco. Apesar de não terem direito a voto, ele fazia questão de reservar cadeiras no teatro para que as mulheres pudessem assistir sua pregação. Ao compreender os males da escravidão, elas poderiam ajudar a quebrar o espírito escravocrata nos seus lares.

Cada pessoa encontrava nas palavras de Nabuco a coragem, a determinação e o senso de urgência para derrotar a escravidão. Frequentemente, ele deixava os comícios carregado nos ombros da multidão, que lançava pétalas e flores e arremessava chapéus ao ar, em homenagem ao gladiador que se batia contra o regime servil. Mas havia uma parte significativa do eleitorado que gostaria de lhe ferir com espinhos e eliminá-lo da vida pública.

O discurso de Nabuco em Madalena, bairro nobre do Recife, ilustra o destemor do orador em denunciar a falta de compromisso da elite econômica com a emancipação dos escravos: "São os homens ricos do país os que mais deveriam auxiliar o movimento abolicionista, porque são os que mais interesse têm. Se não o fazem é porque neles a riqueza não substitui a inteligência e não corrige a ignorância".[27] A veia cívica de Nabuco pulsa violentamente quando se depara com a ausência do senso de dever e de espírito público de uma elite que se tornou parasitária, improdutiva e alheia aos interesses do país. Tornara-se uma oligarquia que vivia à custa da riqueza construída por seus antepassados, de favores do Estado e do trabalho escravo.

> Educar a nossa enfezada e raquítica plutocracia quer dizer antes de tudo fazer-lhe compreender um dos dogmas sociais do nosso tempo: que ela não tem somente direitos, mas tem também deveres, e deveres para com o território que possui, para com a população que dela depende, para com a sociedade que a protege e a garante.[28]

A retórica de Nabuco causava constrangimento na elite e reforçava a sua imagem de abolicionista radical, que atacava os interesses da sua própria classe ao pregar o fim da escravidão. Liderar exige coragem não só para lutar por mudanças transformadoras, como também para enfrentar perdas – de privilégios, direitos e benefícios. Nabuco fazia questão de deixar claro que os escravocratas seriam os grandes perdedores com a abolição. E ia além: insistia na ideia de que teriam de digerir perdas financeiras sem ajuda do governo, porque durante três décadas resistiram a sepultar a escravidão que estrangulara o crescimento econômico e a prosperidade social da nação. Agora, não havia mais espaço para barganhas. Nabuco propunha a abolição sem indenização aos proprietários de escravos e defendia a venda de terras improdutivas para pequenos agricultores.

O desconforto e a indignação com as palavras e atitudes de Nabuco desencadearam uma reação nada sutil na cúpula do Partido Liberal para impugnar a sua candidatura. As manobras para substituí-lo por outro candidato no primeiro distrito do Recife se intensificaram e já

---

[27] *Ibid.*, pp. 122-124

[28] *Ibid.*, pp. 122-124.

contavam com o apoio de alguns líderes partidários que temiam as consequências de terem de acomodar no futuro governo uma figura enérgica, corajosa e determinada a criar constrangimentos políticos por causa da sua obsessão em acabar com a escravidão. A tentativa de cassar sua candidatura malogrou graças à intervenção decisiva de alguns líderes liberais, como Sancho Barros Pimentel.

A tentativa frustrada de destruir a candidatura de Nabuco não desencorajou os seus adversários. Recorreram às calúnias e às acusações para desmoralizá-lo, debilitar a sua candidatura e enfraquecê-lo politicamente. Apareciam notícias falsas nos jornais conservadores acusando-o de ter vendido escravos. Nabuco desmentiu categoricamente essas aleivosias: "Se alguém conseguisse provar que eu algum dia vendi um escravo, ter-me-ia inutilizado, de um só golpe, para a campanha abolicionista, desmoralizando tudo o que eu tenho dito, escrito e feito. Em minha vida eu não exerci um minuto de poder jurídico sobre escravo algum". Além de utilizar os jornais para atacar Nabuco, empregaram todas as ferramentas possíveis – dinheiro, influência e poder – para fortalecer o candidato do Partido Conservador no distrito, Machado Portela.

Os jornais que apoiavam o adversário de Nabuco acusavam-no de demagogo e denunciavam o seu projeto de vender terras improdutivas como uma proposta "comunista". Nabuco retorquia aos ataques em artigos e discursos para ilustrar a diferença radical entre os liberais-abolicionistas e os conservadores-escravocratas:

> Não tenho medo de qualificativos. Sim, eu quisera nivelar a sociedade, mas para cima, fazendo-a chegar ao nível do artigo 179 da Constituição, que nos declara todos iguais perante a lei. Vós não calculais quanto perde o nosso país por haver um abismo entre senhores e escravos.

A escravidão representava o atraso econômico, o cancro moral e político que devoraria a monarquia constitucional e as instituições democráticas. Era preciso erradicar o mal pela raiz e não havia mais tempo para soluções graduais. A emancipação dos escravos tornou-se premente e inadiável. "Entre nós, as reformas parecem prematuras quando já são tardias", dizia ele.

No dia 1º de dezembro de 1884, os eleitores foram às urnas. Nabuco estava animado e esperançoso. Recebera cartas e informações sobre a onda abolicionista que se espalhava pelo país. José do Patrocínio insuflara a cidade do Rio de Janeiro; os republicanos defendiam o fim da escravidão em São Paulo; no Recife, Nabuco havia conseguido mobilizar milhares de pessoas e transformar a sua campanha eleitoral num movimento de conscientização dos malefícios que a escravidão trouxera ao país. Os seus discursos e artigos reverberaram por todo o país, transformaram-no numa celebridade nacional. Nabuco imaginava estar a um passo da glória política. Sua eleição representaria o triunfo da causa abolicionista e certamente lhe asseguraria um cargo ministerial no novo governo Dantas, cuja missão gloriosa seria o sepultamento da escravidão no Brasil. Mas o destino de um país democrático se decide no voto e, ao se abrirem as urnas, veio a decepção.

A empolgação com a causa abolicionista que agitara o Rio de Janeiro, o Recife e outros centros urbanos foi incapaz de se tornar uma força eleitoral arrebatadora. O Partido Liberal venceu, mas por margem estreita, muito longe da vitória consagradora que se esperava. A própria eleição de Nabuco foi conturbada. No dia da eleição, os cabos eleitorais de Machado Portela foram flagrados pelos partidários de Nabuco forjando votos em uma das urnas. A discussão acalorada terminou em briga. No meio da confusão, dois tiros foram disparados por um cabo eleitoral do Partido Conservador. Ninguém morreu, mas os partidários liberais fecharam uma roda em torno do autor dos tiros e o mataram. A confusão estava instalada e a eleição no primeiro distrito foi impugnada. Nabuco, que havia vencido o pleito, ficou indignado com a decisão. A solução encontrada foi a realização de um "segundo turno" no distrito, às vésperas do Natal. A tensão entre os partidários de Nabuco e os de Machado Portela continuou ditando o tom da campanha, marcada pela animosidade entre os militantes e o desejo de vingar a vitória roubada. Não estava em jogo apenas a eleição de um deputado provincial, mas a derrota ou a vitória da causa abolicionista e de seu principal líder. A impressão que se tinha era de que o destino da abolição dependia da vontade dos eleitores do primeiro distrito do Recife. Em vez de fazer campanha na cidade,

Nabuco resolveu partir para o Rio de Janeiro e usar o seu poder e a sua influência para pressionar os líderes do Partido Liberal a apoiarem a sua campanha pelo reconhecimento da sua vitória eleitoral.

A chegada triunfal do líder abolicionista na corte e a perspectiva de que ocuparia uma posição de destaque no Parlamento e no governo reacenderam o entusiasmo dos abolicionistas. Mas a esperança de que o fim da escravidão estava próximo logo se desfez. Enquanto Nabuco articulava, promovia reuniões, mobilizava seus partidários e a mídia para obter o reconhecimento da sua vitória eleitoral, Dantas tentava formar o novo governo liberal. Havia dois problemas que dificultavam a formação do novo ministério. Primeiro, vários parlamentares liberais favoráveis à causa abolicionista foram derrotados nas eleições. O segundo era mais grave. O Partido Conservador elegeu vários líderes antiabolicionistas, que estavam determinados em lutar pela derrota da Lei Dantas. Ao contrário do que os Liberais haviam imaginado, a eleição não havia se tornado um referendo nacional sobre a abolição da escravidão. Embora Nabuco tenha sido eleito na segunda votação também, o pleito tornou-se apenas mais uma disputa eleitoral como tantas outras, em que questões nacionais mesclavam-se com rivalidades partidárias provinciais. O novo governo liberal encontrava-se sem poder para votar um projeto tão polêmico como a Lei Dantas. O novo gabinete agonizava e não tardou a ser derrotado, poucos meses depois, numa moção de desconfiança. Era o fim do governo Dantas. O imperador preferiu convidar o experiente Conselheiro Saraiva para formar o novo gabinete a convocar novas eleições.

Quando Saraiva anunciou seu ministério, em 6 de maio de 1885, Nabuco encontrava-se em situação difícil. Seu mandato ainda não havia sido reconhecido pelo Parlamento e ele continuava afastado dos debates na Câmara. As chances de se tornar ministro tornaram-se nulas com a ascensão do novo governo. Saraiva recusou-se a lhe estender a mão e auxiliá-lo a reconhecer seu mandato em 1885. Sem o empenho do líder do governo, Nabuco viu sua vitória eleitoral lhe escapar entre os dedos. Mas ele foi salvo por um incidente fúnebre. À morte de um deputado eleito pelo quinto distrito eleitoral em Pernambuco, abriu-se uma vaga na Câmara. Nabuco candidatou-se mais uma vez e, de novo, foi eleito, retornando finalmente ao Parlamento. Em 3 de julho de 1885, assumiu o mandato.

Rusgas passadas e rancores políticos haviam criado entre Saraiva e Nabuco um distanciamento que nenhum dos dois se esforçou para eliminar. O fosso entre eles abriu-se em 1880, quando Saraiva comandava o governo e Nabuco o pressionava a transformar a questão da abolição da escravidão no tema central da agenda política. Nabuco demandava compromisso firme e atuação decisiva do governo. Saraiva procurava atenuar as divergências entre parlamentares abolicionistas e escravocratas com medidas graduais e modestas, e deixava claro que não pretendia transformar a abolição na principal bandeira política do Partido Liberal.

Saraiva sabia o risco político e institucional que o tema suscitava e não pretendia dar destaque a uma questão que ameaçava desestabilizar a monarquia e a unidade nacional. Acreditava que a escravidão tinha de ser abolida, mas de maneira gradual. Era preciso tempo para a sociedade digerir as mudanças e as perdas que representavam o fim da escravidão. Sua habilidade para construir consenso e trilhar o caminho da moderação lhe permitiu subir os degraus da carreira política. Conquistou a confiança do imperador, que lhe incumbiu a liderança do governo em 1880 e em 1885.

Nabuco, ao contrário, elegera a luta pelo fim da escravidão como sua causa maior, a razão de ter ingressado na vida pública. Tinha profunda convicção de que a escravidão representava o atraso econômico, a ruína moral, o imobilismo social e a degeneração política da monarquia constitucional. Livrar-se da escravidão seria um processo doloroso e traumático, mas vital para a prosperidade da nação e para a sobrevivência dos princípios liberais e do governo democrático. Os discursos de Nabuco no Parlamento tornaram-se motivo de constrangimento para o líder do governo. Saraiva procurou ignorá-los, mas foi obrigado a enfrentar Nabuco quando ele lançou, em 1880, um projeto de lei abolindo a escravidão. Para minar a resistência política dos escravocratas ao seu projeto, Nabuco aceitou incluir o direito à indenização dos proprietários de escravos.

Contrariado, Saraiva não podia mais se esquivar. O tema da abolição estava no centro da arena e o chefe do governo tinha de agir.

No debate entre o jovem parlamentar e o experiente líder do governo, o partido apoiou Saraiva. O projeto de Nabuco foi derrotado, mas ele conquistou fama de orador brilhante e reputação de grande líder abolicionista. Embevecido pelos "vivas" das ruas, os aplausos dos abolicionistas e os elogios da imprensa liberal, Nabuco cometeu um erro infantil. Rompeu com o governo e se apresentou como "liberal independente". Iludido pelo fervor do movimento abolicionista no Rio de Janeiro, imaginou que a nação estivesse madura para enfrentar as dificuldades e as perdas que representavam o fim da escravidão. Quis, com sua decisão, incitar a formação de uma coalizão de abolicionistas, composta por dissidentes do Partido Liberal, republicanos e poucos parlamentares do Partido Conservador. Nabuco saiu duplamente derrotado do episódio. A coalizão abolicionista não prosperou e o seu ato de independência partidária custou-lhe uma fragorosa derrota eleitoral em 1881. Nabuco exilou-se na Europa e só retornou ao Brasil em 1884.

Nabuco devia ter em mente que, quando uma nação é obrigada a enfrentar mudanças de valores e de costumes, não podem faltar coragem, determinação, perseverança e liderança para educar a opinião pública. As pessoas devem estar preparadas para enfrentar os desafios, as perdas e os sacrifícios momentâneos que as mudanças de cultura exigem. Nabuco se esforçava para conscientizar a nação de que a escravidão comprometia o crescimento econômico, a mobilidade social, o aumento da renda dos trabalhadores e a preservação das liberdades cívicas e políticas. A escravidão sacrificava o desenvolvimento econômico preservando o monopólio da riqueza produzida por escravos. Concentrava as grandes fortunas nas mãos de poucos indivíduos e fechava as portas da ascensão social. Comprometia a existência das instituições liberais e da legitimidade do Estado de Direito, por excluir os direitos políticos de uma camada expressiva da população. Nabuco digladiava no Parlamento e na imprensa, nos clubes e associações, nas campanhas eleitorais e nas ruas, denunciando, combatendo e mostrando ao povo e à elite que a escravidão destruiria a nação. Seus discursos e artigos reverberavam pelo país, despertando a ira na elite escravocrata e conquistando aplausos entre os liberais. Mas seus escritos e discursos tinham pouco efeito prático na formulação de leis e de políticas públicas. O motivo pelo qual as suas propostas encontravam tanta resistência era simples: o Brasil era um país viciado em escravos.

A escravidão estava encrustada em toda a sociedade. Ser dono de escravo não era privilégio de poucos fazendeiros abastados, com suas plantações de café, cana-de-açúcar e algodão. De fato, em 1880, os proprietários de escravos eram, em sua grande maioria, pequenos fazendeiros, comerciantes, profissionais liberais, funcionários públicos e até aposentados. "Nas cidades, muitas pessoas possuíam apenas um escravo, que alugavam como fonte de renda. Em geral, eram pessoas pobres, viúvas, que tinham no escravo alugado seu único sustento." Escravos que conquistavam a alforria e começavam a ganhar dinheiro com seu trabalho logo se transformavam em proprietários de escravos ("78% dos libertos na Bahia possuíam escravos"). O mesmo fenômeno acontecia em outras províncias, "as pessoas de cor, tão logo tivessem algum poder, escravizavam seus companheiros, da mesma forma que o homem branco". De fato, existiam escravos até mesmo nos quilombos, como era o caso no próprio quilombo de Palmares.[29]

A batalha de Nabuco contra a escravidão era uma luta contra valores, direitos e fonte de renda de milhares de pessoas. Suas propostas desafiavam os brasileiros a renunciarem ao direito de escravizar uma raça e, sobretudo, a abrir mão do sustento que essa exploração significava – fonte única de renda de uma parcela significativa da população. A abolição demandava a superação da aversão brasileira em sacrificar interesses imediatos por ganhos futuros. Nabuco tinha plena consciência dos riscos de liderar a causa abolicionista. Quase sempre tinha de fazer o papel impopular de levantar temas desconcertantes e apontar as inconsistências entre os valores liberais e os costumes perversos de uma sociedade que relutava em acabar com a escravidão.

Assim que retomou a sua cadeira no Parlamento, em junho de 1885, ele se viu novamente numa situação política delicada. Parecia que reviveria o mesmo drama político de cinco anos atrás. Assim como em 1880, Saraiva comandava o governo e não estava disposto a

---

[29] CARVALHO, *op. cit.*, pp. 48-49.

defender o fim imediato da escravidão. Assim como em 1880, Nabuco estava pronto a desafiar o líder do governo a erradicar imediatamente a escravidão no país. Estaria Nabuco disposto a se engajar em mais um duelo parlamentar com Saraiva e correr o risco de se tornar novamente um "liberal independente" e perder a eleição seguinte? Ele acabara de voltar à Câmara após cinco anos de ausência e sabia que precisava quebrar a resistência no Parlamento para assegurar o fim do regime escravocrata por meio das leis. Nabuco jamais aceitaria a abolição por meio da revolução. Era um legalista e defensor convicto da realização de mudanças por meio das instituições liberais, de governos constitucionais e do Estado de Direito.

Enquanto políticos costumam agir pensando nos seus objetivos imediatos, estadistas são guiados por uma visão estratégica, baseada na convicção em determinados valores e princípios que lhes permitem discernir entre os desafios prementes e os falsos problemas. Um político que se encontrasse na situação de Nabuco em 1885 provavelmente procuraria reconciliar-se com a cúpula do seu partido e adular o líder do governo, dando sinais claros de que estava disposto a recuar e adotar uma postura moderada na questão abolicionista – especialmente se tal atitude fosse o preço a ser pago para conquistar um cargo ministerial. Uma vez no governo, procuraria usar o seu prestígio e a sua influência junto aos abolicionistas para convencê-los de que era preciso recuar um passo antes de avançar rumo à abolição imediata. Se obtivesse êxito com sua política moderada, o nobre político poderia engrandecer sua reputação e aspirar à estima do imperador e, um dia, poderia ser chamado para comandar o governo. Mas Nabuco não era um político comum.

O tempo havia se esgotado para soluções graduais. Algumas províncias – como Amazonas e Ceará – já haviam abolido a escravidão. Nos grandes centros urbanos, como o Rio de Janeiro, a pressão popular crescia e os republicanos aproveitaram para transformar a erradicação da escravidão numa de suas principais bandeiras. República e abolição tornaram-se sinônimos. A procrastinação da questão abolicionista reforçava a imagem caricata da monarquia, um regime alicerçado num imperador velho e doente, manipulado por conservadores e escravocratas que ignoravam os anseios do povo e só pensavam em defender os próprios interesses. Nabuco temia a república porque a considerava uma ameaça às instituições liberais, ao Estado de Direito e ao regime constitucional. O Brasil estava cercado de repúblicas governadas por caudilhos e governos autoritários. Nabuco não queria ver seu país seguindo o caminho dos seus vizinhos. Mas esse poderia ser o destino do Brasil se o governo continuasse a hesitar em acabar com a escravidão.

Nabuco não deu trégua ao novo governo. Pressionou pela aprovação do projeto Dantas assim que Saraiva assumiu as rédeas do novo ministério. Não havia tempo a perder. Saraiva, entretanto, vacilou. Sua prudência nada tinha a ver com sabedoria política. Revelava apenas falta de coragem, de convicção e de senso de urgência que o tema merecia. A decisão do governo Saraiva foi desastrosa. O projeto audacioso da Lei Dantas foi dissecado e reduzido a um único ponto: a alforria dos escravos com mais de 65 anos. Nabuco partiu para o ataque. Acusava Saraiva de conluio com os escravocratas e, para alegria da multidão que ia à Câmara escutá-lo e aplaudi-lo, atacava seu próprio partido e o líder do governo: "Esta Câmara já foi convertida em mercado de escravos, em que V. Exa., Sr. Presidente, faz o papel de pregoeiro marroquino".[30] Nabuco sabia que seus ataques selavam seu futuro político no partido. Mas os verdadeiros estadistas se preocupam com as instituições e com o futuro das próximas gerações, e não apenas com a perspectiva da próxima eleição.

O governo Saraiva caiu logo após a votação da Lei dos Sexagenários na Câmara, e novas eleições foram convocadas. Nabuco pressentiu que a covardia política de Saraiva seria traduzida em derrota eleitoral dos liberais. Os conservadores voltariam ao poder e retardariam o processo da abolição. Antes da dissolução do Parlamento, Nabuco foi à tribuna defender o federalismo – a outra bandeira dos liberais que estava sendo surrupiada pelos republicanos. Federalismo e abolicionismo eram as duas faces da mesma moeda: o primeiro assegurava a autonomia política das províncias; o segundo, a liberdade cívica, política e econômica da nação.

[30] ALONSO, *op. cit.*, p. 201.

Segundo Joaquim Nabuco, um país continental com interesses regionais tão diversos precisava descentralizar o poder e dar mais autonomia aos governos provinciais. Os interesses regionais jamais serão legitimamente representados por um governo central que, além de distante dos problemas locais, consome riqueza das províncias por meio da cobrança de altos impostos: "O que ele [o governo central] quer é dinheiro para gastar, empregos para distribuir, e das províncias só quer que a receita geral não diminua e que a ordem pública se mantenha". A carga tributária no Brasil tornara-se absurdamente alta e a voracidade arrecadadora do governo era ilimitada:

> Desde que o Estado tenha, como continuará a ter, o poder de taxar ilimitadamente, pouco importa saber quais são as ventosas que lhe ficam, o importante para ele é poder extrair a última gota de sangue... É preciso criar forças externas, que mantenham a autonomia das províncias, porque o Estado é incapaz de limitar-se a si próprio.

A manutenção da escravidão e a falta de autonomia das províncias consistem em amarras que drenam a capacidade de o Brasil crescer, progredir e se desenvolver. Nabuco convoca os Liberais a

> hastear a bandeira da abolição, da federação e da paz: a abolição, que é o trabalho e a terra; a federação, que é a independência e o crescimento; a paz, que é o engrandecimento exterior e a expansão legítima de todos os estímulos da atividade nacional, e este partido há de mostrar que é a maior força deste país, porque o coração do país é ainda profundamente liberal e democrático.[31]

Nem a abolição nem o federalismo ajudaram Nabuco a se eleger deputado em janeiro de 1886. A máquina política do Partido Conservador em Pernambuco e no restante do país triturou os liberais. Nabuco foi derrotado e, mais uma vez, resolveu exilar-se na Europa.

---

[31] NABUCO, Joaquim. "Discurso parlamentar". *In*: MELLO, *op. cit.*, pp. 196-227.

Parecia o fim da sua carreira política. Rompido com o chefe do seu partido, derrotado nas urnas e líder de uma causa que parecia perdida, Nabuco partiu para Londres sentindo-se um homem fracassado. Não era apenas a derrota da causa abolicionista que o entristecia, mas a convicção das consequências nefastas que ela representava para o país. Um regime político incapaz de promover mudanças e de se adaptar às demandas da sociedade tende a perecer.

Enquanto deixava a angústia e o pessimismo ditarem suas reflexões sobre o futuro do país, Nabuco resignava-se à leitura, à escrita e aos pensamentos que fluíam durante a travessia do Atlântico. Pensava nas lutas, conquistas, ensinamentos e dissabores que a causa abolicionista lhe trouxera. Lembrou a sua infância feliz em Massangana, o engenho de seu padrinho Joaquim Aurélio de Carvalho e da sua adorada madrinha Ana Rosa Falcão.

Nabuco nasceu em agosto de 1849. Em dezembro, o pai, José Thomaz Nabuco de Araújo, foi eleito deputado e partiu para o Rio de Janeiro, deixando o pequeno Nabuco em Pernambuco, aos cuidados dos padrinhos. Em Massangana, Joaquim Nabuco passou a infância cercado do carinho da madrinha e da atenção do padrinho. Brincava com os filhos de escravos. Jamais esqueceu o cheiro da cana moída e do esterco de gado, as pescarias no rio Ipojuca e o pôr do sol no engenho. Lembrava-se do céu estrelado, das rezas e missas na capelinha do engenho São Mateus e também da companhia e da amizade dos escravos. Amamentado no seio de escrava, o menino Nabuco recebeu cuidados especiais de Elias, o preto favorito da madrinha, homem de confiança e querido pela família. Após a morte do padrinho, Elias passou a tomar conta dos negócios da madrinha. Mas a morte também carregou o preto Elias, uma tragédia para o menino. Numa carta endereçada a dona Ana, mãe de Nabuco, a madrinha comentou: "O meu Elias, o qual me faz uma falta sensível, tanto a mim quanto ao meu filhinho (Nabuco), porque tinha um cuidado nele maior possível".[32]

[32] NABUCO, Joaquim. *Minha formação*. Rio de Janeiro: Topbooks, 1999, p. 165.

Ainda em Massangana, Nabuco foi surpreendido por uma cena inusitada:

> Eu estava uma tarde sentado no patamar da escada exterior da casa, quando vejo precipitar-se para mim um jovem negro, de cerca de dezoito anos, o qual se abraça aos meus pés suplicando-me pelo amor de Deus que o fizesse comprar por minha madrinha para me servir. Ele vinha das vizinhanças, procurando mudar de senhor, porque o dele, dizia-me, o castigava, e ele tinha fugido com risco de vida. Foi este o traço inesperado que me descobriu a natureza da instituição com a qual eu vivera até então familiarmente, sem suspeitar a dor que ela ocultava.[33]

Nabuco usou todas as artimanhas de um menino de 7 anos para pleitear a compra do jovem escravo pela madrinha: fez ar de triste, implorou, pediu e insistiu até sua madrinha atender ao desejo do querido Quinquim, como ela costumava chamá-lo. Nabuco a convenceu e assim salvou a vida do primeiro escravo. Joaquim, como Nabuco o chamava, logo se tornou um dos seus principais companheiros de brincadeira, passeios e pesca. Mas a alegria da infância terminou abruptamente numa noite de 1857.

A morte da madrinha marcou profundamente o fim dos anos em Massangana. Nabuco tinha 8 anos quando foi acordado com a terrível notícia. Ele se recordaria mais tarde daquela noite: "A noite da morte da minha madrinha é a cortina preta que separa do resto da minha vida a cena da minha infância... no corredor, moradores, libertos, os escravos ajoelhados rezavam, choravam, lastimavam-se em gritos".[34] O mundo de Nabuco desmoronou e, em poucas semanas, a vida idílica de Massangana se extinguiu. O engenho passou às mãos de um sobrinho da madrinha, e ele se viu obrigado a deixar a propriedade, embarcar para o Rio de Janeiro e reencontrar os pais. A despedida foi triste e marcante: "O que mais me pesava era ter de me separar dos que tinham protegido minha infância, dos que me serviram com a dedicação que tinham por minha madrinha e sobretudo dos escravos

---

[33] *Ibid.*, p. 162.

[34] *Ibid.*, p. 166.

que literalmente sonhavam pertencer-me depois dela".[35] A madrinha deixou-lhe de herança outro engenho e uma casa no Recife. Nabuco aprendera que crianças e escravos não têm poder sobre o seu destino.

No Rio de Janeiro, Nabuco reencontrou os irmãos: Vitor, Sizenando, Rita e a caçula, Maria Carolina. O pai, José Thomaz, era ministro da Justiça e uma das grandes personalidades políticas do Império. A mãe, Ana Benigna, comandava a família e a educação dos filhos. Nabuco começou a trilhar o caminho da formação da elite do Império. Estudou no colégio D. Pedro II, onde o próprio imperador gostava de aparecer e inspecionar as aulas. Além dos estudos de matemática, geografia, história, ciências e línguas – latim, grego, francês, inglês e alemão –, havia música, teatro, poesia e esporte. Essas atividades ajudavam a formar o caráter, o espírito, os hábitos sociais e também forjar as amizades, os laços familiares e os costumes da elite que governava e comandava a política, a economia e a sociedade brasileira.

Em 1866, ingressou na faculdade de Direito em São Paulo. Morou numa república estudantil e dedicou-se mais à vida social do que aos estudos. Gostava de escrever poemas, ir ao teatro, ler autores franceses, como Lamennais, Lamartine e Vitor Hugo. Interessava-se mais pelo estudo da Revolução Francesa do que pelas aulas de Direito. Gostava mais de escrever no jornal estudantil que criara para atacar o governo Zacarias (que o seu pai apoiava) do que tirar boas notas na faculdade. Nabuco não se assemelhava ao seu amigo de classe Rodrigues Alves – futuro governador de São Paulo e presidente da República – que todos os anos conquistava o prêmio de melhor aluno. Tampouco tinha a vocação poética de Castro Alves ou o texto brilhante de Rui Barbosa – ambos amigos de faculdade. Nessa época de estudante, seus maiores atributos eram a beleza e a elegância; não tardou a ganhar o apelido de Quincas, o Belo.

Em 1869, mudou-se para o Recife a fim de concluir os estudos de Direito. Tinha 20 anos, faltando um ano para se formar, quando um episódio emblemático de suas convicções o transformou em celebridade. Um escravo, chamado Tomás, havia assassinado brutalmente o seu senhor. Após o crime, fugiu. Encontrado pela polícia, foi açoitado

[35] *Ibid.*, p. 167.

em praça pública e preso. Fugiu da prisão, mas, capturado de novo, foi finalmente levado a julgamento. A condenação parecia mera formalidade jurídica. Os jornais estampavam o caso que chocou o Recife. O negro já havia sido condenado pela opinião pública. Nenhum advogado queria defendê-lo. O jovem Joaquim Nabuco, porém, aceitou a missão. Sua decisão causou espanto. Como um jovem aristocrata, filho de um ministro do Império e membro da elite que vivia à custa da escravidão, ousava defender um escravo?

O julgamento tornou-se um acontecimento. As pessoas se acotovelavam para entrar no tribunal. Queriam ver a fisionomia do escravo, escutar novamente a narrativa detalhada do crime, ver o filho do ministro defender uma causa perdida e aguardar o pronunciamento da pena capital, tida como certa. Mas Nabuco, numa defesa brilhante, reverteu o veredicto. Munido de fatos e relatos minuciosos que descreviam os atos de crueldade, humilhação, chibatadas e maus-tratos sofridos pelo escravo durante tantos anos de cativeiro, Nabuco persuadiu o júri de que o crime fora um ato de legítima defesa. Numa decisão inédita, a Corte decidiu absolver o escravo. Nabuco tornou-se uma celebridade nacional, atraindo a admiração dos liberais e a ira dos conservadores.

Em novembro de 1870, formou-se em Direito e retornou para o Rio de Janeiro. Rapaz bonito, culto, educado e charmoso, Nabuco empregou todos esses atributos para encantar, seduzir e se divertir na vida social carioca. A educação formal era complementada com a educação social. Esta não ocorria nas salas de aula, mas nos salões, concertos e recepções na Corte e nos palacetes da aristocracia. Nesses eventos, moças e rapazes se conheciam, poliam sua cultura e conhecimento, aprimoravam as maneiras e modos e aproveitavam para conversar, dançar, cortejar e também para selecionar futuros maridos e esposas. Nabuco adorava a vida dos salões e dedicou-se profusamente a ela. Seu gosto por festas, roupas elegantes e recepções nos salões da aristocracia carioca contribuiu para refinar sua capacidade de persuasão, mais tarde usada para convencer as pessoas do acerto da campanha abolicionista.

Como a educação aristocrática não se concluía sem a tradicional viagem à Europa – o berço da civilização e a referência política, cultural e social para a elite do Império –, Nabuco partiu para o Velho Continente pela primeira vez em agosto de 1873. No navio, reencontrou Eufrásia Teixeira Leite, que conhecera aos 13 anos. Eles haviam trocado cartas de amor e cultivaram uma paixão escondida. Nabuco e Eufrásia estavam separados por dois mundos distantes: a política e o dinheiro. Nabuco era liberal; o pai de Eufrásia, Joaquim Teixeira, conservador. Nabuco era abolicionista; os Teixeira acreditavam que a escravidão era necessária para o crescimento econômico do país. Os Teixeira gostavam de dinheiro; os Nabuco, de poder. Os primeiros fizeram fortuna no comércio de escravos e eram grandes fazendeiros de café; os segundos pertenciam a um clã de estadistas e de juristas. Além de liberal e abolicionista, Joaquim Nabuco tinha fama de ser perdulário e de cultivar hábitos extravagantes, o que despertava a suspeita de que poderia destruir o patrimônio de Eufrásia, se eles se casassem. Mas, contrariando todas as leis da probabilidade, o amor entre os dois voltou a florescer na travessia do Atlântico e desembarcaram na França como noivos. O amor se consumou, mas o noivado não culminou em casamento. Cultivaram uma relação amorosa – entre rompimentos e reconciliações – que durou 15 anos. O romance só terminou definitivamente em 1888, quando Nabuco começou a namorar Evelina Soares Ribeiro. No ano seguinte, eles se casaram e ela lhe deu aquilo que Eufrásia não podia lhe dar: amor incondicional, uma família estável e cinco filhos.

O romance com Eufrásia não era o único assunto que suscitava preocupação na família durante a primeira viagem de Nabuco à Europa. O pai se preocupava com as ideias republicanas do filho. No Brasil, o Partido Republicano Paulista já existia desde 1873; na Europa, a França voltara a ser uma república após a derrota fragorosa de Napoleão III na guerra desastrosa que travou com a Prússia em 1870. O pai de Nabuco temia que o espírito republicano pudesse seduzir o filho, mas a educação que recebera criara um poderoso anticorpo contra o radicalismo político: "A viagem de 1873 destruiu no gérmen toda e qualquer inclinação republicana. Todo indício de fanatismo que eu pudesse ter no segredo da minha natureza". Além de sepultar o fanatismo ideológico, a viagem desvendou a importância de cultivar o "espírito cosmopolita". Espírito esse que se "caracteriza pela compreensão das soluções opostas dos mesmos problemas sociais, pela tolerância de todas as opiniões, pela igual familiaridade com correligionários e adversários, pela ideia de que acima de quaisquer partidos está a *boa sociedade*",[36] isto é, a civilização – os seus valores, as tradições e os princípios. A ordem, a paz, o progresso, a previsibilidade e a confiança só existem num mundo civilizado. O dever de preservar a civilização é uma obrigação moral da elite. Ela deve agir como uma espécie de timoneiro que conduz a nação por meio do exemplo, senso de dever e sentido de missão. Nabuco descobriu na viagem à Europa que o espírito cosmopolita é vital para transcendermos as barreiras de classe, religião, ideologia e de interesses sectários que dificultam a busca do consenso e que costumam minar o esforço sincero de se encontrar alternativas para os problemas e desafios que testam a capacidade de evoluir ou de regredir da nação.

Esse espírito cosmopolita pautou a vida pública de Nabuco e sua atuação política. Ele o ajudava a não perder de vista o cerne da questão, a perspectiva histórica e os valores e princípios que regem a civilização. Compreendia que a vida das nações e dos povos é fruto da evolução dos costumes, de adaptações graduais e do fortalecimento das instituições. Por isso, cultivava enorme admiração pelo sistema político inglês – por seus princípios liberais, pelo governo constitucional, pelo papel premente do Parlamento e pela atuação discreta, porém relevante, dos monarcas na arena pública. O espírito cosmopolita de Nabuco permitiu-lhe sentir-se em casa em qualquer lugar do mundo, não importava se estivesse no Rio de Janeiro, no Recife, em Paris, em Londres ou em Washington – cidades em que viveu como parlamentar, diplomata, jornalista e, acima tudo, como um estadista dedicado a defender os interesses do Brasil.

A Europa serviu-lhe também de refúgio, uma espécie de santuário que buscava quando precisava encontrar tempo e força para lamber as feridas e se preparar para a batalha seguinte. Em 1886, partiu para a Europa para se refazer da derrota eleitoral e da frustração de ver a causa abolicionista ser mais uma vez tratada com medidas paliativas.

---

36 *Ibid.*, p. 53.

Pensamentos sombrios dominavam sua mente e seu coração sobre o futuro do Brasil. A escravidão arruinaria as instituições democráticas, devoraria a monarquia, insuflaria as ideias revolucionárias, levando o país ao trágico caminho das repúblicas e dos governos autoritários que predominavam na América Latina. Nesses momentos de desesperança, a vida o brindou com um episódio que o fez renascer: conhecer em Londres seu grande ídolo, o primeiro-ministro britânico William Gladstone, o estadista que conduziu as reformas liberais na era vitoriana.

Outro episódio inesperado foi a viagem do imperador D. Pedro II à Europa para tratar da saúde debilitada. O poder ficou nas mãos da princesa Isabel, que defendia a abolição da escravidão e que não temia criar certo constrangimento político ao líder do governo, o barão de Cotegipe, um conservador que relutava em acelerar o passo da abolição porque sabia que tal assunto representava um enorme custo eleitoral para seu governo. A insistência da princesa Isabel em discutir a questão causou enorme irritação no barão. Numa audiência tensa com a princesa, Cotegipe afirmou que a Coroa não deveria se imiscuir num tema político tão controverso e delicado. Alertou-a para o fato de que a abolição não seria decidida em conversas reservadas entre eles, mas no voto.

Cotegipe pensava como um político; a princesa Isabel raciocinava como estadista. O barão evitava o tema e se recusava a enfrentar a resistência que a abolição suscitava no Parlamento e no próprio Partido Conservador. A princesa tinha plena consciência do risco à ordem, à paz interna e à credibilidade das instituições que a hesitação política de Cotegipe representava ao país. Na sua visão, a sobrevivência do governo era uma questão menor perante o mal que a permanência da escravidão representava para a nação.

Cotegipe não conseguiu permanecer no poder evitando o tema da abolição e a espinhosa questão da indenização aos proprietários de escravos. Os temas prementes não respeitam a lógica política. Eles atropelam o raciocínio limitado, tacanho e egoísta daqueles que pensam apenas nos ganhos de curto prazo. A hesitação política do barão paralisou o governo e rachou o Partido Conservador, provocando a queda do seu gabinete. Novas eleições foram convocadas e, dessa vez, a sociedade estava suficientemente madura para abolir a escravidão por meio do voto.

A desesperança de Nabuco converteu-se em alegria assim que chegou ao Brasil para disputar a eleição, em agosto de 1887. Após dez anos de luta pela abolição, sua causa deixara de ser uma aspiração de um punhado de liberais para se tornar a causa da nação. As suas teses abolicionistas, consideradas radicais no início dos anos 1880, tornaram-se o pensamento da maioria. Ninguém mais se chocava com as palavras duras do seu panfleto *O Abolicionismo*:

> A escravidão, assim como arruína economicamente o país, impossibilita o seu progresso material, corrompe-lhe o caráter, rebaixa a política; impede a imigração, desonra o trabalho manual, retarda a aparição das indústrias e produz uma aparência ilusória de ordem.[37]

O sinal promissor de que a maré havia mudado estava na cizânia do Partido Conservador. Um dos principais adversários dos abolicionistas que mudou de lado, tonando-se defensor até do não pagamento de indenização aos fazendeiros, foi o paulista Antônio da Silva Prado. Membro do gabinete de Cotegipe, Antônio Prado pressionou o governo a abolir a escravidão antes que ela destruísse o país. Quando o barão se recusou a seguir as recomendações do seu ministro, Antônio Prado renunciou ao cargo e foi ocupar uma cadeira no Senado. De lá, começou a disparar críticas à hesitação de Cotegipe: "Tudo perde-se, tudo gasta-se no insano labutar da inglória tarefa de sustentar a causa que se diz da lavoura, mas que não é senão de interesses mal entendidos, mal respeitados e mal definidos".

Antônio Prado fez mais do que proferir discursos no Parlamento. Em 1887, convenceu parte dos fazendeiros paulistas a fazer como ele e libertar seus escravos. Em seguida, propôs à Assembleia Legislativa de São Paulo passar uma lei abolindo a escravidão na província até o fim de 1888. Enquanto isso, o capitão Antônio Bento aproveitou a emancipação espontânea promovida pelos fazendeiros paulistas para orquestrar uma fuga em massa de escravos das fazendas que

[37] NABUCO, Joaquim. *O abolicionismo*. Petrópolis: Vozes, 2000, p. 91.

relutavam em aderir ao movimento. Quando os proprietários exigiram a intervenção da polícia, Antônio Prado usou sua influência e prestígio político para persuadir o governo local a não utilizar a força policial na captura dos escravos rebeldes.[38]

Antônio Prado tornou-se aliado de Joaquim Nabuco na luta pela abolição quando constatou que era possível substituir a mão de obra escrava pelo trabalho livre sem causar perdas para a lavoura. Logo após a promulgação da Lei do Ventre Livre, em 1871, a família Prado reuniu um pequeno grupo de fazendeiros e decidiram atrair imigrantes europeus para trabalhar nas suas fazendas de café. De 1872 a 1883, Antônio Prado dividiu os lotes cultivados por imigrantes e escravos e constatou que a produtividade dos trabalhadores livres era superior à dos escravos. A constatação recorrente desse fenômeno o levou a substituir os escravos pelos imigrantes. Em 1883, metade da mão de obra das suas fazendas era de imigrantes. Martinico Prado, irmão de Antônio, tornou-se o fundador e líder da Sociedade Promotora da Imigração, que tinha como sócios-fundadores aristocratas que pertenciam aos partidos Conservador, Liberal e Republicano Paulista. De 1877 a 1895, São Paulo recebeu 612 mil imigrantes italianos. Não é por outra razão que Nabuco dizia que Antônio Prado foi a peça-chave para quebrar a resistência dos fazendeiros de São Paulo ao projeto de emancipação dos escravos.[39]

A campanha eleitoral de Nabuco em 1888 seguiu o tradicional roteiro de discursos, pancadaria entre capangas, acusações de fraude e disputa acirrada por votos. Mas, dessa vez, Joaquim Nabuco obteve vitória relativamente folgada no primeiro distrito eleitoral do Recife. Nenhum candidato no Brasil foi tão celebrado e ovacionado como Nabuco:

> Era o auge da popularidade. Virou tema de enfeites de carnaval e um fabricante de chapéu criou o modelo "O Abolicionista", com seu retrato. Na parada do vapor rumo à corte foi ganhando [...] grande recepção na

[38] D'AVILA, Luiz Felipe . *Dona Veridiana*. São Paulo: Girafa, 2004, p. 304.

[39] *Ibid.*, p. 298.

Bahia; avalanche de manifestações ao vivo e na imprensa na sua chegada na corte. A Rua do Ouvidor era toda vivas, flores e bandeiras.[40]

Apesar de se tornar uma celebridade política, Nabuco não conseguiu converter a popularidade em poder. Os conservadores venceram a eleição, e Nabuco foi excluído do momento solene da abolição. A sua luta pela abolição havia se transformado na aspiração da sociedade. Nabuco ainda era o líder inconteste da abolição, mas coube ao Partido Conservador – seu principal adversário político – sepultar a escravidão. O gabinete João Alfredo-Antônio Prado recebeu a incumbência de acabar com o sistema escravocrata. De março a maio de 1888, Antônio Prado conduziu a negociação política do projeto de lei que aboliu os eufemismos e as palavras vazias. O governo decretaria a abolição sem nenhuma condicionante. Optou por uma redação sucinta, direta e objetiva da lei: "É declarada extinta desde a data desta lei a escravidão no Brasil. Revogam-se as disposições em contrário". Duas frases curtas que expressavam uma década de luta no Parlamento e nos partidos, nas ruas e nas urnas, nas cidades e nas fazendas. A lei, promulgada no dia 13 de maio de 1888, foi imediatamente batizada de Lei Áurea. A princesa Isabel, responsável por sua promulgação, foi coroada com o título popular de a Redentora.

Restou a Nabuco defender a lei no Parlamento e ser recebido no plenário com um "Ave César!" pelo amigo Paulino. No momento em que a lei foi promulgada, Nabuco estava ao lado da princesa. Crítico da monarquia nos momentos em que a família real se absteve de apoiar claramente a abolição – causa que sempre defendia em conversas reservadas –, Nabuco foi surpreendido pela reação inesperada da princesa que "perguntou-lhe, sorrindo: 'estamos reconciliados'? Nabuco beijou a mão estendida e se curvou diante da realeza. Estavam".[41] A Princesa do Brasil e o Príncipe da Abolição foram ovacionados pelo povo quando apareceram lado a lado no balcão do edifício de onde se via a multidão no Pátio Imperial. Nesse momento histórico, Nabuco era aplaudido e aclamado no Parlamento, nas ruas,

[40] ALONSO, *op. cit.*, p. 222.

[41] *Ibid.*, p. 231.

nos eventos sociais e artísticos da cidade. No seu diário, anotou no dia 13 de maio:

> O povo em delírio no recinto [Parlamento], meu nome muito aclamado. Pelo Campo de Santana até ao [jornal] *Paiz* com Celso Júnior, cercado pelo povo. Ao Paço [da cidade]. À sanção e assinatura. Falo de uma das janelas do Paço. Pelas ruas com Dantas, Patrocínio, Clapp, Jaceguai, etc. Jantamos todos no Globo. Depois aos espetáculos de gala em nossa honra. "Viva a pátria livre!".[42]

A Abolição foi sua apoteose. Nabuco se tornou a voz e a feição da causa abolicionista. Ele era a figura nacional do abolicionismo. Graça Aranha, seu amigo de diplomacia, de lutas políticas e de tertúlias literárias na Academia Brasileira de Letras, escreveu sobre o momento supremo de Nabuco como o líder da Abolição:

> Onde o segredo que tornou o movimento abolicionista tão impetuoso e triunfante? No sentimento da liberdade, que é a alavanca social invencível, na piedade pelo escravo, que é a expressão da nossa ternura, no orgulho patriótico a que repugnava a mancha negra, a mancha nacional.
>
> O heroísmo supremo de Nabuco está em ter sido a magnífica voz desse sentimento de liberdade, o poeta desta compaixão, o vingador desta vergonha coletiva.
>
> Nabuco transmite a tudo o fluido da perpétua renovação da vida, que é o sinal da eternidade, e em nossa memória, em nossa evocação, ele viverá como o símbolo da mocidade heroica em nossa raça.[43]

Mas Nabuco era o primeiro a reconhecer que a emancipação dos escravos não teria ocorrido não fossem a coragem, a perseverança e a determinação de muitas pessoas que se engajaram na luta pela abolição na imprensa, nas ruas, nas urnas e no Parlamento. Em *Minha*

---

[42] NABUCO, Joaquim. *Diários*: 1873-1910. V. 1. Rio de Janeiro: Bem-Te-Vi, 2005, p. 292.

[43] GRAÇA ARANHA. *Machado de Assis & Joaquim Nabuco:* correspondência. Rio de Janeiro: Topbooks, 2003, p. 218.

Formação, seu livro de memórias, Nabuco enumera os heróis desse grande movimento. Havia os jornalistas e propagandistas que travaram uma luta sem trégua na imprensa, nos clubes e nas associações abolicionistas no Rio de Janeiro. Esse grupo era formado por André Rebouças, José do Patrocínio, Gusmão Lobo, Joaquim Serra, Ferreira de Meneses e Vicente de Souza. O movimento no Rio de Janeiro ajudou a incendiar a causa pelas províncias e a estimular a criação de grupos e associações abolicionistas no Ceará, no Amazonas, em Pernambuco, na Bahia, em São Paulo e no Rio Grande do Sul. Mas a batalha decisiva foi travada no Parlamento. O racha no seio do Partido Conservador, capitaneado por Antônio Prado, "que retirou o veto de São Paulo à abolição, quebrando a resistência até então compacta do Sul", e a atuação assertiva e corajosa do governo João Alfredo, em 1888, "que levou o Partido Conservador a apresentar a lei de extinção imediata, ato que nessa época foi de grande audácia", foram imprescindíveis para o desfecho. Destacam-se três parlamentares, cuja atuação foi decisiva para a Abolição: José Bonifácio, o moço, "cuja adesão à ideia foi um contingente igual à libertação [dos escravos] do Ceará", além de Cristiano Ottoni e Silveira da Motta.[44]

Após o momento áureo da luta contra a escravidão, a elite política baixou a guarda. Em vez de aproveitar o momento de júbilo e de união nacional para dar continuidade às reformas econômicas e sociais, ela parecia exaurida e resignada. Havia feito sua grande obra e precisava de tempo para deixar a poeira assentar, reconciliar os abolicionistas e os fazendeiros ressentidos e cicatrizar as feridas do embate político da emancipação dos escravos antes de retomar o caminho das reformas. Enquanto a elite desfrutava de seus feitos, os republicanos jacobinos se movimentavam para derrubar a monarquia. No dia 15 de novembro de 1889, o golpe republicano foi orquestrado por um pequeno grupo de militares. A Coroa e a elite não esboçaram a menor resistência. O povo, estupefato e atônito, descobriu que o imperador havia sido deposto na madrugada e forçado a embarcar às pressas para a Europa com a família real. Joaquim Nabuco, assim como o restante da elite, guardou um silêncio sepulcral sobre o golpe republicano.

---

[44] NABUCO, *op. cit.*, pp. 172-175.

Nem Nabuco, nem seus colegas de Parlamento se mobilizaram para defender a monarquia ou reagir aos golpistas na imprensa e nas ruas. Nada. Silêncio, resignação e inação daqueles que deveriam agir como guardiães das instituições, da Constituição e do Estado de Direito.

Se o 13 de maio representa a glória de Nabuco, o 15 de novembro é sua vergonha. Como dizia Platão, "a punição que os bons sofrem, quando se recusam a agir, é viver sob o governo dos maus". A profecia platônica confirmou-se. A república dos marechais Deodoro da Fonseca e Floriano Peixoto tinha a feição das repúblicas de caudilho: estado de sítio, fechamento do Congresso, perseguição aos opositores e cerceamento da liberdade de imprensa. E o que Nabuco – o defensor das instituições e da liberdade – fez nesses quase dez anos de aviltamento aos princípios e valores que defendera? Nada. Vendeu a sua casa e partiu para a Europa em setembro de 1890. Aproveitou o autoexílio para se dedicar à vida privada. Casou-se com Evelina Torres Soares Ribeiro e constituiu uma bela família de cinco filhos: Maria Carolina, Maurício, Joaquim, Maria Ana e José Tomás. Escreveu artigos, fundou a Academia Brasileira de Letras com seu amigo Machado de Assis e dedicou-se ao estudo da história. Escreveu a biografia de seu pai, *O Estadista do Império*, e *Minha Formação*, entre outros escritos. Discorreu sobre política externa, literatura e poesia. Redescobriu a fé e reconciliou-se com a religião católica por intermédio de Evelina.

Sua lenta e gradual reconciliação com a República brasileira ocorreu por meio da sua convicção de que os três presidentes paulistas – Prudente de Moraes, Campos Salles e Rodrigues Alves – lutaram bravamente para implantar a verdadeira república no Brasil: liberal, constitucional e democrática. Os três conseguiram debelar a república autoritária e militarista de Deodoro e Floriano, institucionalizar o Estado de Direito e as liberdades cívicas e reconstruir as finanças públicas. Voltaram ao poder estadistas com os quais compartilhava o apreço pelos valores liberais e os princípios democráticos. Eram presidentes que compreendiam as regras da civilidade e as virtudes da civilização e da "boa sociedade". Em 1899, Joaquim Nabuco aceitou o convite do presidente Campos Salles para representar o Brasil na comissão diplomática responsável pela definição das fronteiras brasileiras com as Guianas. No ano seguinte, retorna a sua carreira diplomática, assumindo o posto de representante do Brasil em Londres. Em 1904, seu amigo e ministro das Relações Exteriores, o barão do Rio Branco, nomeou-o embaixador em Washington, cargo que exerceu até a sua morte em 1910.

Nabuco terminou a vida pública por onde começou – pela carreira diplomática. Mas seu grande momento foi a luta pela abolição. Ele será lembrado como o homem que lutou para estender o direito à liberdade a todos os brasileiros – brancos e negros. Sua luta mostrou que é possível promover mudanças profundas por meio das instituições, respeitando as regras da democracia e sem violar as liberdades e os princípios liberais. Joaquim Nabuco nunca deixou de reconhecer que tais mudanças só foram possíveis porque o Brasil criou um sistema de governo em que o Estado de Direito e as liberdades constitucionais foram asseguradas pela monarquia brasileira,

> que não era militar, nem clerical, nem aristocrática e, por isso, foi derribada pelo Exército, depois da revolta do escravismo, entre a indiferença da Igreja. Se o Brasil fosse uma das grandes nações do mundo, seria uma grande casa reinante essa curta dinastia que deu metade do seu trono para fazer a Independência e a outra metade para fazer a Abolição.[45]

D. Pedro II sabia o risco político que a monarquia corria em defender a abolição da escravidão. Mas os estadistas não hesitam em enfrentar os desafios que toda mudança de comportamento costuma gerar na sociedade. D. Pedro II assumiu a mais árdua de todas as missões políticas: o compromisso de institucionalizar o Estado de Direito e os fundamentos do governo constitucional e democrático.

[45] *Id.* Por que continuo a ser monarquista? *Diário do Commercio*, Rio de Janeiro, 7 set.1890.

D. PEDRO II: O REI-FILÓSOFO E A INSTITUCIONALIZAÇÃO DO ESTADO DE DIREITO, DA LIBERDADE DE EXPRESSÃO E DO GOVERNO CONSTITUCIONAL

D. Pedro II foi um dos maiores estadistas brasileiros. Herdou um império à beira da ruptura política, da degeneração institucional e da desintegração territorial e transformou-o num país onde reinavam a liberdade, a lei e a ordem institucional. Durante seu reinado, a unidade do Brasil foi consolidada, as instituições políticas se fortaleceram, o Estado de Direito enraizou-se e se exerceu a liberdade de expressão de maneira absoluta. Se a existência de uma imprensa livre é um dos termômetros da liberdade de uma nação, deveríamos nos orgulhar de não haver nenhum outro país no mundo com tamanha liberdade. O legado de D. Pedro II torna-se ainda mais impressionante quando comparado à maioria dos países da América Latina. Enquanto o seu reinado foi constitucional e democrático, com eleições periódicas, alternância de partidos no poder e liberdade plena de imprensa e de opinião, os nossos vizinhos sofriam com governos autoritários, repúblicas de caudilhos e golpes de Estado.

D. Pedro II não só foi um estadista como um monarca exemplar. A simplicidade da Corte e seus hábitos espartanos revelam o senso de dever público e de probidade no uso dos recursos do Estado que balizaram sua atuação. A erudição e a paixão pelos estudos transformaram-no num importante patrono das artes e das ciências e num incansável promotor da qualidade da educação pública no Brasil. Durante o seu reinado, a Coroa jamais foi utilizada como meio de enriquecimento próprio ou de seus parentes; tampouco foi usada como mecanismo de distribuição de benesses públicas e de sinecuras para os amigos. D. Pedro II atuou como fiel guardião das instituições e defensor implacável do Estado de Direito, das instituições e da liberdade de opinião. Ademais, poucas pessoas tiveram o privilégio de gozar da amizade de homens que moldaram as artes e a ciência da época, como o poeta Longfellow, os escritores Alexandre Herculano e Victor Hugo, o naturalista Louis Agassiz e o químico Louis Pasteur.

A fama de monarca exemplar, de homem das ciências e das Letras transformou-o numa das grandes personalidades da segunda metade do século XIX. Quando morreu em Paris, em 5 de dezembro de 1891, mais de 200 mil pessoas seguiram o cortejo fúnebre. William Gladstone, o célebre primeiro-ministro da Inglaterra vitoriana, declarou que D. Pedro II fora "o governante modelo para o mundo". O *New York Times* publicou editorial afirmando que o imperador "foi o mais ilustrado monarca do século".[46] No Brasil, entretanto, D. Pedro II não foi reconhecido como estadista. Após o golpe republicano de 1889, iniciou-se um processo sistemático para obliterar, deturpar e até caricaturar a história e os feitos do imperador.

Graças a D. Pedro II, o Brasil tornou-se um país civilista, legalista e livre. Ele foi responsável por inocular esses valores e sentimentos na alma brasileira ao longo do quase meio século em que reinou. Esse foi o seu grande legado para a nação. A partir do Segundo Reinado, o país sempre cultivou uma minoria de estadistas virtuosos que defenderam corajosamente a liberdade, as instituições democráticas e o Estado de Direito, mesmo durante os períodos sombrios, quando o Brasil também se tornou presa de governos autoritários, caudilhos e ditatoriais.

A infância do segundo imperador brasileiro não se assemelha à história dos príncipes de contos de fada. A mãe, a imperatriz Leopoldina, morreu quando ele tinha apenas 1 ano de idade. O pai, o imperador D. Pedro I, foi obrigado a renunciar ao trono e embarcar para Portugal em 1831, deixando o príncipe de 5 anos sob os cuidados da governanta dona Mariana de Verga Magalhães, a Dadama, como ele

[46] CARVALHO, José Murilo de. *D. Pedro II*. São Paulo: Companhia das Letras, 2007, p. 241.

a chamava, e do tutor José Bonifácio Andrada e Silva. Permaneceram no Brasil também suas irmãs, as princesas Januária e Francisca.

Sua primeira aparição pública após a renúncia de D. Pedro I foi uma experiência traumática. O menino foi colocado na carruagem imperial com Dadama e levado ao Paço da cidade. Numa rua estreita das redondezas, um grupo de populares resolveu homenageá-lo, mas o assustaram. Interceptaram o carro, desatrelaram os cavalos e o puxaram até o largo imperial. Uma multidão aguardava D. Pedro II no Paço. Atônito, o menino obedecia a Dadama, que lhe pedia para acenar para o povo. Ele o fazia timidamente, quando veio o segundo susto. O príncipe foi recebido por uma salva de tiros e a multidão gritava em júbilo. Assustado com o barulho e a agitação das ruas, D. Pedro II começou a chorar copiosamente enquanto era exibido ao povo. Dadama colocou-o de volta na carruagem e tentou acalmá-lo. Mas o barulho ensurdecedor dos tiros, dos sinos das igrejas e o coro da multidão continuaram a assustar o menino; e ele só foi acalmado quando retornou ao palácio imperial.

Ali, na quietude do seu mundinho familiar, o pequeno príncipe permaneceu confinado por quase dez anos. Levava uma vida de claustro, organizada metodicamente pelo futuro marquês de Itanhaém, a quem a Regência incumbiu de zelar pela educação do monarca logo após a demissão de José Bonifácio do cargo de tutor em 1832. Estabeleceu-se uma rotina rígida e repleta de obrigações para o imperador. Acordava todos os dias às sete da manhã. Tomava café e estudava das nove às onze e meia. Sua hora de brincar era das onze e meia à uma e meia da tarde. Em seguida, almoçava em companhia da Dadama, do seu médico, do mordomo Paulo Barbosa e de seus professores. Não podia comer com as suas irmãs. Depois do almoço, D. Pedro II dedicava-se à leitura e ao estudo, intercalando-os com caminhadas pelo jardim do palácio. Antes do jantar, rezava; em seguida, às nove horas, lhe era servido o jantar. Logo após a refeição, recolhia-se ao seu quarto e dormia. O seu gosto pelos livros o levara a burlar essa última regra. Aproveitava o silêncio do seu quarto para continuar as leituras. A paixão do imperador pelos livros e pelos estudos tornou-se evidente. Preferia ler a brincar e, se o deixavam em paz, passava o dia e a noite devorando livros. Segundo o frei Pedro de Santa Mariana, seu professor de matemática e geometria, D. Pedro II lia de maneira compulsiva. Os livros tornaram-se o seu refúgio pessoal.

Enquanto o príncipe era educado e treinado para se tornar um verdadeiro rei-filósofo, o Império vivia o turbulento período regencial. O Brasil ainda engatinhava como nação independente e de governo constitucional quando eclodiu a crise política que culminou com a renúncia de D. Pedro I. A arte de governar por meio das instituições requer convicção nos valores liberais e na aceitação dos limites constitucionais que tanto o Parlamento como o soberano têm de respeitar e fazer cumprir. Trata-se de um processo de aprendizado que exige tempo, perseverança, realismo político e vontade de fazer valer – no exercício cotidiano do poder – os princípios e os valores que norteiam a Constituição. Ao transformar esse processo de amadurecimento e aprendizado em mera disputa de poder entre o monarca e o Parlamento, os valores constitucionais foram sacrificados e as instituições se transformaram numa trincheira na qual os poderes Legislativo e Executivo digladiavam. O impasse foi resolvido com a abdicação de D. Pedro I em 7 de abril de 1831. Mas, ao invés de promover a paz e a reconciliação entre a Coroa e o Parlamento, a partida do imperador agravou a crise política. A ausência do monarca foi imediatamente sentida, sobretudo nos momentos em que o imperador costumava intervir para mediar as disputas partidárias. Sem a presença do imperador, o país perdera um árbitro essencial nesse início de governo constitucional, em que os valores e os princípios ainda não se haviam enraizado nos partidos, nas instituições e na sociedade.

A ausência do imperador causou um perigoso vácuo de poder que foi preenchido pela formação de um governo regencial. Essa primeira experiência "republicana" foi desastrosa. A perniciosa disputa entre as facções políticas no Rio de Janeiro trouxera não só intranquilidade política, como também fomentara a inquietação nos quartéis e no Exército. As ruas da cidade foram tomadas por confrontos e levantes que minavam a ordem institucional e a paz na capital do Império.

Esses conflitos tornaram-se tão graves e ameaçadores que o pequeno imperador e suas irmãs foram obrigados a deixar o palácio e se refugiar na fazenda Santa Cruz. Evidentemente, o monarca ainda não compreendia a dimensão política desses levantes, mas percebia a agitação e o nervosismo que tomavam conta do palácio. Ao se recordar desse período conturbado, D. Pedro II escreveu em seu diário que "os toques de clarim e os tiros de artilharia faziam-me verter lágrimas de terror".[47] Graças à atuação decisiva do brigadeiro Francisco Lima e Silva, membro do primeiro governo provisório, a paz e a ordem foram restauradas e a efervescência militar nos quartéis foi contida. Militar de grande prestígio junto à tropa e aos oficiais, Lima e Silva mostrou-se avesso ao flerte de alguns militares com a possibilidade de assumir o comando político da nação. O brigadeiro deixou claro que tal atribuição caberia ao Parlamento e ao governo provisório decidir.

A história da Regência revela a dificuldade de se preservar a liberdade e o Estado de Direito num país onde as instituições são fragilizadas por disputas entre facções e partidos que pretendem desvirtuá-las e transformá-las em meros instrumentos de legitimação da conquista e da preservação do poder político. A abdicação de D. Pedro I criou um enorme vácuo no comando do Estado. O imperador tinha o poder de formar e de demitir governos, convocar eleições, escolher os senadores e nomear juízes. Essas atribuições constitucionais do Poder Moderador eram exercidas pelo imperador. Com a ausência do monarca, quem seria responsável por exercer com sabedoria e moderação tais poderes até a maioridade de D. Pedro II? O Parlamento estava dividido em relação ao tema.

Havia um grupo, liderado por Honório Carneiro Leão, futuro marquês de Paraná, que defendia a criação de um Poder Executivo com poderes limitados e submisso ao desejo do Parlamento. Os partidários de Honório temiam que a criação de um governo forte poderia ser rapidamente convertida numa perigosa mistura de independência política e despotismo. O outro grupo, liderado por Evaristo da Veiga, argumentava que a Regência precisava estabelecer o equilíbrio entre os três poderes. O país necessitava de um governo forte para lidar com a crise política e as revoltas locais que ameaçavam a unidade do Brasil. Um governo frágil e sujeito às pressões intermitentes do

---

47 *Ibid.*, p. 25.

Parlamento colocaria em risco a sobrevivência da nação. Caberia aos outros dois poderes fiscalizar, cobrar e evitar que o Executivo se tornasse um poder despótico.

Evaristo perdeu a batalha no Congresso. O grupo de Honório venceu o embate parlamentar e foi criada a Regência trina. Eleito pelo Parlamento, o governo regencial era submisso à vontade dos deputados. Não haveria conflito entre o Legislativo e o Executivo porque era evidente que o poder emanava do Parlamento. O governo regencial necessitava do consentimento dos deputados para ratificar suas medidas. Em caso de divergência entre o Parlamento e o governo, a Regência não tinha poderes para dissolver o Legislativo e convocar eleições. Assim, o governo regencial nasceu fraco, débil e incapaz de conduzir o país numa época de grandes tormentas políticas.

A fragilidade do governo era incompatível com a gravidade da situação política. A inquietação nos quartéis e a ameaça de revoltas militares mesclavam-se com a crescente disputa entre as facções políticas nos clubes, nos jornais e no Parlamento. A facção conservadora passou a defender o regresso imediato de D. Pedro I. Segundo os "caramurus" (apelido dos conservadores), o retorno do imperador era vital para restabelecer a ordem e a paz no país e sepultar o governo regencial. A facção radical – conhecida como "farroupilha" – não desejava o retorno de D. Pedro I. Via a Regência como o momento de transferência do poder da Coroa para o Parlamento e, para alguns farroupilhas exaltados, o primeiro passo da transição da monarquia para a república. Radicais e conservadores aliavam-se no Parlamento para atacar o governo dominado pelos liberais.

Felizmente, o governo regencial e o Parlamento eram dominados pelos liberais que acreditavam na necessidade imperiosa de zelar pelas instituições políticas, pela Constituição e pelo regime monárquico até a maioridade de D. Pedro II. Rechaçavam o regresso de D. Pedro I porque enxergavam seu retorno como uma forma perigosa de reacender a chama do absolutismo monárquico e ressuscitar o conceito medieval de que o rei estava acima das leis e das instituições. A proposição dos "caramurus" representava uma ameaça a um país que lutava para edificar a monarquia constitucional. Os liberais repudiavam igualmente o projeto dos farroupilhas de transformar o monarca numa figura decorativa sem poder ou influência política na conduta do país.

Evaristo de Moraes exerceu um papel vital nesse período. Jornalista e redator do principal jornal liberal do Rio de Janeiro, *A Aurora Fluminense*, membro da influente Sociedade Defensora da Liberdade e da Independência Nacional e uma das principais lideranças políticas no Parlamento, Evaristo acreditava que o liberalismo só triunfaria se estivesse alicerçado nos pilares da monarquia constitucional. Lutava contra o parlamentarismo jacobino dos radicais e o absolutismo monárquico dos conservadores. Combateu corajosamente os farroupilhas e os caramurus na imprensa e no Parlamento. Os farroupilhas desejavam sujeitar o governo e o monarca aos caprichos do Parlamento, transformando o regime político numa espécie de parlamentarismo republicano. Os caramurus pretendiam construir uma monarquia em que o poder do Parlamento e do governo orbitasse em torno do imperador – a figura maior da constelação política. Evaristo lutava para construir uma monarquia constitucional, respaldada na edificação de instituições fortes, capazes de evitar a imposição de um dos poderes sobre os outros. Era um discípulo de Montesquieu e, portanto, acreditava que o arcabouço constitucional e institucional servia para coibir o despotismo – fosse dos reis ou das massas.

Em julho de 1831, Evaristo conseguiu nomear o padre Diogo Antônio Feijó para ocupar o Ministério da Justiça. Esse era o cargo mais importante do governo regencial, especialmente após o Parlamento ter aprovado uma lei concedendo plenos poderes ao ministro da Justiça para debelar a crise política de julho daquele ano. Farroupilhas, caramurus e moderados travavam uma batalha cada vez mais violenta na imprensa, nas ruas, nos clubes e nas associações civis. Os militares eram cortejados por essas facções. Eram um elemento importante para pressionar o Parlamento e o governo. O crescente envolvimento dos militares nas disputas entre as facções políticas acabou gerando motins, rebeliões e revoltas, cujo intuito era fazer valer pela força a adoção de medidas políticas.

Feijó estava havia menos de dez dias no cargo quando eclodiu um motim militar insuflado pelos farroupilhas. Os militares cercaram o Parlamento e exigiam a aprovação de uma lista de reivindicações políticas concebida pelos radicais, como a demissão de funcionários públicos suspeitos de apoiarem os "interesses portugueses", a expulsão do país de partidários de D. Pedro I e a destituição de alguns senadores muito próximos do imperador deposto. O cerco ao Parlamento durou seis dias. Feijó manteve-se firme. Negociou a desmobilização dos militares e rechaçou as reivindicações dos revoltosos. Contava com o apoio militar do grupo de oficiais e das tropas legalistas que defendiam o governo e com a determinação e a coragem política de se fazer cumprir a lei. Não apelou para medidas de exceção nem autorizou prisões arbitrárias dos revoltosos. Puniu os envolvidos nos motins de acordo com processos legais e, em nenhum momento, recorreu ao fechamento de jornais ou de associações comandadas pelos farroupilhas e caramurus. Manteve o cumprimento da lei e o respeito à Constituição. Tampouco se furtou da responsabilidade de adotar medidas duras e necessárias. Dissolveu grande parte do Exército e criou a Guarda Nacional, formada por cidadãos e subordinada ao Ministério da Justiça (ou seja, a ele próprio, Feijó) e não mais ao Ministério da Guerra.

Além de enfraquecer o principal foco dos motins, a drástica redução do tamanho do Exército colaborou para o saneamento das finanças públicas. Feijó promoveu um corte de 36% das despesas públicas, permitindo ao governo equilibrar as contas. Tratava-se de algo inédito num país que cultivava um déficit crônico desde o início da luta pela independência. Feijó institucionalizou o rigor na elaboração e no cumprimento do orçamento do Estado:

> A partir de 1832 um minucioso orçamento nacional passou a ser publicado e cumprido. Qualquer outra despesa só era feita com autorização do Parlamento. Essa austeridade permitiu que, em dois anos, fosse estancada a sangria que vinha desde a partida de D. João VI, em 1821.[48]

Não tardou para surgirem acusações de despotismo contra Feijó. Conservadores, radicais e até mesmo alguns liberais atacavam

---

[48] CALDEIRA, Jorge, et al. *Viagem pela história do Brasil*. São Paulo: Companhia das Letras, 1997, p. 183.

o regente nos jornais. Ele era o "homem que viu a luz do dia em chiqueiro de porcos", o padre "sedutor e alcoviteiro de donzelas em confessionários" ou o "ministro de Satanás". Homem austero e de hábitos simples, Feijó tinha aversão à política do jeitinho e à concessão de favores e de privilégios para atenuar opositores ou premiar aliados. Menosprezava os recursos do poder suave – o poder de persuadir, seduzir e atrair adversários e aliados e transformá-los em valiosos defensores dos objetivos do governo. Feijó não se importava em agradar às pessoas. Sua preocupação resumia-se em defender a ordem, a lei e a Constituição. Para atingir esses objetivos, só conhecia um método eficaz: o exercício implacável do poder duro, isto é, o poder de combater, pressionar e punir aqueles que se opunham aos seus objetivos. Evidentemente, não conquistou muitos aliados e amigos com esse seu jeito peculiar de ser e de agir. Sua base política começou a corroer.

Houve um novo levante militar no Rio de Janeiro em abril de 1832, dessa vez inspirado pelos caramurus e por pessoas que estavam próximas a D. Pedro II. A acusação era dirigida diretamente aos irmãos Andrada – Antônio Carlos, Martim Francisco e José Bonifácio, o tutor do futuro imperador. O levante foi sufocado pelas tropas aliadas, e Feijó, como de costume, aproveitava esses momentos de crise para pedir ao Parlamento a aprovação de medidas duras. Dessa vez, pediu a demissão de José Bonifácio do cargo de tutor. O velho Andrada não era um homem qualquer. Tratava-se do Patriarca da Independência, um estadista que ainda inspirava admiração e respeito, mas também ódio e rancor entre os seus adversários. Feijó e Evaristo da Veiga faziam parte desse último grupo. A suspeita de que José Bonifácio estivesse envolvido com a revolta militar era suficiente para pedir sua demissão. Evaristo liderou o debate na Câmara e conseguiu aprovar a destituição do tutor, mas o projeto foi derrotado no Senado. Os senadores argumentaram que não havia provas de que José Bonifácio estivesse envolvido no planejamento do levante. A derrota do governo no Senado levou Feijó a pedir demissão do cargo de regente. Deixou o poder e a Corte, e retornou para São Paulo. Voltou a ser, como seus adversários o acusavam, um sitiante caipira.

Após sua destituição, o Parlamento aprovou o Ato Adicional de 1834. O "absolutismo" da era Feijó levou o pêndulo político a mover-se em direção à descentralização do poder. O Ato Adicional concedeu às províncias maior autonomia política. Conquistaram o poder de criar e de eleger as assembleias provinciais e de legislar sobre temas locais. É verdade que o presidente da província continuaria a ser nomeado pela Coroa, mas o Ato Adicional representava a primeira experiência de transferir às províncias a responsabilidade de administrar os interesses locais, lidar com as questões municipais e administrar as receitas e despesas públicas. A intenção do Ato Adicional era louvável. Um império de dimensões continentais como o Brasil precisava dividir a tarefa de administrar seu vasto território com os governos provinciais. Mas o momento escolhido para iniciar o processo de descentralização do poder não poderia ter sido pior. O país atravessava um período de grande instabilidade política, e o governo regencial mal conseguia exercer sua soberania no Rio de Janeiro. A descentralização do poder no instante de maior fragilidade do governo regencial colaborou para acirrar as disputas locais e insuflar os levantes regionais. O resultado desse experimento foi desastroso. O governo regencial recorreu novamente a Feijó para tentar conter a onda de revoltas que se alastrou pelo país.

A combinação nefasta de instituições frágeis e delegação de maiores poderes aos governos regionais aumentou o prêmio pela conquista do governo central. O partido que vencesse a eleição e se apoderasse do governo conquistaria os meios para legitimar o mando, destruir a oposição e impor sua vontade. A perda de uma eleição não representava apenas uma derrota temporária. Significava uma vida de ostracismo, de perda de influência e de baixíssima chance de, um dia, conquistar o poder por meio de eleições. O domínio da máquina governista jamais permitira a alternância de poder. Não é por outra razão que o partido derrotado nas urnas sempre acusava o partido vencedor de ter fraudado a eleição. Após o ritual democrático das urnas, os derrotados logo encontravam alguma reivindicação não atendida para transformá-la em pretexto para orquestrar um levante contra o governo. De 1832 a 1837, iniciou-se a temporada de revoltas provinciais que se tornaram uma séria ameaça à unidade nacional.

Revoltas populares, militares e políticas ocorreram nas províncias do Pará, do Rio Grande do Sul, da Bahia, do Maranhão, do Piauí, de Pernambuco e de Alagoas.

No Pará, a "cabanagem" eclodiu em 1835. Logo após a eleição provincial de 1834, o governo tentou empregar uma mistura de diálogo e repressão para conter os derrotados que ameaçavam sublevar-se. Iniciou as tentativas de conciliação com os adversários do governo, anistiando os sediciosos, o que certamente colaborou para dissipar a tensão política. Mas um grupo de radicais chefiado por um oficial do Exército, Felix Clemente Malcher, um jornalista, Eduardo Angelim Nogueira, e um grupo de pequenos proprietários, liderado pelos irmãos Vinagre, não queriam saber de reconciliação. O confronto com as tropas do governo acabou desencadeando revolta após a prisão de Malcher e a morte de um dos irmãos Vinagre. Em pouco tempo, os revoltosos tomaram o poder, depuseram o governador, e Malcher assumiu. A Regência despachou tropas para o Pará a fim de combater os revoltosos. Iniciou-se um conflito de quase quatro anos, em que os rebeldes e as tropas legalistas revezaram-se no poder até a derrota final dos cabanos em 1840. Aproximadamente 30 mil pessoas morreram durante os conflitos – cerca de 20% da população da província.

A revolta mais longa e alarmante do Império desencadeou-se no Rio Grande do Sul em 1835. A Guerra dos Farrapos durou dez anos. Bento Gonçalves, líder dos revoltosos, declarou a independência da província e proclamou a República Rio Grandense em 1836. Duas atitudes do governo provincial contribuíram para fomentar a revolta farroupilha: a criação de novos impostos sobre a comercialização de gado e a tentativa de desmobilizar as milícias locais. O aumento dos impostos atingia a principal atividade econômica da província – a produção do charque e o comércio de gado –, despertando a ira de pequenos e grandes fazendeiros e comerciantes. A existência das milícias ilustrava a fragilidade do poder do Estado. Elas existiam justamente porque ocupavam o vácuo político onde os tentáculos do Estado não chegavam. A preservação da ordem dependia dos senhores da terra, que dominavam os governos locais e as milícias. Os farroupilhas não tiveram dificuldade em conquistar o apoio do povo com a sua bandeira de exigir a extinção do imposto sobre o gado e o charque.

A revolta farroupilha alastrou-se para a província de Santa Catarina, onde David Canabarro proclamou a República Catarinense. Canabarro teve como companheiro militar na conquista de Santa Catarina o italiano Giuseppe Garibaldi – o lendário revolucionário que se tornou um dos principais líderes do movimento de unificação da Itália em 1860. O movimento farroupilha só foi desmantelado em 1845, quando o imperador D. Pedro II designou o general Luís Alves de Lima e Silva – o futuro duque de Caxias – para restabelecer a ordem na província.

Em 1837, a Bahia foi sacudida por uma revolta conhecida como Sabinada. A revolta das tropas da guarnição de São Pedro, em Salvador, foi o estopim do movimento. À reclamação dos baixos soldos somaram-se a grave crise econômica na província e a cizânia entre os liberais moderados. Apesar de seu caráter militar, a revolta foi liderada por um médico, Francisco Sabino. Em 7 de novembro, os revoltosos assumiram o governo da província e proclamaram a separação da Bahia do governo central. A Sabinada foi sufocada em março de 1838 pelas tropas do governo. Os líderes militares foram fuzilados, e dr. Sabino, enforcado.

Em 1838, o Maranhão se insurgiu. A Balaiada foi um conflito eminentemente político entre liberais e conservadores que se engalfinharam pela disputa do poder local. O governo conservador, liderado por Vicente Camargo, pretendia monopolizar a escolha de prefeitos e chefes de polícia. A subordinação desses cargos ao presidente da província daria amplos poderes para desmantelar as cidades e regiões da província que eram controladas pelos liberais. A tentativa dos prefeitos de recrutar à força vaqueiros, pequenos agricultores e comerciantes para servir às tropas governistas desencadeou a revolta. Manuel Francisco dos Santos, um pequeno fabricante de balaios, liderou o levante contra o recrutamento forçado do governo. Aos revoltosos, somaram-se escravos e negros libertos liderados por Cosme Bento Chagas, um negro liberto e pequeno agricultor. Ao contrário de outras revoltas, os "balaios" proclamavam fidelidade ao imperador e à Constituição.

As revoltas regionais e a anarquia que se instalara no país levaram Bernardo Pereira de Vasconcelos, um dos líderes da época, a rever suas posições políticas. Esse mineiro ilustre, que despontou como brilhante parlamentar liberal do fim do Primeiro Reinado e um dos mais influentes ministros do período regencial, tornou-se ardente conservador a partir de 1837: "Fui liberal; então a liberdade era nova no país, estava nas aspirações de todos, mas não nas leis, não nas ideias práticas; o poder era tudo: fui liberal". A conversão ilustra a transformação política de uma geração traumatizada pelos acontecimentos do período regencial. Sua compreensão é vital para entender o *zeitgeist*, o "espírito do tempo", do Segundo Reinado.

A fase liberal de Vasconcelos durou dez anos, de 1826 a 1836. Durante esse período, lutou para instituir uma monarquia constitucional, inspirada no modelo inglês, onde o rei reina, mas não governa, e o ministério conta com o apoio da maioria do Parlamento e pode ser destituído pelo voto de desconfiança. Defendia a abertura econômica e era favorável ao fim da escravidão. Dono de uma oratória brilhante, combatia os conservadores e os ministros de D. Pedro I com uma fina mescla de raciocínio lógico, argumentos devastadores, ironia e humor que constrangiam a vítima e arrancavam aplausos e risos do plenário e da galeria na Câmara, sempre repleta quando ele discursava. Foi um dos principais articuladores do movimento de 7 de abril, que culminou com a renúncia de D. Pedro I. Essa teria sido, segundo Vasconcelos, a "revolução gloriosa" brasileira; o momento em que o país se livrara dos vestígios absolutistas do Primeiro Reinado, inaugurando a era da monarquia constitucional, em que o poder de governar é transferido da Coroa para o Parlamento. Após a abdicação de D. Pedro I, tornou-se membro da Regência trina ao lado de Feijó.

Além da oratória brilhante, Vasconcelos possuía outra virtude política: era um grande formulador de leis. Em 1830, foi o autor do Código do Processo Criminal do Império e relator do Ato Adicional de 1834. Acreditava que o Ato representava a pedra angular da reforma constitucional que semearia o terreno para o florescimento da monarquia constitucional. A descentralização do poder atendia a reivindicação de radicais e liberais. Ambos acreditavam que o exercício do poder local por meio dos governos provinciais representava o primeiro passo rumo à criação de uma monarquia federativa. O Ato Adicional sepultou o Conselho de Estado – a verdadeira instância de poder subordinado exclusivamente ao imperador – e introduziu a exigência de que o chefe do governo precisava contar com o apoio da maioria parlamentar, e não apenas com o consentimento do monarca, como durante o Primeiro Reinado. Mas o arcabouço liberal e constitucional concebido por Vasconcelos não produziu os frutos que ele imaginara.

Em vez de inaugurar a era da monarquia parlamentarista, o Ato Adicional produziu três grandes decepções. Primeiro, a descentralização política contribuiu para fomentar as revoltas provinciais que ameaçavam a unidade do país. Segundo, a mão de ferro de Feijó no governo regencial fez lembrar o despotismo de D. Pedro I e quão distante estávamos de um governo genuinamente parlamentarista. Terceiro, tornou-se evidente que o despotismo de Feijó e a descentralização do poder produziram efeito contrário do que o Ato Adicional pretendia: o Brasil se distanciava dos princípios liberais e caminhava rumo à anarquia. Era preciso frear o carro revolucionário, restabelecer a ordem e evitar a desintegração do país. Essas eram as bandeiras de Bernardo Pereira de Vasconcelos quando trocou o campo liberal pelo conservador. A conversão foi justificada com uma confissão pessoal memorável:

> Como então quis, quero servi-la [a nação], quero salvá-la, por isso sou regressista. Não sou trânsfuga, não abandono a causa que defendi, no dia do seu perigo, de sua fraqueza: deixo-a no dia em que tão seguro é o seu triunfo que o excesso a compromete. Os perigos da sociedade variam, o vento das tempestades nem sempre é o mesmo: como há de o político, cego e imutável, servir o seu país?".[49]

A agenda conservadora de Vasconcelos conflitava frontalmente com a do seu ex-aliado Feijó. As medidas do "regresso curto e racional" compreendiam três pontos centrais. O primeiro consistia

---

[49] CARVALHO, José Murilo de (Org.). *Bernardo Pereira de Vasconcelos*. São Paulo: Editora 34, 1999, p. 24. (Coleção Formadores do Brasil).

em frear a emancipação dos escravos. A questão do trabalho servil causara uma perigosa cizânia política na elite. Era necessário retirar a escravidão da pauta política para reduzir a tensão, aparar as arestas e unir novamente a elite política e econômica em torno da defesa da monarquia e das instituições. O fim da escravidão só poderia ser debatido num ambiente de paz interna e ordem institucional. A insistência em tratar do tema – como Feijó desejava – apenas colaboraria para acirrar as divisões políticas na sociedade num momento crítico da história da nação.

O segundo ponto demandava a reforma do Código de Processo Criminal. Tornou-se imperativo eliminar os excessos liberais que dominaram sua redação, especialmente no que tange ao direito das províncias de controlar a jurisdição sobre esses temas. Em vez de produzir celeridade no julgamento e no cumprimento das penas, a descentralização da Justiça e a transferência do controle da polícia para as províncias geraram mais impunidade. O controle da Justiça, da polícia e da máquina política nas mãos das oligarquias estaduais transformou-se em mero instrumento político. Era usado para perseguir adversários, manipular votos e perpetuar o controle do governo provincial nas mãos da oligarquia. As revoltas e os levantes tornaram-se a única forma de produzir alternância de poder nas províncias. A reforma do Código acabou com a autonomia do juiz de paz, limitou as atribuições do júri nos processos penais e reinstituiu o poder do governo central de nomear juízes e promotores nos municípios.

O terceiro item da agenda exigia a reforma do Ato Adicional. Vasconcelos defendeu a volta do Conselho de Estado. Parecia-lhe uma prerrogativa importante para equilibrar o poder entre a Coroa e o Parlamento. Feijó repudiava o ressurgimento do Conselho de Estado, como também a postergação da questão da emancipação dos escravos. Vasconcelos e Feijó, aliados da primeira hora da Regência, tornaram-se adversários e travaram um duelo que terminou com a vitória parcial do primeiro. Em 1838, Vasconcelos conseguiu construir uma aliança entre conservadores e liberais dissidentes, que levou à queda de Feijó e à eleição de Araújo Lima para ocupar a Regência. Os conservadores, enfim, chegaram ao poder. Haviam deixado o governo durante a crise de 1831 e tentaram retomá-lo no início da

Regência quando aproveitaram a fragilidade do governo liberal para desencadear a campanha do regresso de D. Pedro I. Mas, com a morte do ex-imperador em 1835, os conservadores perderam sua bandeira.

Com a volta dos conservadores ao poder, por meio de Araújo Lima, os papéis se inverteram. Eles se depararam com as mesmas dificuldades que tinham afligido os governos liberais. As disputas internas entre as facções que apoiavam o governo em troca de cargos nos ministérios somaram-se à derrota militar das tropas do governo na Guerra dos Farrapos, no Rio Grande do Sul. Abalado por esses acontecimentos, o governo não dispunha de apoio para aprovar as reformas constitucionais. Os liberais – agora na oposição – iniciaram o movimento pela Maioridade de D. Pedro II. A Constituição do Império determinava que a idade mínima para o imperador assumir o trono era de 18 anos. Os liberais queriam abolir tal impedimento e permitir que D. Pedro II assumisse o trono imediatamente. Criaram a Sociedade Promotora da Maioridade, que incluía liberais (como o deputado Luiz Gê Acaiaba de Montezuma) e conservadores (como os irmãos Andrada, Antônio Carlos e Martim Francisco) e contava com o apoio informal da Corte. Quando uma comissão do Senado foi constituída para sondar o monarca sobre a antecipação da maioridade, D. Pedro II não hesitou em afirmar que estava pronto para assumir o trono: "Quero já!", exclamou o príncipe.

A campanha pela Maioridade ganhou as ruas e a simpatia popular. A imagem do menino-imperador que estava sendo preparado para governar o país com sabedoria e justiça tornou-se importante elemento de aglutinação do país em torno da monarquia durante o período turbulento da Regência. As crises políticas colaboraram para reforçar a importância da Coroa e sepultar as aspirações republicanas. Elas ajudaram a consolidar a imagem de que a monarquia constitucional era o esteio que mantinha a nação unida, capaz de garantir o império da lei, as liberdades individuais, a ordem e a paz. Os traumas e as cicatrizes do período regencial demonstraram a necessidade imperiosa de se ter um monarca capaz de mediar as disputas políticas que minaram a eficácia do governo e de atuar como zeloso guardião das instituições e da Constituição. Mas o imperador só seria capaz de desempenhar esse papel se recuperasse parte dos poderes extirpados da Coroa durante a Regência. O movimento pela Maioridade tornou urgente a aprovação das reformas propostas por Vasconcelos. O Conselho de Estado foi restituído, e o Poder Moderador, revigorado. O imperador resgatara o poder de nomear e demitir gabinetes sem o consentimento do Parlamento. Com os poderes restabelecidos, o monarca teria condições de apaziguar as lutas políticas, as revoltas locais e as rivalidades partidárias.

Em 18 de julho de 1841, a população, os parlamentares e as tropas sediadas no Rio de Janeiro tomaram o Paço da cidade para a sagração de D. Pedro II. A entrada triunfal do imperador no local e a cerimônia na Capela Imperial – onde D. Pedro II recebeu a coroa, o manto e a espada imperial, e jurou defender e respeitar a Constituição – foram o ponto alto do evento. Após a coroação, D. Pedro II participou de banquetes, concertos, bailes e celebrações. Dessa vez, não se comportou como criança assustada, mas como um jovem monarca, ciente da responsabilidade, do senso de dever e da magnitude do desafio político que tinha de enfrentar. Fora educado e preparado para exercer o papel que a Coroa e a sociedade lhe incumbiram; estava pronto para ingressar na arena política e assumir as rédeas do poder que seu pai deixara escapar pelas mãos no 7 de abril, e que ele agora retomava em meio à aclamação geral dos súditos. Sua fama de precoce, sério e estudioso renovou a esperança de que o Brasil finalmente teria um soberano sábio e justo, capaz de sepultar o período de desgoverno da Regência, marcado por rivalidades partidárias e revoltas armadas. Mas D. Pedro II foi além. Como timoneiro da nação, contribuiu para o fortalecimento das instituições políticas, do Estado de Direito, das liberdades individuais e da construção da civilização brasileira. Seu comportamento exemplar na conduta do Estado, sua lisura e retidão moral, seus feitos e obras durante quase 50 anos de reinado foram suficientes para alçá-lo ao topo do panteão dos estadistas brasileiros. D. Pedro II deveria ser motivo de orgulho, de exemplo e de gratidão da nação.

Ao assumir o trono, D. Pedro II sabia que a prioridade era restabelecer a ordem e o bom funcionamento das instituições. Esse desafio consumiu os primeiros sete anos de seu reinado (1841-1848). Aos 15 anos, o monarca já empregava com extrema habilidade o *soft power*, o poder suave da Coroa. Tinha consciência de que só venceria as dificuldades políticas e manteria o país unido em torno da monarquia se fosse capaz de conquistar os corações e as mentes dos brasileiros por meio da conduta exemplar e da habilidade de governar. Esperava-se do imperador que fosse a personificação dos valores nacionais, o árbitro sábio e imparcial das disputas políticas, o guardião da Constituição, o defensor perpétuo das instituições, o cidadão exemplar e a principal referência de conduta pessoal e moral da nação. Não era um papel fácil a desempenhar, especialmente por se tratar de função vitalícia. Seu pai perdera o trono porque não soubera zelar pelos atributos da realeza. Após ter conduzido com grande destreza política, carisma e habilidade o processo de independência do Brasil, D. Pedro I tornou-se um governante temperamental e um monarca corrompido por suas paixões. A forma impulsiva de governar e a conduta pessoal errática despertaram a antipatia popular, acirraram as divergências políticas e contribuíram para fomentar o divórcio entre o imperador e a nação.

D. Pedro II era a antítese do pai. Desde cedo, apesar da timidez, provou ser um monarca sério, guiado por um senso de dever público que inibia a aproximação das pessoas que desejavam pedir-lhe favores, benesses e privilégios. Tinha horror ao paternalismo estatal e lutou bravamente para instituir a meritocracia no setor público, o que causou estranheza e resistência num país em que os laços pessoais, familiares e de amizade costumam se sobrepor aos critérios meritocráticos. Num país de analfabetos, no qual pouca gente dava valor à educação, D. Pedro II elegeu-a como elemento vital do progresso econômico e social, o pilar da formação de uma nação livre e democrática. Numa nação cuja economia era dominada pelo trabalho escravo, o monarca considerava a abolição da escravidão um imperativo político e um dever moral.

Pessoalmente, o imperador era retraído. Não tinha carisma, verve, magnetismo, afabilidade, enfim, aquele conjunto de atributos que causa empatia e encanta as pessoas. Preferia a solidão dos estudos e dos livros ao calor das multidões. Tampouco cultivava os modos debochados do pai. Não tinha histórias picantes para contar, nem aquele espírito aventureiro que criava cumplicidade e camaradagem.

D. Pedro II não gostava de intimidades, nem mesmo com amigos e familiares. Talvez a única pessoa que tenha gozado de sua amizade, confiança e intimidade foi sua amante, a condessa de Barral.

Cauteloso na hora de agir, criterioso nas suas escolhas e polido no trato com as pessoas – não importava se nobres ou serviçais –, D. Pedro II não tardou a conquistar o prestígio, a deferência e a estima vitais para o exercício do poder real. O imperador assumiu duas atitudes importantes no início do seu reinado, que contribuíram para a consolidação da sua autoridade.

A primeira, derivada da prudência política, foi a de não se intrometer na escolha do primeiro ministério. Deixou os vencedores do movimento da Maioridade repartirem o poder e formarem o governo. A figura mais importante do ministério era Aureliano Coutinho. Aliado das duas pessoas mais próximas do imperador – Dadama e seu mordomo, Paulo Barbosa –, Aureliano era o único membro do gabinete que conhecia bem o imperador e gozava da sua confiança. Os outros membros do governo representavam as diversas facções que apoiaram a Maioridade. Possuíam vasta experiência política e pertenciam à geração de ministros que serviram em vários gabinetes de D. Pedro I. Além de Coutinho, faziam parte do governo os irmãos Andrada (Martim Francisco e Antônio Carlos), os irmãos Cavalcanti (Holanda e Francisco) e Limpo de Abreu.

A segunda atitude foi promover o renascimento da vida social na Corte. Antes da Maioridade, o imperador permanecia confinado no palácio de São Cristóvão, isolado do mundo e dos acontecimentos importantes da cidade. O poder político girava em torno do Parlamento e do governo regencial. As recepções e as grandes festas ocorriam nos palacetes da aristocracia. A vida cultural e intelectual concentrava-se nos cafés, nos teatros, nos clubes e nas associações, como o Instituto Histórico e Geográfico Brasileiro, criado em 1838. Após a Maioridade, a Corte recupera seu prestígio e importância. Volta a ser o epicentro do poder. D. Pedro II seguiu a tradição do pai e do avô (D. João VI) de viver no palácio de São Cristóvão, onde podia cultivar certa privacidade, e de manter as atividades públicas concentradas no Paço Imperial, no centro da cidade. D. Pedro II costumava ir a cavalo ao Paço. Recebia diplomatas estrangeiros, delegações e petições, tratava de questões políticas e administrativas, promovia audiências públicas todas as sextas-feiras e presidia cerimônias e festividades reais; datas e celebrações como o Aniversário do Imperador, o Dia da Coroação, as Festas Natalinas, o Ano Novo, o Dia de Reis e eventos políticos – como a abertura e o término dos trabalhos do Parlamento. Esses eventos tornaram-se ocasiões para reforçar a imagem do poder real e do prestígio do imperador como símbolo da nação. Os rituais da Corte, as cerimônias oficiais, a presença do imperador coroado e cercado pelas figuras mais importantes do Império, o desfile de tropas e a exibição da pompa real simbolizavam o restabelecimento da ordem política e da paz interna.

O imperador tornou-se uma figura visível e presente. Acordava cedo, lia os despachos e jornais, tinha audiências e recebia petições no Paço Imperial. Quando era visto nas ruas a cavalo ou na carruagem imperial, as pessoas paravam e os homens retiravam o chapéu em deferência ao monarca. D. Pedro II criou uma rotina de inspeção de escolas, hospitais e repartições públicas. Indagava funcionários, escutava queixas e elogiava as atitudes exemplares, demonstrando interesse genuíno pelas pessoas e pelas questões administrativas. Anotava observações e comentários em seu diário, lia atentamente os relatórios e os documentos do governo e, para o desespero dos ministros, questionava-os sobre assuntos administrativos, sobre os quais em geral sabia mais do que o interlocutor. Dessa forma, o imperador não só lapidava o conhecimento e formava opinião sobre as questões de Estado, como também obrigava os ministros a tratarem de temas administrativos, e não apenas de intrigas políticas.

Apesar da popularidade do imperador e do restabelecimento da tranquilidade política no Rio de Janeiro, a ascensão de D. Pedro II ao trono não dissipou as revoltas locais. As elites continuavam apelando aos levantes armados para tentarem resolver suas disputas. Além de combater a revolta farroupilha no Rio Grande do Sul, o jovem imperador teve de enfrentar o primeiro levante do seu reinado. Em 1842, as províncias de São Paulo e de Minas Gerais se insurgiram. Derrotados nas eleições provinciais, os liberais paulistas rebelaram-se e iniciaram um "movimento libertador" em Sorocaba, liderado por Rafael Tobias de Aguiar, o presidente interino da província.

O movimento ganhou o apoio de cidades importantes como Itu e Taubaté, encorajando os rebeldes a atacar São Paulo e retomar o controle do governo provincial. D. Pedro II despachou tropas imperiais para a província, sob o comando de Caxias. O general, que já havia debelado o levante no Maranhão, chegou aos arredores de São Paulo a tempo de derrotar os revoltosos perto do rio Pinheiros. Os rebeldes foram presos e julgados. Rafael Tobias de Aguiar conseguiu fugir para o Sul, mas o ex-regente padre Antônio Feijó foi preso por causa do seu envolvimento com os rebeldes.

Em seguida, Caxias dirigiu-se para Minas Gerais, onde combateu rebeldes liderados por Teófilo Otoni e José Feliciano Pinto Coelho. Assim como em São Paulo, os revoltosos foram derrotados, presos e julgados. Em 1845, Caxias foi novamente convocado pelo imperador para assumir a missão de pacificar o Rio Grande do Sul e acabar com a revolta farroupilha. O triunfo militar de Caxias foi comemorado pelo imperador, que o agraciou com o título de conde (Caxias torna-se duque em 1868, após suas vitórias militares na Guerra do Paraguai). Sua atuação foi fundamental para o restabelecimento da paz, mas o papel desempenhado por D. Pedro II foi vital para a institucionalização da ordem política e da unidade nacional.

O imperador soube usar o poder de forma inteligente para enquadrar as elites locais, apaziguar os levantes populares e disciplinar as disputas políticas. Assim que as tropas do governo derrotavam os rebeldes, o imperador escolhia o presidente da província e o encarregava de restabelecer a ordem, julgar e prender os revoltosos. Em seguida, condecorava seus fiéis servidores com títulos nobiliárquicos (como foi o caso de Caxias), honrarias e nomeações. Quando o monarca se certificava de que os governos provinciais haviam restituído a lei e a ordem e apaziguado as disputas políticas regionais, anistiava os revoltosos, demonstrando magnanimidade com aqueles que manifestavam disposição de disputar o poder por meio da ordem legal e constitucional.

Outra questão de Estado que precisava ser abordada rapidamente era a necessidade de assegurar herdeiros no seio da família imperial. Os casamentos de D. Pedro II e de suas irmãs, as princesas Francisca e Januária, tornaram-se o principal assunto político de 1843. A busca por uma esposa para o monarca mobilizou a diplomacia brasileira. A escolha recaiu sobre Teresa Cristina, filha de Fernando II, rei de Nápoles e das Duas Sicílias. Ela era descrita como uma "princesa bonita, bem educada e de linhagem ilustre (Bourbon)". D. Pedro ficou encantado com o retrato a óleo da princesa que lhe fora enviado. O casamento foi realizado por meio de procuração em Nápoles, mas a princesa só chegou ao Brasil quatro meses depois, em agosto de 1843. A decepção do jovem monarca com a aparência da noiva foi visível. Em vez da princesa bonita do retrato, com traços finos e cabelo cacheado, o imperador deparou com uma mulher baixa, feia e desajeitada. Procurou consolar-se com as duas pessoas mais próximas: o mordomo e a governanta. Chorando no colo desta última, desabafou: "Enganaram-me, Dadama!". Essa foi a última vez que o monarca deixou sua emoção extravasar diante de uma questão de Estado.

Dona Teresa Cristina trouxe na comitiva Luigi, conde de Áquila, seu irmão e futuro cunhado de D. Pedro II. Luigi fora escolhido para esposar dona Januária. No início, Luigi e D. Pedro II deram-se muito bem, mas logo o conde provou ser um cunhado problemático. Envolveu-se em intrigas políticas na Corte e, numa tentativa infantil de complô para depor D. Pedro II em favor de dona Januária, foi obrigado a deixar o Brasil. Em outubro de 1844, Luigi e dona Januária partiram para a Europa. Dona Francisca, a outra irmã de D. Pedro, teve mais sorte. Casou-se com Francisco, príncipe de Joinville, filho de Luís Felipe, rei dos franceses, e foi viver na França.

A cerimônia religiosa do casamento do imperador se deu em 4 de setembro de 1843. D. Pedro não deixou transparecer sua decepção com a feiura da esposa. Ao contrário, na presença dos convidados que lotaram a capela real, mostrou-se bem-humorado. Na intimidade do palácio, porém, dona Teresa Cristina foi aos poucos conquistando a simpatia do imperador com paciência, bom humor e o desejo permanente de lhe agradar. Aos poucos, nascia amizade e afeto entre eles. Ele falava de seus estudos e leituras, ela lhe ensinava italiano e despertava seu interesse por ópera. Em junho de 1844, a imperatriz engravidou e D. Pedro II passou a gostar de "desfrutar da doce companhia" da sua mulher. Em 1845, nasceu Afonso, que morreria aos 2 anos de idade; no ano seguinte, a imperatriz deu à luz a princesa

Isabel; e depois vieram Leopoldina e Pedro, o filho que faleceu em 1850.

O casamento e os filhos mudaram a vida na Corte. D. Pedro II sentia-se mais seguro, maduro e senhor do seu destino. Tinha assegurado os herdeiros da Coroa e tornou-se mais assertivo na conduta da política. O monarca passou a conviver e a lidar diretamente com os políticos que governavam o Império. A inexperiência política foi compensada pelo extraordinário bom senso, pela conduta exemplar e discreta, seu real interesse pelas questões de Estado, seu discernimento e capacidade de analisar, cobrar e questionar projetos, nomeações e concessões que exigiam sua aprovação.

José Clemente Pereira, ministro da Guerra durante o conturbado período do levante paulista e mineiro em 1842, era um político experiente, com idade para ser avô do imperador e que servira o Império desde os primórdios da Independência do Brasil. Apesar da idade avançada e da trajetória política, o ministro passou a receber dezenas de bilhetes do imperador cobrando providências sobre o despacho de tropas para combater os rebeldes, medidas diligentes no combate dos revoltosos e presteza na remoção de comandantes ineptos na conduta dos batalhões governistas: "Os coronéis Cid e Freitas devem responder ao Conselho de Guerra e não comandar mais. Por que também não responde o Ataíde [tenente Assis Ataíde], que cometeu um ato de insubordinação? São necessários exemplos ao meu relaxado Exército".

O jovem imperador já revelava nessas atitudes os traços de sua personalidade política: cobrança objetiva da atuação dos seus ministros, fiscalização do cumprimento de decisões de governo, rigor moral e exigência de comportamento exemplar daqueles que servem o Estado e a monarquia.

Honório Hermeto Carneiro Leão, futuro marquês do Paraná e um dos principais estadistas do Segundo Reinado, também sentiu o peso da determinação e da firmeza do imperador quando comandava o ministério em 1843. A relação entre Honório e D. Pedro II já havia estremecido quando o líder do governo rejeitou a proposta do imperador de anistiar os revoltosos que participaram do levante de 1842. Quando Honório pediu ao monarca para demitir Saturnino de Sousa Oliveira – irmão de Aureliano Coutinho – do cargo de inspetor da alfândega do Rio de Janeiro, o imperador recusou. Indignado, Honório transformou o episódio num voto de desconfiança e pediu renúncia do cargo. Imaginara que tal ameaça faria o imperador recuar. Ledo engano. O monarca aceitou a renúncia e dissolveu o gabinete. Honório teria deixado o cargo dizendo que "quem se mete com criança sai molhado".[50] D. Pedro II recusara aceitar o pedido de demissão de Saturnino por causa da maneira como Honório agiu. Se aceitasse o ultimato do ministro, revelaria não ter poder para exercer sua autoridade. A truculência nunca foi um instrumento eficaz para influenciar D. Pedro II. Honório aprendera a lição e voltou a ocupar um papel preponderante na política do Segundo Reinado.

O fim da revolta de 1842 e a pacificação do Rio Grande do Sul em 1845 serviram de pretexto para o imperador realizar sua primeira grande viagem pelo país. O monarca foi recebido com pompa e festas em todas as cidades por autoridades locais. Havia jantares e recepções de gala, bailes, peças de teatro, missas e "*Te Deums*" em sua homenagem. Nas ruas, ele era acolhido calorosamente pelo povo durante as visitas e caminhadas de inspeção e fiscalização de escolas, hospitais, fortes, portos e repartições públicas. No Rio Grande do Sul visitou os locais das batalhas travadas durante a Guerra dos Farrapos, encontrou-se com Caxias e foi aclamado pelos gaúchos. Em São Paulo, visitou Sorocaba e Itu, cidades que foram foco da rebelião de 1842. O imperador foi recebido com festas e homenagens, o que ajudou a restabelecer a conciliação entre as elites locais e também entre a província e a Coroa. Na capital, visitou a faculdade de Direito, onde conversou com professores e estudantes, conquistando a simpatia e admiração de mestres e jovens. José Antonio Saraiva, o futuro Conselheiro Saraiva, era estudante de Direito em São Paulo nessa época e deixou o seguinte registro da passagem do imperador pela cidade:

> É afável com todos, dirige-se a qualquer um, faz-lhes perguntas e procura informar-se das menores particularidades. Tem andado a pé como

---

[50] Id. *D. Pedro II*, 2007, p. 45.

> simples cidadão, sem aparato algum. O entusiasmo tem sido grande. É moço, muito vivo e, segundo dizem todos, tem instrução muito superior à sua idade.[51]

Com simplicidade, afabilidade, curiosidade e interesse por conhecer o povo e o país, D. Pedro II conquistou as pessoas, seduziu as elites, restabeleceu a ordem e a paz e reatou os laços com o povo.

Durante os seis meses que passou viajando pelo Sul e Sudeste do país, D. Pedro II se sentiu feliz e confiante. O contato com as pessoas e o calor das recepções nas ruas e nos palacetes fortaleceram a sua autoestima, ampliaram sua visão do Brasil e permitiram-lhe conhecer de perto os problemas, as aspirações e as demandas dos seus súditos. Longe das intrigas políticas e do casulo da Corte, o imperador compreendeu melhor o país e o povo. Da mesma maneira, os brasileiros conheceram melhor o imperador. O monarca tornou-se visível, querido e venerado por seu exemplo, pela dignidade e cumplicidade com as pessoas. As impressões dessa primeira viagem lhe deram a coragem e a determinação para desmantelar o núcleo de poder instalado na Corte desde a sua infância. Ele tinha 20 anos e estava determinado a tomar as rédeas do poder e tornar-se o timoneiro da nação.

Em março de 1846, D. Pedro II estava de volta à Corte, disposto a encerrar o reinado de seus tutores e conselheiros. Os personagens com quem conviveu desde a infância haviam perdido poder e estavam afastados da Corte. Paulo Barbosa, mordomo-mor e eminência parda, envolveu-se em tantas intrigas palacianas que D. Pedro II acabou despachando-o para a Europa em missões diplomáticas. Seu afastamento contribuiu para minar a influência política de Aureliano Coutinho. O todo-poderoso ministro e presidente da província do Rio de Janeiro perdera os embates políticos com seus adversários que agora ocupavam o ministério. Dessa vez, Aureliano não pôde contar com o respaldo do imperador para defendê-lo. Aureliano continuou a exercer papel importante no Senado, mas deixou de ter ascendência sobre o monarca.

---

[51] LYRA, Heitor. *História de D. Pedro II*. São Paulo: Edusp, 1977, v. 1, p. 145.

O afastamento das pessoas próximas do imperador coincidiu com um ato importante de institucionalização política. Em julho de 1847, foi criado o Conselho de Ministros. Surge a figura do presidente do Conselho, que assume a função de primeiro-ministro. Apesar de ser responsável pela chefia do governo, pela escolha dos membros do seu gabinete e pelo êxito ou derrota dos projetos do ministério no Parlamento, o presidente do Conselho continuava a ser nomeado e demitido pelo imperador. D. Pedro II não pretendia abrir mão do seu poder de indicar o chefe do governo, muito menos transferir essa responsabilidade ao Parlamento. Sempre preferiu as soluções graduais às mudanças bruscas. Essa primeira experiência parlamentarista consistia em testar a capacidade do primeiro-ministro de formar sua equipe, responder às pressões do Parlamento e conquistar a confiança do monarca.

Os liberais foram os primeiros a ocuparem a presidência do Conselho. Não tiveram muito sucesso. Em pouco mais de um ano, o comando do governo mudou três vezes. O conselheiro Manuel Alves Branco, visconde de Caravelas, estreou no cargo em agosto de 1847 e teve de renunciar em maio de 1848. Ele havia sido o corajoso ministro da Fazenda que acabara com o privilégio dos ingleses de gozar da tarifa preferencial sobre os produtos que exportavam para o Brasil desde a época da Independência. Os produtos ingleses pagavam apenas 15% de imposto, enquanto os de outras nações pagavam 30%. Esse privilégio foi concedido porque os ingleses tinham sido um importante aliado de Portugal e do Brasil. A Inglaterra ajudou a família real portuguesa a fugir para o Brasil em 1808, apoiou a luta pela independência em 1822 e sua marinha colaborou para a preservação da defesa do país e da política de livre comércio, iniciada por D. João VI quando foi promulgada a abertura dos portos brasileiros. Alves Branco considerou que quase quatro décadas de tarifas preferenciais foram suficientes para compensar os ingleses por seus serviços. A situação dramática das finanças públicas brasileiras não permitia ao país arcar com o custo da manutenção de tal privilégio. Com a não renovação do tratado, o imposto sobre produtos ingleses dobrou. Essa medida ajudou a aumentar substancialmente a receita do governo e a incentivar a criação das primeiras indústrias nacionais. Irineu Evangelista de Souza, o futuro barão de Mauá, se aventurou a construir o primeiro estaleiro nacional. Em retaliação, a Inglaterra apertou a fiscalização e o confisco de navios brasileiros que comercializavam escravos. Assim, a Inglaterra atingia um dos pilares da economia brasileira. Essa foi a primeira crise diplomática do Segundo Reinado.

A crise com a Inglaterra colaborou para derrubar o governo Alves Branco, mas o fato que mais contribuiu para a queda dos dois governos que o sucederam – de José Carlos Pereira de Almeida Torres, visconde de Macaé, e Francisco Paula Souza – foi a falta de firmeza dos liberais em sufocar a revolta Praieira que eclodira em Pernambuco em 1848. A derrota dos liberais nas eleições pernambucanas e a destituição do presidente da província pelo imperador geraram as manifestações violentas que marcaram as revoltas do período regencial. O imperador exigia que o governo combatesse duramente os rebeldes, restabelecesse a ordem na província e voltasse sua atenção para as reformas institucionais do Império. Cansado da hesitação de Paula Souza em combater duramente a revolta Praieira e os liberais "exaltados", D. Pedro II demitiu o governo e escolheu um velho conservador, o marquês de Olinda, para assumir o cargo de primeiro-ministro.

A volta dos conservadores ao poder em 1848 foi um marco importante do Segundo Reinado. Trata-se do momento em que D. Pedro II assume as rédeas do Estado e da conduta política. Ele passa a exercer o poder com todo vigor. Demite gabinetes, escolhe o primeiro-ministro e utiliza suas prerrogativas de chefe de Estado para promover o rodízio dos partidos no poder. A demissão de Paula Souza e a escolha do marquês de Olinda inauguram esse período. Não se trata apenas de simples mudança no comando do governo. A demissão representa também a substituição do Partido Liberal pelo Conservador. Como vimos, a alternância dos partidos implica uma mudança substancial no exercício do poder, na distribuição de cargos e favores, no controle do processo eleitoral e no domínio dos governos locais.

Perder o poder significa permanecer no limbo da oposição e ver decepada a chance de vencer as eleições, de governar e de sobreviver num ambiente em que o partido da situação conta com a máquina do governo para se perpetuar no poder. Os liberais perderam a confiança do imperador porque abusaram do uso indiscriminado da máquina governamental para reverter as suas derrotas eleitorais. Nas palavras do historiador Heitor Lyra, D. Pedro II estava

> farto das revoluções que os Liberais provocavam, sempre que o poder lhe fugia das mãos ou que a política do governo não correspondia às suas vistas ou aos seus interesses. A índole pacífica do imperador, seu respeito à lei e às garantias constitucionais, sua moderação e bom-senso não podiam deixar de reprovar tais processos de violência, que tanto concorriam para a desmoralização e decomposição do regime.[52]

Não é à toa que os liberais, "apeados do poder, voltaram-se violentamente contra o imperador. Acusaram-no de tê-los enxotado dos conselhos da Coroa. Foi talvez a primeira acusação que se fez e tantas vezes repetida contra o poder pessoal, contra o imperialismo do monarca".[53] Durante seu reinado, D. Pedro II foi acusado por conservadores e liberais de ser despótico para promover a alternância dos partidos no poder. De fato, somente o imperador tinha capacidade de se colocar acima das disputas partidárias, das fraudes eleitorais e do uso da máquina pública e promover tal rodízio. D. Pedro II usava o Poder Moderador como instrumento de educação da elite e da opinião pública. No seu diário pessoal, deixou registrado: "Não sou de nenhum dos partidos para que todos apoiem nossas instituições; apenas os modero, julgando-os indispensáveis para o regular andamento do sistema constitucional".

A batalha do imperador para reformar os modos e os costumes políticos demonstra como é difícil promover mudanças de comportamento e de cultura, mesmo quando se tem vontade política. Ao destituir os liberais em 1848, o imperador sinalizou que não pretendia continuar a tolerar a manipulação das leis e do processo eleitoral pelos partidos. O respeito ao veredicto das urnas era um dos pilares fundamentais da credibilidade da monarquia constitucional.

---

[52] *Ibid.*, p. 156.

[53] *Ibid.*, p. 156.

D. Pedro II acreditava que a ordem política e a legitimidade da monarquia só seriam asseguradas por meio do fortalecimento das instituições e do respeito às leis. A reputação das instituições é determinada pelo grau de transparência e de lisura de suas regras, pelo respeito e independência de suas decisões, pela eficácia e celeridade de suas resoluções e pelo reconhecimento voluntário da população de suas virtudes e legitimidade. O uso do poder discricionário do Poder Moderador era visto pelo imperador como solução temporária para promover a alternância dos partidos no poder até o Parlamento aprovar as reformas necessárias para criar um sistema eleitoral capaz de produzir eleições livres e limpas. Para ele, dois pilares do bom funcionamento das instituições eram o sistema eleitoral e a liberdade de imprensa:

> A nossa principal necessidade política é a liberdade de eleição; sem esta e a de imprensa não há sistema constitucional na realidade, e o ministério que transgride ou consente na transgressão deste princípio é o maior inimigo do Estado e da monarquia.

O imperador foi defensor ferrenho da liberdade de imprensa e criticava duramente políticos que tentavam coagir jornais críticos do governo. D. Pedro II era frequentemente atacado e satirizado.

> *A República* e *Revista Illustrada*, de Ângelo Agostini, satirizavam o físico do monarca, chamando-o de Rei Caju, por causa do seu queixo projetado para frente, criticavam-lhe as viagens, ridicularizavam sua mania de sábio e títulos que recebia. No período em que o diabetes causava sonolência no imperador (quando já estava mais velho), Agostini se deliciava em representá-lo dormindo nas reuniões ministeriais. Se anteriormente era criticado por excesso de poder pessoal, se tornara Pedro Banana.[54]

Tal liberalidade chocava brasileiros e estrangeiros, que consideravam a tolerância do imperador aos ataques à sua imagem e à

---

[54] CARVALHO, *D. Pedro II*, *op. cit.*, p. 85.

monarquia como excessiva e prejudicial ao esforço de manter um mínimo de respeito à Coroa e ao imperador. Mas D. Pedro II acreditava que a imprensa livre, mesmo que às vezes se excedesse nas críticas e sátiras, era a melhor maneira de conhecer a opinião dos súditos sem os filtros e as adulações que cercavam os comentários daqueles que frequentavam a Corte.

O mesmo grau de liberdade existia no Parlamento, onde a oposição atacava o governo, cobrava medidas e denunciava os malfeitos do ministério. O imperador acreditava que a liberdade de expressão era o principal instrumento do exercício do debate democrático, do amadurecimento das instituições e da responsabilidade de governar, cobrar e fiscalizar os governantes. Para D. Pedro II, não havia antídoto melhor contra os desmandos, as falcatruas, o nepotismo e o desgoverno praticados por maus servidores públicos do que o livre debate de ideias e de opiniões no Parlamento e na imprensa. Nada o irritava mais do que descobrir, durante suas inspeções nas repartições públicas, a ausência do senso de dever, de compromisso e de mérito no trato da coisa pública. Na sua visão, "a falta de zelo, a falta de sentimento de dever é o nosso primeiro defeito moral". O imperador enviava bilhetes, convocava ministros para lhe darem explicações e exigia punições aos maus servidores. A morosidade do Parlamento em aprovar leis e a ineficiência da Justiça o exasperavam.

> Perguntando-lhe o presidente da Câmara, visconde de Camaragibe, como se poderia obter mais trabalho da Casa, o imperador respondeu que "trabalhassem como outros faziam, oito e mais horas por dia, de manhã e à tarde". Sobre a magistratura disse ao (primeiro-ministro) visconde de Sinimbu: "a primeira necessidade da magistratura é a responsabilidade eficaz e enquanto alguns magistrados não forem para a cadeia, como certos prevaricadores muito conhecidos do Supremo Tribunal de Justiça, não se conseguiria este fim".[55]

Para D. Pedro II, o exercício das liberdades política e de expressão contribuía para a propagação dos valores cívicos, do debate de

[55] *Ibid.*, p. 83.

ideias, da transparência na conduta dos negócios de Estado e do amadurecimento do espírito público. O imperador entendia que essas liberdades ajudariam a fortalecer a legitimidade do governo e das instituições perante a opinião pública e a inocular o senso de responsabilidade pública na classe política. D. Pedro II nunca acreditou nos fundamentos da visão absolutista de que o poder lhe fora outorgado por Deus. Era um dos raros monarcas que tinha plena consciência de que a legitimidade do sistema político advém da aceitação voluntária da maioria das pessoas e não do poder divino ou do desejo e da "sabedoria" de uma elite de iluminados. É possível que a experiência traumática da sua infância – marcada pela abrupta renúncia ao trono por seu pai e pela sua criação como "órfão da nação" – tenha colaborado para seu repúdio ao voluntarismo pessoal, que costuma ditar a ação de governos despóticos e absolutistas.

A construção de um país liberal e constitucional requer profunda mudança cultural. Significa aceitar o contrato social entre governantes e governados, respeitar as regras e os limites do poder estabelecido pela Constituição e compreender que ninguém – nem o rei – está acima da lei. D. Pedro II acreditava que o enraizamento da monarquia liberal e constitucional no Brasil dependia da atuação exemplar do imperador como uma espécie de cidadão-modelo, um estadista capaz de governar o país respeitando a Constituição, aceitando o veredicto da maioria dos seus súditos e conduzindo as mudanças e as reformas por meio das instituições.

Na visão do imperador, o monarca constitucional e liberal precisava criar rigorosa disciplina de conduta pessoal e moral, pois sabia que seu comportamento e atitudes serviriam de exemplo e de referência para os súditos. D. Pedro II aprendera a controlar os sentimentos e a sacrificar os interesses pessoais em detrimento dos interesses do Estado. Reinar exigia um gigantesco sacrifício pessoal, que só se tornava suportável porque D. Pedro II fora pautado pelo senso de dever, pela busca da virtude e pela disposição de viver plenamente sua missão de construir um país liberal e constitucional. Assim como os filósofos estoicos, ele aprendeu a sublimar as quatro virtudes cardinais – a sabedoria, a coragem, a moderação e a justiça. Elas o ajudavam a tolerar o fardo de conviver com dificuldades, frustrações e desafios de governar o país. Se a crença nas virtudes estoicas colaborou para transformar o imperador em figura exemplar e estadista virtuoso, ela dificultou sua compreensão das ambições dos indivíduos que duelavam pelo poder. D. Pedro II considerava os interesses partidários como algo vil, mesquinho e egoísta. Não entendia como interesses político-partidários poderiam se sobrepor às decisões de Estado. Queria que seus ministros se colocassem acima desses interesses e agissem como estadistas capazes de salvaguardar os interesses de Estado. Esperava que os homens públicos fossem guiados pelo mesmo senso de dever público, de sacrifício pessoal e de conduta exemplar na administração do Estado que ele exigia de si próprio. A virtude política consiste na tradução de valores e princípios em leis e decisões governamentais. O resto era política rasa, imediatista, interesseira e facciosa, que prejudicava o fortalecimento das instituições, corroía a credibilidade do governo e minava a legitimidade das leis e da Constituição.

Poucos políticos estavam dispostos a seguir o modelo de estadista que D. Pedro II havia concebido. As exigências, as demandas e as cobranças do imperador transformaram o convívio dos ministros com o monarca numa tarefa difícil e penosa. Apenas um grupo restrito de estadistas passou pelo seu crivo e ganhou sua confiança. A esses poucos privilegiados, D. Pedro II delegou missões políticas importantes do Império, reservou os cargos proeminentes, transformando-os em seus conselheiros pessoais. Esse grupo começou a se formar em 1848, quando o imperador passou a governar o país por meio do Conselho de Estado e do presidente do Conselho, indicado por ele. D. Pedro II criou uma verdadeira confraria de estadistas durante seu reinado. Havia os decanos que faziam parte da geração da Regência, como o duque de Caxias (Lima e Silva), o visconde de Uruguai (Paulino Souza) e os quatro marqueses – Olinda (Araújo Lima), Monte Alegre (Costa Carvalho), Paraná (Honório Hermeto) e São Vicente (Pimenta Bueno). Em seguida, vieram os estadistas do Segundo Reinado: os barões de Cotegipe (Wanderley) e de Uruguaiana (Silva Ferraz), os viscondes de Rio Branco (Paranhos) e de Sinimbu (Cansanção de Sinimbu), o marquês de Paranaguá (Lustosa Paranaguá), o conselheiro Saraiva, o senador Dantas e Zacarias de Góes e Vasconcelos.

Havia também um pequeno grupo de amigos do imperador com quem ele tinha conversas reservadas e fazia confidências. Mas havia uma regra não escrita a ser respeitada: aos amigos, eram vedados cargos ministeriais. Faziam parte desse grupo o visconde de Bom Retiro (Couto Ferraz), o barão de Penedo (Carvalho Moreira) e a condessa de Barral (Luiza Barros Portugal).

A trajetória dos estadistas do Segundo Reinado seguiu um padrão de formação política. Iniciava-se nas faculdades de Direito em São Paulo e no Recife, onde a elite do país estudava e forjava as amizades e as alianças pessoais que moldavam os negócios, os casamentos e as lealdades políticas e partidárias. Em seguida, passava pelo aprendizado prático da vida política, pelo exercício de cargos administrativos – como juízes de comarca e presidentes de províncias. Zacarias de Góes e Vasconcelos, por exemplo, presidiu as províncias do Piauí, de Sergipe e do Paraná; Silva Ferraz (Uruguaiana), as do Rio Grande do Sul e de Minas Gerais; Saraiva comandou as províncias do Piauí, de Alagoas, de São Paulo e do Pernambuco. A presidência das províncias permitia à elite conhecer melhor os problemas e as questões regionais que pautavam a política nacional. Dava a seus ocupantes boa dimensão dos desafios de governar um país continental e a oportunidade de se aprimorar a habilidade para administrar as questões de Estado.

A experiência adquirida na administração pública era complementada com a atuação no Parlamento. Todos os estadistas tinham de passar pelo teste das urnas e pela experiência parlamentar. O aprendizado das campanhas políticas e o engajamento nos debates na Câmara dos Deputados e nos confrontos partidários ajudavam-lhes a polir a arte de comunicar, persuadir, influenciar e construir alianças, revelando-lhes o caráter, os valores e os princípios que constroem ou destroem a fama e a reputação dos indivíduos na arena política, testando-lhes a capacidade de enfrentar obstáculos, de lidar com as conquistas e vitórias, mas também com as feridas e derrotas adquiridas nos embates políticos. O imperador acompanhava de perto os passos dos estadistas do Império. Ele os nomeava para presidir as províncias e avaliava o desempenho de cada um em lidar com as questões locais. Seguia cuidadosamente a trajetória parlamentar desse grupo, seus discursos, suas causas e suas lutas. Depois, testava-os em cargos ministeriais e, finalmente, entregava os cargos nobres da política para aqueles que passaram com êxito por essas provas e conquistaram a sua confiança: uma cadeira no Senado, um assento no Conselho de Estado ou o cargo de primeiro-ministro (presidência do Conselho).

O Senado era a instituição que assegurava a estabilidade política, garantia a discussão serena das questões, desidratando-as do embate partidário, ideológico e eleitoreiro travado na Câmara. Como dizia o visconde de Taunay, "ser senador constituía o supremo anelo dos homens do antigo regime". A cadeira no Senado era vitalícia e seus ocupantes eram escolhidos pelo imperador a partir de uma lista tríplice. Os senadores serviam também como principal reserva de estadistas da nação. No Senado, estava a maioria dos presidentes e membros do Conselho de Estado, ministros, presidentes de província e homens de confiança do imperador. D. Pedro II transformou o Senado na tribuna dos estadistas que o ajudavam a preservar os pilares da monarquia constitucional, o bom funcionamento das instituições, a credibilidade da Constituição e o prestígio da Coroa.

Se o Senado era a assembleia das figuras notáveis da política imperial, o Conselho de Estado reunia o núcleo duro do poder. Esse era o fórum reservado para o debate em torno dos temas políticos, jurídicos, constitucionais e administrativos do país. Participavam do Conselho pessoas de confiança do imperador e representantes de interesses e de opiniões diversas sobre as questões de Estado. Havia uma saudável mescla de parlamentares, estadistas, juristas, militares e homens de negócios debatendo os temas nacionais, como a reforma eleitoral, os conflitos de jurisdição e de interpretação da Constituição, política externa, tratados comerciais, abolição da escravidão, reforma do ensino, os gastos públicos e as finanças do Estado, entre outros temas. D. Pedro II prezava a diversidade de opiniões, sempre a considerou um ingrediente vital para avaliar de maneira criteriosa o contexto político e as proposições que lhe eram apresentadas. A diversidade de opiniões o ajudava a manter a lucidez política.

As atas do Conselho de Estado servem de guia para compreender os assuntos prioritários que pautavam o debate nacional. Elas revelam o imperador exercendo seu poder e influência em busca do consenso político, mas também retratam suas derrotas. É possível ver o imperador exasperado com a resistência do Conselho em tratar com diligência temas que lhe eram caros: a abolição da escravidão, a reforma eleitoral que garantisse eleições livres e limpas, a melhoria da qualidade da educação pública para todas camadas da sociedade – inclusive para os negros libertos – e a institucionalização da meritocracia no serviço público. O imperador considerava essas medidas essenciais para o fortalecimento dos pilares do governo constitucional, das liberdades individuais e do espírito cívico. A fonte de sua irritação e desgosto com os conselheiros e ministros advinha do vício de colocarem os interesses políticos e partidários acima dos interesses da nação.

A primeira batalha do governo contra a escravidão retrata bem esse dilema. Cansados de ver o governo brasileiro negligenciar suas obrigações e promessas de combater o tráfico de escravos, o Parlamento britânico aprovou a Lei Aberdeen em 1845, deflagrando a repressão ostensiva do comércio negreiro. Navios dos traficantes brasileiros podiam ser abordados, sua carga confiscada e sua tripulação julgada de acordo com as leis britânicas, caso as embarcações fossem capturadas traficando escravos. Essa medida radical foi tomada porque o combate ao tráfico no Brasil era "para inglês ver" (a expressão tem origem nessa época); isto é, os governantes fingiam combatê-lo, mas na realidade nada faziam para reprimi-lo. De fato, o comércio de escravos triplicou nesse período: "de cerca de uns vinte mil escravos por ano, o número de escravos entrados no Brasil subiria a 50 mil em 1846, a 56 mil em 47, a 60 mil em 48 e a 54 mil em 49".[56]

Curiosamente, os principais conselheiros e ministros concordavam com o desejo de D. Pedro II de extinguir o tráfico, mas temiam as consequências políticas e econômicas dessa medida. O marquês de Monte Alegre, presidente do Conselho, era favorável à extinção do tráfico, porém não achava possível superar as resistências políticas que existiam nos partidos, no Parlamento e na sociedade. Segundo o marquês, o tráfico era um mal necessário com o qual tínhamos de conviver para sustentar uma sociedade viciada em escravos (ver o capítulo sobre Joaquim Nabuco). A opinião de Monte Alegre representava a

---

[56] LYRA, *op. cit.*, v. 1, p. 165.

crença da maioria dos políticos. A extinção do comércio negreiro era desejada, mas politicamente inviável. Pressionado entre a humilhação de ver a Marinha britânica adentrar os portos brasileiros, confiscar, prender navios negreiros e fazer cumprir a lei no Brasil, o governo finalmente se rendeu e aprovou a Lei Eusébio de Queiroz em 1850. Essa era a nossa versão da Lei Aberdeen; só que dessa vez ela não seria "para inglês ver". De fato, o imperador encontrou na lei inglesa um ótimo pretexto político para sepultar o fim do tráfico de escravos – algo que desejava há muito tempo, mas que os governantes não tinham coragem de combater.

A reação à aprovação da Lei Eusébio foi imediata. Ela rachou os partidos, dividiu a oposição e aumentou a pressão dos traficantes para que não fosse cumprida. Os opositores da lei acusavam o governo de ter sucumbido ao ultimato do governo inglês, o que demonstrava a fraqueza da nossa soberania e independência política. Alegavam que ela arruinaria a economia brasileira, prejudicaria a lavoura e afetaria a principal fonte de mão de obra do Império, e, por fim, demandavam a cabeça do presidente do Conselho e a queda do ministério. D. Pedro II não se dobrou às pressões. O imperador era o guardião da nação, e não o zelador de grupos de interesse. Deixou claro que não se curvaria aos interesses mesquinhos dos partidos e dos traficantes. Manteve no poder o gabinete que aprovou a lei e permaneceu firme na sua decisão de fazê-la cumprida e respeitada.

O fim do tráfico representava também a perda de um lucrativo investimento para muita gente. O comércio de escravos não era um bom negócio apenas para uma dezena de grandes traficantes. Havia vários sócios e cotistas que participavam dos ganhos. Os traficantes transformaram o comércio negreiro num empreendimento rentável para seus investidores. Cada viagem em busca de escravos transformou-se num fundo de investimento em que pessoas compravam cotas. Era um investimento de curto prazo, boa liquidez e alta rentabilidade, o que atraía uma miríade de pequenos e grandes investidores. Ministros de Estado, grandes fazendeiros, pequenos comerciantes, funcionários públicos e até viúvas que viviam de renda investiam nas expedições negreiras. O tráfico tornou-se o negócio mais rentável do Império. Se não houvesse percalços durante a travessia do Atlântico, o investimento poderia render até 50% em apenas três meses.[57]

Liderança não se mede pelo grau de popularidade do líder, mas por sua capacidade de promover mudanças de cultura e de comportamento na sociedade que contribuam para a defesa das liberdades individuais e para o fortalecimento do Estado de Direito e das instituições democráticas. Não se trata de uma tarefa fácil. As pessoas relutam em aceitar mudanças que exigem a renúncia de certos "direitos" e privilégios que lhes são caros. A principal tarefa do líder é guiar a sociedade nesse processo de mudança de crenças, de hábitos e de atitudes. Mudanças transformadoras geram perdas, descontentamento e protesto num primeiro instante, mas são posteriormente reconhecidas e aplaudidas como medidas boas e necessárias para a sociedade. O imperador estava ciente do risco da luta pelo fim da escravidão, mas não hesitou em enfrentá-lo, mesmo ao custo de perder o trono. De fato, a emancipação dos escravos foi um dos principais motivos que levaram à queda da monarquia em 1889.

O processo lento e gradual da erradicação da escravidão no país inicia-se com a aprovação da Lei Eusébio de Queiroz em 1850. Ela abre o caminho para a Lei do Ventre Livre, a Lei Dantas (ou dos Sexagenários) e, finalmente, para a Lei Áurea em 1888. O processo de aprovação dessas leis incendiou o debate político nos jornais, nas ruas, no Parlamento e no governo, desestabilizou governos, provocou violentos embates políticos e eleitorais e revelou as dificuldades e os traumas da nação para sepultar a escravidão. Com paciência, mas determinação, D. Pedro II optou pelo caminho das reformas graduais para livrar o país do trabalho escravo.

Ao contrário do que os opositores da Lei Queiroz alegavam, a repressão ao tráfico não arruinou a economia nacional, ela ajudou a promover o maior surto de crescimento da economia do período monárquico. O dinheiro que financiava o comércio de escravos voltou-se para o financiamento do crescimento da economia doméstica, gerando uma verdadeira enxurrada de capital em busca de

[57] Jorge Caldeira trata muito bem desse tema em *A nação mercantilista*. São Paulo: Editora 34, 1999.

investimentos na indústria, no comércio e na agricultura. Essa foi a "Era Mauá", referência ao barão capitalista que aproveitou os recursos disponíveis no mercado interno para atrair investidores para seus projetos pioneiros. Em apenas dois anos, Mauá criou um império que compreendia um banco (Banco do Brasil), uma companhia de navegação fluvial no rio Amazonas, uma companhia de estradas de ferro e uma empreiteira que construiu portos no Rio de Janeiro e em Santos. O progresso transformou o Império. Nesse período, surgem a telegrafia e a iluminação a gás e constrói-se a estrada de ferro que liga o Rio de Janeiro a Petrópolis, cidade onde o imperador e a Corte se instalavam durante o verão. A exportação de café triplicou, e o Brasil ingressou numa era ímpar de paz e de prosperidade. Graças ao aumento expressivo das exportações de café e da arrecadação de impostos, o Brasil conseguiu equilibrar – pela primeira vez na história – as contas públicas. Infelizmente, o país não soube aproveitar esse período de bonança para criar os alicerces capazes de assegurar o crescimento econômico sustentável.

Perdemos a oportunidade de incentivar o desenvolvimento da indústria, o livre comércio, a criação de um sistema financeiro sólido e um mercado de capitais capaz de aceitar os prêmios e os riscos de financiar projetos pioneiros e negócios inovadores. Desperdiçamos a chance de ter transformado a "Era Mauá" numa nação de Mauás, isto é, num país de empreendedores que colaborassem para aumentar a inovação, a diversificação e a competitividade da economia brasileira. Sem o respaldo do imperador, o império de Mauá e a brisa de livre iniciativa foram dilacerados pela desastrosa política econômica da monarquia. O intervencionismo estatal, ditado por uma casta de parasitas que vivia à custa dos favores do Estado, do crédito público subsidiado e da distribuição de concessões públicas, fez questão de punir os empreendedores, os consumidores e os produtores de riqueza da nação, sob a alegação de que seus interesses econômicos conflitavam com os interesses do "bem comum".

O Brasil continuou a incorrer nos erros e vícios que arruínam o potencial de crescimento e de prosperidade de uma nação. A mentalidade mercantilista prevaleceu sobre os princípios do capitalismo. O primeiro mandamento da cartilha mercantilista é interpretar a lei da oferta e demanda como uma peça de ficção a ser manipulada pelo Estado a fim de extrair benefícios da iniciativa privada para a sociedade e para o governo. Leis, regras e tratados podem ser violados e alterados à revelia das partes envolvidas quando o governo acredita que tal violação é justificável em nome do "bem comum".

O segundo mandamento afirma que a liberdade econômica é uma ideia nefasta, que produz uma espécie de libido insaciável por riscos, o que gera instabilidade não só no mercado como também na ordem política e social. O livre comércio incita a concorrência, a competitividade e a disputa incontrolável por negócios, ideias e inovações que fogem do controle do Estado, ameaçando a estabilidade política, econômica e social. O antídoto contra esse mal seria criar um Estado regulador, intervencionista e suficientemente forte para confiscar, expropriar e intervir em atividades privadas, de forma a limitar a ambição dos produtores de riqueza e a avareza dos consumidores.

O terceiro mandamento mercantilista recomenda empregar o poder do governo para limitar a liberdade econômica e instituir o capitalismo de Estado. O temor do triunfo de um homem de negócios independente, capaz de enriquecer por seus próprios méritos – como foi o caso do barão de Mauá – representa uma ideia aterrorizadora para o Estado mercantilista. Eram fundamentais a atuação e a intervenção do governo para conter a "ganância" desses empreendedores e evitar que os "ganhos exorbitantes" e a independência de suas atividades privadas servissem de exemplo para outros aventureiros que desejassem crescer longe da tutela do Estado. No vocabulário mercantilista, empresário bom é aquele que cresce com a ajuda do Estado, é dependente dos incentivos do governo e aceita pacificamente a lógica intrínseca da relação de troca de bens materiais e de favores políticos que rege a relação entre a esfera pública e a privada.

Não é de estranhar que essa mentalidade mercantilista tenha arruinado, em pouco tempo, os frutos da bonança econômica. O capitalismo de Estado insuflou a inflação por meio do aumento irresponsável do gasto público e da incapacidade de se criar o arcabouço institucional que assegurasse a germinação do livre comércio, do espírito empreendedor, do crescimento do investimento e do florescimento do mercado interno. O Brasil mergulhou num longo período de estagnação econômica. No início do século XIX, o Produto Interno Bruto brasileiro era equivalente ao dos Estados Unidos, mas quando a monarquia foi derrubada, o PIB americano era seis vezes maior.

A ignorância do imperador em relação à política econômica teve profundo impacto na nação. D. Pedro II não conseguiu livrar o país da cultura mercantilista que ditava a política econômica. Não despertou para o fato de que o rápido crescimento da economia no início de 1850 poderia ter-se transformado numa poderosa arma política. Os empreendedores brasileiros – os nossos Mauás – seriam seus melhores aliados na cruzada pela institucionalização da democracia e pela quebra do monopólio político de uma elite viciada nas benesses do Estado. Não compreendeu a importância da economia como fator fundamental para promover mudanças institucionais na política. Para fazer justiça ao imperador, a história do Brasil revela, como se verá mais adiante neste livro, que apenas dois presidentes da República – Campos Salles e Fernando Henrique Cardoso – entenderam que o crescimento econômico sustentável e a gestão eficaz das finanças públicas são fatores determinantes para promover as reformas institucionais e fortalecer os pilares do regime democrático.

O desinteresse por assuntos econômicos era uma característica que D. Pedro II compartilhava com a maioria dos estadistas do século XIX. A visão da época consistia em tratar a política como atividade nobre, enquanto a economia era um assunto técnico e de menor importância. D. Pedro II era a personificação do espírito da sua época. A economia lhe parecia um tema árido, pouco interessante e sem muita correlação com o destino da política; uma força misteriosa e não muito compreensível regida pela "mão invisível" do mercado. Ele acreditava que as reformas políticas dependiam fundamentalmente de virtudes pessoais do estadista: conduta exemplar e ética; coragem e determinação para atuar como moderador imparcial dos diversos interesses conflitantes da sociedade; sabedoria e senso de dever para agir como guardião do bom funcionamento das instituições, das leis e dos princípios constitucionais, e capacidade de conter seus impulsos pessoais e disciplinar suas paixões para não perder de vista o sentido de missão que deve balizar a conduta e as ações na vida pública. Essas virtudes pareciam-lhe indispensáveis para suportar o pêndulo do destino que pendia ora para a bonança e a popularidade, ora para a crise e a impopularidade.

Na década de 1850, o pêndulo movia-se em direção à bonança e à popularidade. O momento favorável da economia e a vitória das tropas brasileiras na Guerra do Prata impulsionaram a popularidade do imperador. O êxito militar contra o ditador argentino Juan Manuel Rosas revelou a essência da política externa do Império: preservar o *status quo* na América do Sul e conter a ambição de ditadores sul-americanos que almejavam conquistar territórios por meio da guerra. Esse foi o caso de Rosas, que pretendia desviar a atenção do povo argentino dos problemas nacionais, invadindo o Uruguai e "sonhando com a reconstituição do antigo Vice-Reinado do Prata".[58] O único meio de conter o sonho megalomaníaco de Rosas era por meio da intervenção militar brasileira. A atuação das tropas brasileiras foi fundamental para defender a soberania do Uruguai e evitar a invasão do Rio Grande do Sul pelos exércitos argentinos. A vitória militar de 1852 garantiu a independência do Uruguai e mostrou que o Brasil não pretendia explorar as disputas diplomáticas regionais e criar falsos pretextos para atacar os seus vizinhos e conquistar novos territórios.

O imperador tornou-se uma figura popular e admirada por brasileiros e estrangeiros. Sua reputação de monarca virtuoso e cidadão exemplar era reconhecida como o principal pilar da estabilidade política da monarquia. Ele era a figura central que garantia o bom funcionamento do regime, promovia a alternância dos partidos no poder, disciplinava as ambições políticas dos seus ministros e moderava as demandas populares.

O respeito e o carinho pelo imperador eram manifestados nas ruas, nas inspeções às repartições públicas e nas cidades que visitava. Sua fama de monarca sábio, constitucional e exemplar espalhou-se pelo mundo. Na Inglaterra, o periódico *Illustrated London News* escreveu na edição de outubro de 1852:

---

[58] LYRA, *op. cit.*, v. 1, p. 159.

> Entre os governos republicanos da América do Sul, apenas o Brasil (monárquico) desponta como um país grande e livre; os outros países caíram nas mãos de tiranos ou desmoronaram em pedaços [...]. Na conduta do governo, D. Pedro II demonstra bom senso, prudência, sagacidade e firmeza.

Um cronista americano explicava aos seus conterrâneos o perfil do imperador:

> É raro na história das nações encontrar um monarca capaz de combinar um legítimo escrúpulo com respeito aos princípios constitucionais e aos limites do poder e, ao mesmo tempo, cultivar o respeito dos seus súditos e a admiração do mundo por seu talento e conhecimento das ciências e da literatura. Esta combinação rara é encontrada em D. Pedro II.[59]

O ano político de 1852 encerrou-se com um magnífico baile na Corte, onde "compareceram 548 senhoras e 962 cavalheiros". O baile marcava o fim do ano legislativo e reunia a elite do Império, antes de senadores e deputados entrarem em recesso. Os eventos festivos na Corte não se esgotavam no prazer da reunião social. Eles também contribuíam para criar rituais, símbolos, tradições e valores que constituem a identidade nacional de um povo. Serviam também como instrumentos de educação, civilidade, decoro, deferência, cortesia e etiqueta, que formam o arcabouço do código formal e informal que padroniza o comportamento de uma elite que precisa ser preparada e instruída para cumprir o seu dever público e sua missão civilizadora na sociedade.

D. Pedro II compreendia que a civilização consiste em criar uma sociedade em que: os cidadãos sejam livres para se expressar, votar, rezar, pensar, comercializar e mover-se livremente; a riqueza econômica, educacional e cultural seja fruto da inovação, da competição e do progresso das artes e das ciências; o esforço, o talento e o mérito

[59] BARMAN, Roderick. *Citizen Emperor*: Pedro II and the Making of Brazil. Redwood City, CA: Stanford University Press, 1999, pp. 160-161.

individuais sejam convertidos em negócios, obras de arte e descobertas científicas; prevaleça o Estado de Direito e a propriedade privada seja assegurada pelo cumprimento das leis; a legitimidade do governo resida na livre escolha dos cidadãos e no respeito dos governantes pelos limites constitucionais da ingerência do poder público na vida privada dos indivíduos; e os cidadãos estejam preparados para defender, lutar e até morrer para preservar esses valores e princípios, pois sabem que a liberdade só floresce onde há civilização. Todo inimigo da civilização começa pregando o cerceamento da liberdade em nome do "bem comum".

Esse era justamente o caso de Solano Lopez, o ditador paraguaio que chegou ao poder em 1862, sonhando em se tornar uma espécie de Napoleão III da América do Sul, casar-se com a princesa Isabel e transformar o Paraguai numa potência regional. No dicionário de verbetes dos caudilhos sul-americanos, a criação de uma potência regional implica criar incidentes diplomáticos para guerrear e conquistar territórios. Solano Lopez pensou que poderia contar com o apoio da Argentina e do Uruguai no confronto com o Brasil. Apesar de o presidente da Argentina, general Mitre, cultivar boas relações com o Brasil e com o imperador, a província de Entre Rios era governada por Urquiza, rival político do presidente Mitre e simpatizante de Solano Lopez. O Uruguai também estava dividido. O país sofrera uma breve intervenção militar brasileira em 1864. Fazendeiros brasileiros que possuíam terra na região passaram a ser alvo de ataques e de assaltos em suas propriedades. O Brasil protestou, mas o presidente Aguirre nada fez para defender cerca de 40 mil fazendeiros brasileiros no Uruguai. Quando o general Venâncio Flores pediu ajuda militar e dinheiro ao imperador para conter o presidente Aguirre e restabelecer a ordem, o Brasil enviou uma expedição militar ao Uruguai. Com a ajuda das tropas brasileiras, Venâncio Flores depôs o presidente Aguirre e o Partido Blanco. Solano Lopez pretendia vindicar a derrota de Aguirre, oferecendo-lhe apoio militar, mas a aliança do ditador paraguaio com o presidente deposto e o governador rebelde de Entre Rios não prosperou.

Ao optar por um ataque rápido e fulminante, em que o elemento surpresa era vital para o êxito da campanha militar, as tropas de

Solano Lopez atravessaram o norte da Argentina para invadir o sul do Brasil. A violação do território argentino levou o presidente Mitre a declarar guerra ao Paraguai e unir-se ao Brasil. Preocupado com o destino do seu país, o Uruguai juntou-se à Argentina e ao Brasil em 1865, constituindo a Tríplice Aliança. A guerra uniu os brasileiros no combate ao ditador paraguaio. O imperador deu exemplo e foi o primeiro a se alistar como voluntário na Guarda Nacional. Pessoas de todas as províncias e classes sociais se alistaram no início do conflito. Filhos de fazendeiros, estudantes da faculdade de Direito, profissionais liberais, escravos e negros livres alistaram-se na Guarda Nacional para defender a pátria. Mas, conforme a guerra foi se prolongando, o entusiasmo esvaneceu e os problemas começaram a se avolumar. A longa guerra sepultou o período de bonança econômica, levando o país a uma gravíssima crise financeira. As despesas públicas dobraram nesse período e a dívida externa cresceu rapidamente. Mais de 50 mil brasileiros morreram na Guerra do Paraguai. As doenças – como a cólera – causaram tantas mortes no Exército brasileiro quanto as batalhas contra os paraguaios.

Do ponto de vista militar, o conflito terminou em dezembro de 1869, quando as tropas brasileiras ocuparam Assunção e Solano Lopez foi obrigado a abandonar a capital, tornando-se um fugitivo. D. Pedro II pediu a Caxias que o capturasse, mas o militar recusou-se a fazer o papel de caçador de ditador. Para Caxias, o Paraguai havia se rendido e a guerra terminara. A insistência do imperador na captura de Solano Lopez levou Caxias a renunciar ao comando das tropas brasileiras. O imperador confiou a missão ao seu genro, Conde d'Eu. Em março de 1870, Solano Lopez é finalmente morto após o cabo Chico Diabo tê-lo ferido a lança e, em seguida, o baleado, quando o ditador recusou se render. D. Pedro II sempre demonstrou absoluta intransigência ao lidar com caudilhos ambiciosos que representavam tudo o que ele menosprezava: tiranos que usavam a força para destruir a liberdade, a paz e violar o *status quo* na região. Não negociava ou fazia concessões para apaziguá-los. A civilização, ele acreditava, não poderia existir com homens da estirpe de Solano Lopez governando as nações. Após a morte do ditador, o tratado de paz com o Paraguai foi assinado em 20 de junho. O imperador escreveu no seu diário:

"Firmava-se a civilização na bacia do Prata e tudo devido ao meu Brasil". As instituições políticas que asseguram a existência da liberdade, do Estado de Direito e da civilidade não florescem em nações governadas por caudilhos e ditadores.

O imperador não escondia seu desencanto com a política após a Guerra do Paraguai. A desilusão com as inúmeras resistências que encontrava para abolir a escravidão, promover as reformas eleitorais que assegurassem eleições mais livres e limpas e aprovar as medidas necessárias para transformar a Justiça num poder ágil e eficaz levou-o a períodos de melancolia. Em 23 de julho de 1873, o imperador enviou uma carta ao seu amigo, conde Gobineau (diplomata francês que serviu no Brasil), descrevendo o seu humor:

> Sabeis a vida que levo, e a política não é para mim, senão o duro cumprimento de um dever. Sinto-o ainda mais no dia de hoje, pois há 33 anos que carrego a minha cruz. Vos asseguro não ter muitas vezes tempo senão para dar, a meus olhos sobretudo, o repouso indispensável.[60]

O Imperador confessava ao amigo que governar era um sacrifício; um fardo que só se torna suportável quando o governante aceita com estoicismo e disciplina seu dever e missão de zelar pelo país, pelas instituições e pela civilização. As viagens pela Europa, pelo Oriente Médio e pelos Estados Unidos, entre 1871 e 1888, atenuaram seu humor e melhoraram sua saúde. Durante as viagens, D. Pedro II tinha oportunidade de fazer o que gostava: ler, conversar, encontrar escritores, artistas e estadistas; saciar a curiosidade pela história, pelo pensamento e pela cultura dos países, dos povos e das civilizações que visitava. Contudo, quando voltava ao Brasil, encontrava os mesmos problemas e as mesmas dificuldades que lhe causavam dissabores.

Um desses problemas foi a ascensão do Exército como força política após a Guerra do Paraguai. Enquanto Duque de Caxias comandava o Exército, os militares exerciam seu papel constitucional de defender a nação e de não se imiscuir nas disputas partidárias.

---

[60] READERS, Georges. *D. Pedro II e o conde de Gobineau*. São Paulo: Companhia Editora Nacional, 1938.

Mas, após a morte de Caxias em 1878, a insatisfação dos militares começou a se manifestar de maneira mais contundente. D. Pedro II recusava-se a reconhecer o papel do Exército como força legítima da política partidária. Na sua visão, a essência do governo constitucional constitui-se na absoluta submissão do poder militar ao poder civil. Para ele, não há espaço para os homens de farda na vida política. Os militares que desejassem ingressar no jogo político precisariam abandonar o quartel. Transformar o Exército em instrumento da política partidária seria inconcebível para um monarca que lutou a vida toda para o fortalecimento do governo constitucional e do Estado de Direito. Mas esse raciocínio parecia preconceituoso para os militares positivistas que se inspiravam nas teses políticas de Auguste Comte e no modelo de Napoleão Bonaparte, o herói que inspirou os caudilhos do século XIX e muitos ditadores do século XX.

A insatisfação dos militares brasileiros com o seu papel secundário no cenário político incentivou a propagação das ideias republicanas e positivistas entre alguns oficiais. Esses militares republicanos exerceram papel preponderante na queda da monarquia. O descontentamento dos militares somou-se ao dos fazendeiros conservadores que não se conformavam com a atitude do imperador em apoiar o fim da escravidão. D. Pedro II não encontrava respaldo político para aprovar a lei da Abolição. Governos e partidos políticos se acovardavam na hora de enfrentar o tema. Joaquim Nabuco compreendeu que era preciso mobilizar o povo e a sociedade para quebrar a resistência política no Parlamento e no ministério. Foram quase 20 anos de luta até a princesa Isabel proclamar a Lei Áurea no dia 13 de maio de 1888. Quando a lei foi promulgada, o Barão de Cotegipe, senador do Império, ao cumprimentar a princesa pela Lei Áurea, profetizou: "A senhora acabou de redimir uma raça e perder o trono".

A profecia de Cotegipe se confirmou no dia 15 de novembro de 1889. Uma revolta militar no quartel serviu de estopim para desencadear um golpe militar que depôs o imperador na madrugada e obrigou a família real a embarcar às pressas para a Europa a fim de evitar a reação popular contra um ato tão impopular dos usurpadores do poder. No exílio europeu, o imperador recusou a pensão que o governo republicano lhe concedeu. Viveu na Europa com a ajuda de amigos e veio a falecer num pequeno hotel em Paris, em 5 dezembro de 1891. Depois de sua deposição, nunca se ouviu uma palavra negativa ou comentário crítico do imperador contra o regime republicano. Desejava o melhor para o país, não importava se fosse um governo monárquico ou republicano. Guardou para si o desgosto de ver seu querido Brasil sucumbir ao governo de ditadores republicanos, como foi o caso dos governos militares de Deodoro da Fonseca e Floriano Peixoto.

Uma nação livre e soberana necessita de líderes para transformar princípios constitucionais em instituições e valores democráticos em políticas públicas. Esse processo é conduzido por estadistas virtuosos, cujo exemplo e conduta pessoal colaboram para institucionalizar boas práticas e costumes que se tornam referência para a nação. Ao contrário da América Latina e de seus caudilhos, o Brasil e os Estados Unidos foram as duas únicas exceções que edificaram instituições democráticas e governos constitucionais. Se na Europa esse processo foi fruto de uma longa e gradual transição do poder dos reis para as instituições representativas – como o Parlamento e os governos eleitos pelo povo –, no Novo Mundo, a democracia constitucional se enraizou graças ao talento, à coragem e à determinação de alguns estadistas. Nos Estados Unidos, eles são conhecidos como os *Founding Fathers*; no Brasil, esse processo se iniciou com D. Pedro I e José Bonifácio e consolidou-se com D. Pedro II.

Nos Estados Unidos, os *Founding Fathers* dominaram a política nacional por 41 anos (1776-1817). Durante quatro décadas, lutaram pela independência do país (conquistada em 1776), reuniram-se na Convenção da Filadélfia para elaborar a Constituição (1787) e deram vida aos princípios constitucionais e aos valores democráticos exercendo o poder e servindo de exemplo para a nação como governantes. De fato, a presidência da República tornou-se monopólio dos *Founding Fathers* nesses anos iniciais de enraizamento das instituições democráticas: George Washington, John Adams, Thomas Jefferson e James Madison comandaram o país até 1817. No Brasil, a institucionalização do governo constitucional foi liderada por D. Pedro II durante seus 48 anos de reinado.

Enquanto os governantes do século XIX se deixavam seduzir por teorias raciais da superioridade da raça branca e procuravam limitar os direitos de cidadania às raças "inferiores", D. Pedro II compreendera que a miscigenação racial no Brasil era uma virtude. Nos Estados Unidos, a questão racial foi preterida pelos *Founding Fathers*. Tornou-se motivo de uma sangrenta guerra civil em 1861 e gerou um verdadeiro *apartheid* social, assegurado por leis raciais – como a proibição de casamento entre brancos e negros – que perdurou até a segunda metade do século XX. Na América Latina, Simon Bolívar não apenas não escondia seu ódio pelos espanhóis como também tratava a população indígena como raça inferior, que não merecia gozar dos direitos de cidadania. Sua incompreensão da questão racial e seu autoritarismo político contribuíram para insuflar as revoltas na região, que destruíram seu sonho de unificação da América Espanhola. Em 1830, desiludido com o destino da América Latina e morrendo de tuberculose, Bolívar escreveu uma carta-testamento que se tornou célebre. Dizia que a região era ingovernável e que a melhor alternativa era imigrar. As repúblicas latino-americanas seriam devoradas pelo desgoverno, pelos crimes e pelas tiranias, e seriam reduzidas a tamanha insignificância que nem mesmo os europeus iriam querer nos conquistar novamente.

As visões divergentes do imperador brasileiro e de Simon Bolívar sobre o papel do Estado não se restringiam apenas às distinções entre os sistemas de governo monárquico e republicano. Havia profunda diferença entre as crenças e os valores que inspiraram a formação do Estado na América portuguesa e na espanhola. Bolívar acreditava que a única forma de governar as repúblicas latinas era por meio da criação de um governo centralizado nas mãos de um déspota esclarecido (como ele, claro). D. Pedro II, por sua vez, acreditava que os cidadãos brasileiros tinham não só plena capacidade de escolher seus representantes, gozar da liberdade de opinião e exercer plenamente os seus direitos cívicos, como considerava tais direitos e deveres ingredientes fundamentais para conter a avareza, a visão imediatista e as práticas clientelistas da elite governante.

Enquanto Bolívar afirmava que "o povo não está preparado para exercer plenamente" as liberdades democráticas, o imperador acreditava que o problema central não estava na ignorância ou no despreparo do povo para exercer a liberdade, mas na qualidade da elite de exercer o poder. D. Pedro II confiava mais no bom senso da decisão da maioria dos analfabetos e ignorantes do que na esperteza interesseira da maioria da elite. Nada lhe despertava mais desgosto do que se deparar com governantes usurpando o poder para extrair vantagens pessoais ou favorecer amigos, aliados e protegidos. A ausência do senso de dever público dos servidores do Estado e o péssimo hábito de deturpar o papel das instituições e das leis para assegurar o mando político e o poder pessoal dos governantes o irritavam e entristeciam.

D. Pedro II fracassou em reformar os costumes e crenças de uma fatia importante da elite tacanha, mercantilista e caipira que estava próxima do poder. Por trás do verniz civilizador da vida da Corte, havia um espírito mesquinho, interesseiro e oportunista que se manifestava de forma evidente nas teses políticas dos intelectuais positivistas, no republicanismo de militares ressentidos e no revanchismo de fazendeiros inconformados com a abolição da escravidão. Foram os barões do café fluminenses e os ricos comerciantes de escravos que retardaram a abolição da escravidão e que combateram o imperador. Foram os oficiais do Exército que organizaram o golpe republicano e, logo que assumiram o poder, instauraram um regime que nada tinha a ver com os princípios liberais e constitucionais defendidos pelos *Founding Fathers*. Mas o imperador pressentia que tais deslizes seriam temporários. Confiava no Brasil e nos brasileiros e acreditava que o país encontraria meios de fazer triunfar os valores democráticos. Essa confiança baseava-se no fato de que o amadurecimento do exercício da cidadania e a conversão genuína da fatia boa da elite que abraçara os valores liberais e o respeito pelas instituições venceriam o confronto com a fatia podre da elite corporativista.

Um líder perde o poder quando caminha muito à frente dos seus liderados. D. Pedro II lutou pela institucionalização de um regime democrático e liberal quando ainda se acreditava que a liderança pessoal e carismática era mais importante que as instituições. Tentou edificar uma educação pública de qualidade, foi um grande patrono das artes, da cultura e da ciência, manteve um grau de liberdade de imprensa ímpar no país e no mundo, acreditava genuinamente que a democracia se aprimoraria com o exercício cotidiano da cidadania e da boa governança. Lutou contra as resistências da sociedade para promover mudanças transformadoras, como a abolição da escravidão. Mas as grandes lideranças não são reconhecidas apenas pelos seus feitos; elas são, acima de tudo, veneradas e respeitadas pelo legado que deixaram para as futuras gerações.

O legado de D. Pedro II foi uma bênção para o Brasil. Ele sempre teve perfeita consciência de que sua missão consistia em liderar o processo de consolidação das instituições que garantiriam a perpetuação dos valores liberais e dos princípios constitucionais. O êxito do imperador em usar seu exemplo e poder para institucionalizar o governo constitucional, o espírito cívico, a liberdade de expressão e o Estado de Direito foi fundamental para criar um antídoto contra governos arbitrários e despóticos. Esse espírito liberal, constitucional e civilista havia se enraizado nos corações e mentes dos brasileiros, e não tardou a se rebelar contra os ditadores que se apoderaram do governo após a queda da monarquia.

Prudente de Moraes, Campos Salles e Rodrigues Alves resgataram a República das mãos dos ditadores, dos militares e dos intelectuais positivistas e lhe deram um caráter civilista, liberal constitucionalista e legalista.

O TRIO PAULISTA NA PRESIDÊNCIA DA REPÚBLICA: A IMPORTÂNCIA DA CONTINUIDADE POLÍTICA PARA A INSTITUCIONALIZAÇÃO DE MUDANÇAS

O desespero tomou conta dos republicanos em maio de 1889. Nesse mês, a convenção do Partido Liberal aprovou um programa de governo que contemplava a reforma eleitoral e a introdução do federalismo – a transferência de mais autonomia e poder político para as províncias. Simpático ao programa reformista, D. Pedro II escolheu o visconde de Ouro Preto, chefe do Partido Liberal, para assumir o cargo de primeiro-ministro e implementar as reformas propostas. Os republicanos procuraram conquistar o apoio popular pregando a abolição e o federalismo, mas o Partido Conservador extinguiu a escravidão em 1888, e o Partido Liberal pretendia implementar o federalismo em 1889. Ao ver suas principais bandeiras erguidas pelos partidos monarquistas, os republicanos viram murchar a esperança de conquistar o poder por meio do voto. Resolveram então partir para o golpe de Estado. Exploraram habilmente, em jornais, clubes republicanos e militares, o descontentamento do Exército com o imperador. Sabiam que o suporte dos militares era peça-chave para o êxito do golpe.

A tática surtiu efeito. Em 6 de novembro, os republicanos conquistaram o apoio fundamental do marechal Deodoro da Fonseca. Devido ao prestígio no Exército, seu aval ao golpe tinha grande peso político. Eliminava as dubiedades e resistências que ameaçavam dividir os militares no momento da "revolução". No dia 15 de novembro, o marechal Deodoro mobilizou as tropas para derrubar o governo do visconde de Ouro Preto. Na conversa com o primeiro-ministro deposto, Deodoro justificou tal medida para redimir as injustiças e as ofensas sofridas pelo Exército. O marechal, contudo, deixou claro na conversa com Ouro Preto que pretendia falar com o imperador sobre a formação de um novo governo. Mas, por volta das 15 horas, os republicanos dirigiram-se à Câmara Municipal do Rio de Janeiro e proclamaram a República, nomeando Deodoro da Fonseca chefe do governo provisório[61].

Uma república que nasce de um golpe de estado, concebido por republicanos autoritários e militares insatisfeitos, não poderia gerar outra coisa senão desgoverno, desilusão e debilidade institucional. O governo do marechal Deodoro da Fonseca sepultou o governo constitucional, o Estado de Direito e as liberdades cívicas. Os "revolucionários" prometeram expandir a democracia, a igualdade e a liberdade, mas terminaram fechando o Congresso, suspendendo as eleições, censurando a imprensa e instaurando o estado de sítio. A obra de institucionalização de D. Pedro II parecia ter sido dilapidada pelos aventureiros, caudilhos e demagogos que assumiram o poder.

Felizmente, as virtudes da democracia e os valores liberais já faziam parte da geração educada e formada na vida acadêmica, política e social do Império. Prudente de Moraes, Campos Sales e Rodrigues Alves representavam os defensores das liberdades individuais, dos valores cívicos e da tradição legalista que os republicanos constitucionalistas, monarquistas liberais e o próprio D. Pedro II defendiam como o pilar central do regime político no Brasil. Graças a essa geração de estadistas civilistas, legalistas e defensores da liberdade, a República brasileira não sucumbiu ao sistema de governo autoritário concebido por intelectuais positivistas e déspotas militares que assumiram o poder logo após o golpe republicano. O embate crítico entre "liberais e legalistas" e "positivistas e autoritários" ocorreu entre 1890 e 1898. Nessa época, Prudente de Moraes despontou como o líder inconteste da defesa do regime democrático e constitucional.

---

[61] Para um relato sobre o golpe republicano e a história dos primeiros governos republicanos, ver *Os virtuosos* (São Paulo: Girafa, 2006), livro que escrevi sobre o período de 1889 a 1906.

Em 1890, Prudente trocou o cargo de governador de São Paulo por uma cadeira no Senado. Queria participar do Congresso Constituinte que fora incumbido de redigir a primeira constituição republicana do país. Fervoroso liberal, democrata e constitucionalista, Prudente acreditava que a melhor forma de frear a república autocrática dos positivistas era por meio de uma constituição liberal e democrática que limitasse os poderes dos governantes, garantisse as liberdades individuais e criasse instituições que assegurassem a soberania do Estado de Direito. Esse objetivo contrariava os desejos dos dois presidentes militares. Deodoro da Fonseca e Floriano Peixoto acreditavam que o poder arbitrário, o uso da força e o cerceamento da liberdade eram necessários para garantir a ordem republicana antes de o país se aventurar a criar uma república democrática, liberal e constitucional.

Essas duas visões conflitantes agravaram a tensão política entre os poderes Legislativo e Executivo quando os parlamentares elegeram Prudente de Moraes presidente do Congresso Constituinte. Prudente foi claro e objetivo ao revelar, desde o primeiro momento, que a missão do Congresso era dar ao país uma constituição liberal, capaz de restituir a legalidade e frear o avanço das medidas arbitrárias e autoritárias que eram empregadas em nome dos ideais revolucionários da República: "Soltar o demônio da revolução é fácil. O difícil é recolhê-lo. É o que fazemos agora, cumprindo o nosso dever". O cumprimento desse dever tornou-se ainda mais árduo quando Prudente adotou a Constituição dos Estados Unidos como modelo para nortear o debate em torno da Constituição brasileira. Rui Barbosa, aliado de Prudente na Assembleia Constituinte, concordava com a ideia de buscar no exemplo norte-americano a capacidade de síntese dos *Founding Fathers* de se cumprir quatro funções básicas: delinear os limites do poder do governo; assegurar a separação dos poderes Executivo, Legislativo e Judiciário; preservar o grau de autonomia política dos estados (federalismo); e garantir os direitos e as liberdades individuais.

O presidente Deodoro e seus aliados políticos viam com muita preocupação a aspiração de Prudente de Moraes e dos republicanos constitucionalistas de limitar o poder do presidente da República. A ideia da divisão constitucional dos três Poderes e a garantia das liberdades individuais pareciam artimanhas astutas para limitar a capacidade do presidente de governar e de exercer plenamente o seu poder político. Apesar do seu descontentamento, Deodoro rechaçou a pressão dos positivistas que pediram ao presidente para fechar o Congresso e dissolver a Assembleia Constituinte.

Prudente de Moraes se transformou no alvo principal dos positivistas. A seriedade em defender os princípios constitucionais e os valores liberais, a imparcialidade na conduta dos debates e dos trabalhos no Congresso e a determinação no cumprimento de prazos e acordos fizeram de Prudente uma figura respeitada e venerada. "A história do país fazia-se por seus gestos e atitudes. Ele era a aspiração do poder civil".[62] A admiração dos constitucionalistas pelo exemplo e pelas atitudes de Prudente era contrabalançada pelo ódio e antagonismo que sua tenacidade e reputação despertavam nos deodoristas e positivistas. Além de colocar em risco o modelo de república autoritária e centralizadora que defendiam, Prudente tornou-se o candidato natural dos constitucionalistas à Presidência da República. Para desespero dos deodoristas, o Congresso determinou que a eleição presidencial seria realizada logo em seguida da promulgação da Constituição, isto é, no auge da popularidade de Prudente.

Se Prudente de Moraes continuava impávido na função de presidente da Assembleia Constituinte, moderando os debates e cumprindo fielmente os prazos para discussão e redação dos artigos constitucionais, seus aliados e adversários já haviam iniciado o embate eleitoral pela disputa da Presidência da República. A Constituição seria promulgada em 24 de fevereiro de 1891, e a eleição presidencial seria no dia seguinte. A primeira eleição seria indireta, ou seja, o presidente seria escolhido pelo Congresso. Não é por outra razão que o clima político no início de janeiro era de muita tensão. A Constituição a ser promulgada e o favoritismo de Prudente de Moraes ameaçavam o projeto de poder dos deodoristas. Se não era possível vencer a eleição pelo voto, era necessário usar a força e o golpe para impedir a vitória de Prudente. Mas os civilistas ganharam força, especialmente quando Floriano Peixoto e outro importante general do Exército,

62 D'AVILA, Luiz Felipe. *Os virtuosos*. São Paulo: Girafa, 2006, p. 47.

José Simeão, declararam que mobilizariam as tropas para defender a legalidade e assegurar a posse de Prudente de Moraes, caso ele vencesse a eleição. Floriano tornou-se o líder dos militares "legalistas" e foi imediatamente cortejado pelos civilistas para formar uma chapa presidencial imbatível, na qual aceitaria ser o vice-presidente de Prudente de Moraes.

A cizânia no Exército levou os deodoristas a buscar um acordo com os civilistas para evitar uma grave crise institucional. Em vez de apelar para o golpe de Estado, os deodoristas mudaram de tática. Elegeram o barão de Lucena, ministro de Deodoro e homem de confiança do presidente, para buscar um acordo com os constitucionalistas. Lucena procurou Campos Salles, um dos principais líderes dos constitucionalistas e homem próximo de Prudente de Moraes. O barão disse a Campos Salles que precisavam buscar o entendimento para evitar uma crise que ameaçava destruir a República. A missão de ambos era conter a radicalização dos ânimos que pressionava o governo e a oposição a travar um embate suicida. Segundo o barão, a solução para o problema consistia em eleger Deodoro da Fonseca presidente da República e assegurar aos constitucionalistas os principais cargos ministeriais do novo governo. Convencido de que a proposta apresentada pelo barão de Lucena era a melhor alternativa para evitar a guerra civil, Campos Salles levou a proposta aos membros do seu grupo. Muitos concordaram com a solução apresentada, mas Prudente de Moraes permaneceu calado durante a discussão.

No fim da reunião, Prudente não economizou críticas à proposta de Campos Salles. Afirmou que o astuto barão não tinha poder ou autoridade para garantir o cumprimento do acordo e que a divergência entre oposição e governo não se limitava a conquistar ministérios para assegurar a governabilidade. Para Prudente, a questão central residia numa gigantesca divergência de princípios. Os deodoristas não queriam uma república liberal e constitucional. Desejavam criar uma democracia de fachada, em que o poder político estivesse concentrado nas mãos do presidente da República, restando ao Congresso e ao Judiciário um papel coadjuvante de meros legitimadores das decisões presidenciais. Não havia solução possível ante aquela diferença irreconciliável de princípios. Portanto, era preciso preparar-se para o embate político e até mesmo para um eventual conflito armado para defender os valores e princípios que são essenciais para a construção de uma república democrática, constitucional e liberal.

A fala de Prudente virou o jogo. A maioria dos constitucionalistas rechaçou o acordo proposto por Campos Salles e reafirmou que Prudente deveria manter sua candidatura à Presidência da República. Campos Salles aceitou a decisão da maioria, mas reiterou que tal postura representava suicídio político. O governo utilizaria todos os meios para garantir a vitória de Deodoro da Fonseca, e o marechal-presidente não pouparia forças para destruir a oposição e perseguir os derrotados. "Vamos praticar o nosso maior erro político. Eu vou arrastado", disse Campos Salles.

Em 24 de fevereiro de 1891, o Congresso Nacional proclamou a nova Constituição. Em sessão solene, presidida por Prudente de Moraes, ele recebeu os aplausos dos parlamentares e do público que ocupava a galeria do Senado. Apesar das ameaças de fechamento do Congresso e das crises políticas, Prudente conseguiu conduzir o trabalho da Assembleia Constituinte e dar ao país uma Constituição democrática e liberal. Em seu discurso, Prudente proclamou o fim do estado de exceção e o início da república democrática e constitucional:

> Após quinze meses de um governo revolucionário, entra-se desde este momento no regime da legalidade. O Brasil, de hoje em diante, tem uma Constituição livre e democrática, com um regime da mais larga federação, único capaz de mantê-la unida, de fazer com que possa desenvolver-se. Saudemos, meus concidadãos, ao Brasil e à República brasileira!

Com a ovação tomando conta do recinto, o público aclamava Prudente e a Constituição.

No dia seguinte, 25 de fevereiro, o Congresso reuniu-se para eleger o presidente da República. O herói da Constituinte, porém, foi derrotado pelo voto do plenário. A máquina do governo conseguiu assegurar a vitória de Deodoro da Fonseca. O marechal recebeu 129 votos; Prudente, 97; e Floriano, 3 (outros dois candidatos tiveram um total de 3 votos e houve 2 votos em branco). Como Campos Salles havia previsto, Deodoro não poupou esforços para vingar-se de seus adversários. O alvo escolhido para desferir o primeiro ataque foi São Paulo, o território político dos constitucionalistas e a terra de Prudente de Moraes e Campos Salles. Deodoro aproveitou uma brecha constitucional para intervir em São Paulo. Como os estados ainda não haviam promulgado suas constituições, Deodoro recorreu ao poder discricionário do presidente da República para depor o governador de São Paulo, Jorge Tibiriçá, e nomear para o cargo Américo Brasiliense, um fiel deodorista.

A atitude de Deodoro agravou a situação política. Para Prudente, tratava-se de um sinal inequívoco de que o presidente não respeitaria os limites constitucionais e a autonomia dos estados. Quando o novo Congresso Nacional tomou posse, em julho, os parlamentares demonstraram independência, elegendo Prudente de Moraes para presidi-lo. Deodoro se enfureceu com a escolha, mas nada pôde fazer para impedir que Prudente transformasse o Poder Legislativo na trincheira dos defensores da legalidade, da democracia e da liberdade. As derrotas do governo no Congresso revelavam que os parlamentares não se curvariam às imposições do Poder Executivo. Cada derrota do governo ou alteração do projeto no Legislativo era interpretada como uma afronta pessoal ao presidente da República. A situação começou a deteriorar-se rapidamente. O barão de Lucena entrou em cena e procurou novamente Campos Salles para renovar a proposta de indicar membros moderados da oposição para ocupar cargos ministeriais em troca de maior apoio e concórdia no Congresso. A proposta foi mais uma vez rechaçada por Prudente e pela maioria dos constitucionalistas. A autonomia do Congresso era inegociável e vital para o bom funcionamento da democracia. Não aceitariam curvar-se aos desejos do presidente da República em troca de cargos no governo.

Contrariado, o barão voltou-se para o presidente e disse que restava apenas o golpe de Estado para garantir a governabilidade do país. Deodoro relutou em aceitar a proposta de Lucena para fechar o Congresso e rasgar a Constituição. O barão aumentou a pressão sobre o presidente, pedindo demissão do ministério, gesto que foi acompanhado pelos outros ministros. O marechal se recusou a aceitar o ultimato dos ministros. Ele era um militar, acostumado a dar ordens e vê-las cumpridas. Não gostava do jogo intermitente da política, que exigia negociar, aceitar concessões, correr riscos e lidar com pressão, vitórias e derrotas. Cansado da pressão dos ministros e dos embates com o Congresso, ele adoeceu no fim de outubro. Vítima de uma forte gripe, Deodoro afastou-se da presidência por alguns dias para descansar. A gripe acometera também o vice-presidente, Floriano Peixoto, e o governo ficou sob o comando do barão de Lucena.

Lucena não perdeu tempo para executar seu plano. Articulou com os militares um plano para fechar o Congresso e comunicou ao presidente moribundo que o plano contava com o apoio das tropas. Deodoro não queria ser o autor do golpe, mas não se importava se Lucena o executasse. Em 3 de novembro de 1891, o governo decretou o estado de sítio, e o Exército foi mobilizado para fechar o Congresso Nacional. Ao justificar a medida de exceção, Lucena culpou a intransigência de Prudente de Moraes: "Fiz tudo quanto pude para conjurar o emprego desta medida extrema, pela qual é principalmente responsável o Sr. Prudente de Moraes, que nada tem de prudente quando o ódio ou o interesse pessoal o inspiram".

O fechamento do Congresso provocou forte reação dos republicanos liberais e de parte das Forças Armadas. O Partido Republicano Paulista, comandado por Campos Salles e Prudente de Moraes, publicou um manifesto no jornal *Correio Paulistano* condenando o fechamento do Congresso e afirmando não reconhecer mais a legitimidade de Deodoro para governar o país. O manifesto dos paulistas contou com o apoio dos republicanos constitucionalistas e dos militares legalistas, como o marechal Floriano Peixoto e o contra-almirante Custódio de Melo, cujo repúdio ao gesto autoritário de Deodoro levou-o a mobilizar os seus navios e dar um ultimato ao presidente da República: ou renunciava imediatamente ao cargo ou "romper-se-ão hostilidades".

O marechal Deodoro preferiu renunciar ao cargo a ser responsável por uma guerra civil. No dia 23 de novembro de 1891, assinou a carta-renúncia. Floriano Peixoto assumiu a Presidência da República e, por um instante, nutriu-se a esperança de que o novo presidente colocaria o país no rumo certo, restaurando o Estado de Direito, a liberdade de imprensa e a autonomia do Parlamento. O primeiro gesto foi alentador: o novo presidente ordenou a reabertura imediata do Congresso Nacional. Ao restaurar a legalidade, Floriano conquistou o apoio das principais lideranças políticas e do Congresso. Mas a esperança durou pouco tempo. Em vez de empregar o valioso respaldo político que conquistara para fortalecer as instituições democráticas, Floriano seguiu o clássico e triste roteiro dos caudilhos: utilizou a restauração da legalidade para legitimar os atos ilegais do seu governo. Em nome da urgência de restaurar a ordem, Floriano recorreu aos expurgos políticos que os republicanos tanto criticavam no Império. Removeu todos os governadores que apoiaram Deodoro da Fonseca e os substituiu por governantes fiéis ao novo presidente da República.

A lógica tosca dos governos autoritários confere ao déspota o poder de eliminar os governantes que apoiavam o presidente deposto. Os derrotados perdem a legitimidade de governar. Logo, a deposição dos governantes ligados a Deodoro da Fonseca era um ato legal, legítimo e necessário. Expurgos conduzidos em momentos de desordem política e fragilidade institucional costumam contar até mesmo com o apoio de alguns defensores dos princípios liberais e constitucionais. Em São Paulo, os republicanos liberais – inclusive Prudente de Moraes e Campos Salles – endossaram a deposição do governador Américo Brasiliense, cujo apoio ao marechal Deodoro havia sido inquestionável. Alguns liberais cultivam a ilusão de que em momentos excepcionais pode-se fechar temporariamente os olhos para os princípios sagrados do Estado de Direito para restituir a ordem. Essa ilusão é quase sempre fatal.

Como já havia constatado o grande físico Isaac Newton em suas Leis, "um corpo em movimento continuará a mover-se até encontrar uma resistência maior". Ou seja, governantes que iniciam o mandato com expurgos e perseguições continuarão a atuar à revelia das instituições e das leis até o momento em que encontram uma resistência maior que os impeça de avançar com seus desmandos. Ao endossar as atitudes arbitrárias do presidente Floriano Peixoto, os republicanos liberais retardaram por quase três anos o renascimento do governo constitucional e a restauração da liberdade de opinião. O Brasil só voltou a ter um regime político liberal e constitucional com a primeira eleição direta para presidente da República, que consagrou a vitória de Prudente de Moraes em 1894. Nem a máquina do governo foi capaz de evitar a vitória triunfal do líder constitucionalista nas urnas. Prudente recebeu 280.833 votos; Afonso Pena, o segundo colocado, 38.291 votos.

A transição dos militares para o primeiro presidente civil do Brasil pode ser ilustrada pelo estado em que Prudente foi recepcionado por Floriano Peixoto ao chegar ao Rio de Janeiro para assumir a Presidência da República. Quando desembarcou na estação de trem na manhã do dia 2 de novembro, não havia ninguém para recepcionar o novo presidente, exceto Francisco Glicério, seu amigo e aliado político. Prudente instalou-se numa pensão modesta e, no dia da posse, teve de arrumar "um fiacre em péssimo estado e um cocheiro mal-ajambrado" para levá-lo ao Senado, onde jurou respeitar a Constituição e foi calorosamente aplaudido pelos parlamentares e populares. Em seguida, foi para o Palácio do Itamarati, sede do governo. Floriano Peixoto inventou uma desculpa e não compareceu à posse, delegando a Cassiano do Nascimento, seu ministro da Justiça, a incumbência de transferir o cargo presidencial ao primeiro presidente do Brasil eleito pelo voto popular. Além da desfaçatez de Floriano, Prudente ficou espantado de encontrar o Palácio Itamarati num estado deplorável: "Há poeira sobre os móveis. Há lixo nos cantos. Há papéis rasgados pelo chão. Pior que isso: os estofos foram rasgados a ponta de baionetas!". Prudente transformou tamanho descalabro num ato político. Mandou abrir as portas do palácio para a imprensa e para o povo: "Todos os salões fervilhavam de gente. E fervilhavam também os comentários em torno dos jornais, de garrafas de cerveja vazias e dos estofos rasgados a ponta de baioneta".[63]

O Palácio do Itamarati refletia a imagem do governo florianista. Era o retrato de um presidente que menosprezou a democracia, a Constituição e as instituições, e governou usando a força, as baionetas e o estado de sítio. Um presidente que revelou nos seus atos de governo e nas atitudes pessoais o escárnio pelas instituições democráticas e pelo cargo que ocupara. Nesse sentido, não havia duas personagens

[63] *Ibid.*, p. 75.

políticas tão diferentes como Floriano e Prudente. A antipatia do primeiro em relação ao segundo tornou-se crônica quando o paulista transformou o Congresso Nacional na trincheira da resistência democrática contra o poder arbitrário do "marechal-de-ferro".

Prudente retirou o apoio dos constitucionalistas ao governo Floriano quando o presidente apelou para as medidas extraconstitucionais para governar. A intervenção militar do governo federal nas disputas políticas e eleitorais dos estados acirrou os confrontos entre as facções locais e fechou as portas para o entendimento e a conciliação. Floriano exigiu uma vitória esmagadora das forças federais na intervenção militar no Rio Grande do Sul e cobrou a punição exemplar dos rebeldes para servir de exemplo para o restante do país. Mas o confronto alastrou-se por seis meses sem uma vitória expressiva das tropas federais.

O desgaste político do governo começou a reverberar no Congresso. A intervenção do presidente nas Forças Armadas e os crescentes gastos militares começaram a debilitar as finanças públicas e o apoio do governo no Congresso. O descontentamento no seio das Forças Armadas com a conduta das intervenções militares gerou o primeiro protesto formal do contra-almirante Eduardo Wandenkolk. Floriano interpretou-o como ato de insubordinação e mandou prender o almirante. Oficiais enfurecidos, deodoristas traídos e monarquistas apoiaram Saldanha da Gama, líder da rebelião da Marinha. A rebelião transformou-se na Revolta da Armada em dezembro de 1893, e o presidente da República aproveitou o episódio para repetir o feito de Deodoro: decretar o estado de sítio, fechar o Congresso e suspender as liberdades individuais e de expressão.

A situação daria uma guinada com a eleição de Prudente de Moraes. Sua presidência foi marcada pelo esforço de restabelecer a ordem e a paz interna por meio das instituições democráticas, do Estado de Direito e do respeito à Constituição. Prudente assumiu em 15 de novembro e seu primeiro grande desafio foi a pacificação do Rio Grande do Sul. O presidente buscou a conciliação das facções, oferecendo anistia aos revoltosos. Ao mesmo tempo, não descuidou da alternativa militar, enviando o general Inocêncio Galvão para o estado, caso os gaúchos recusassem aceitar a anistia. A proposta da anistia gerou a primeira crise parlamentar na bancada governista no Congresso Nacional. Dois aliados do presidente assumiram posturas antagônicas em relação ao projeto. Campos Salles, líder do governo na Câmara dos Deputados, apresentou o projeto de anistia geral aos militares e revolucionários gaúchos. Francisco Glicério combateu-o: "A anistia incondicional é um grave erro político; ela reconduz os criminosos ao seu estado antigo. A anistia é o apagamento dos ódios e o esquecimento da culpa".

O projeto gerou a primeira cizânia na base governista. Glicério começou a distanciar-se do governo e a se tornar o líder da oposição, contando com o apoio de deodoristas, positivistas e florianistas. Do outro lado, Campos Salles e Bernardino de Campos despontaram como os principais líderes do governo no Congresso. Prudente absteve-se do debate sobre a anistia. Entendia que se tratava de uma prerrogativa do Legislativo aprová-la, rejeitá-la ou emendá-la. Campos Salles interpretou a não ingerência do presidente como sinal de fraqueza. Prudente entendia que o presidente da República tinha de respeitar a autonomia do Congresso e que as derrotas e vitórias do governo no Legislativo fazem parte do jogo democrático. Se cada derrota do governo no Congresso fosse interpretada como "fraqueza" do presidente da República, o Brasil acabaria se tornando um "presidencialismo imperial", o que minaria o enraizamento da responsabilização e autonomia dos três poderes, o respeito à Constituição e o fortalecimento do Estado de Direito.

Campos Salles estava mais preocupado com o resultado de curto prazo. A derrota do projeto de anistia no Congresso, a divisão da base governista e a dissidência de Glicério representavam fissuras importantes no governo, precisamente no momento de grande fragilidade institucional, no qual florianistas e deodoristas derrotados esperavam uma oportunidade para orquestrar um novo golpe, retomar o poder, depor Prudente e acabar com a república liberal e constitucional. A insatisfação com a conduta do presidente no episódio da anistia e as divergências na base governista foram atenuadas com a vitória do general Galvão no Rio Grande do Sul. Em agosto, os rebeldes aceitaram as condições de paz negociadas com o governo e depuseram armas. A paz foi o primeiro grande trunfo político de Prudente de

Moraes. O segundo foi obtido na política externa. Graças à habilidade diplomática do barão do Rio Branco, o Brasil conseguiu resolver duas disputas fronteiriças por meio pacífico; uma com a França, sobre o Amapá; outra com a Argentina, sobre o território das Missões.

Se as vitórias políticas contribuíram para revigorar a base governista, elas também recrudesceram a determinação da oposição de orquestrar a deposição de Prudente. As chances de reconquistar o poder por meio do voto diminuíam conforme o presidente colecionava vitórias. Mas, em outubro de 1896, um acontecimento imprevisível ressuscitou o ânimo dos golpistas. Prudente de Moraes teve de se submeter a uma cirurgia para extrair cálculos da bexiga e temia transferir o poder temporariamente ao vice-presidente da República, Manoel Vitorino, um florianista que estava envolvido nas conspirações para depor o presidente. Vitorino não escondeu suas pretensões. Disse que só assumiria temporariamente a Presidência da República se pudesse promover uma reforma ministerial – um sinal claro de que ambicionava permanecer no cargo. Em seguida, fez um discurso no Senado defendendo a renúncia de Prudente.

O senador Bernardino de Campos tentou atenuar o discurso golpista de Manoel Vitorino, propondo ao vice-presidente que apresentasse uma lista com o nome dos ministros que pretendia indicar. O próprio Bernardino se incumbiria de levá-la ao presidente Prudente. Para a surpresa do senador paulista, o seu nome estava na lista para ocupar a pasta da Fazenda. Quando Bernardino reuniu-se com Prudente em sua casa e disse que Manoel Vitorino queria mudar o ministério, o presidente esbravejou e disse que não aceitaria indicações ou mudanças propostas por Manoel Vitorino e seu grupo: "Esses sujeitos são uns canalhas, Bernardino!", exclamou o presidente. O senador argumentou que a recusa peremptória do presidente poderia acelerar o plano do golpe de Estado. Prudente parou por um instante e pediu-lhe para ler o nome dos ministros que Vitorino pretendia indicar. Constrangido, Bernardino disse que ele estava na lista para ocupar o ministério da Fazenda. Surpreso, Prudente exclamou: "Você, Bernardino?! Mas por que você não me disse isso antes?! Vá para a pasta da Fazenda que eu aceito tudo! Com você no ministério a coisa é diferente!"

Em 10 de novembro, Manoel Vitorino assumiu a Presidência da República. Mal havia ocupado o cargo quando uma revolta local eclodiu em Canudos, no interior da Bahia. Na sequência, enquanto Antônio Conselheiro, o líder da revolta, impunha derrotas humilhantes às tropas governistas, Manoel Vitorino confabulava para derrubar Prudente de Moraes. Primeiro, tentou aprovar um plebiscito para destituir o presidente. Em seguida, procurou os militares e tentou persuadi-los de que a deposição de Prudente era a melhor coisa a ser feita para restituir a paz e a ordem. Em apenas dois meses no cargo, as derrotas militares em Canudos e suas intrigas políticas no Rio de Janeiro transformaram o vice-presidente numa figura impopular. Suas atitudes despertaram a antipatia, a suspeita e o ódio no governo, no Congresso e na população. Manoel Vitorino revelou rapidamente a sua ambição desmedida, sua inabilidade política e sua incapacidade de liderar, inspirar e conduzir o governo e o país num momento de crise.

Em 4 de março de 1897, Prudente de Moraes reassumiu a Presidência da República. Sua principal missão era acabar com a revolta de Canudos. Antônio Conselheiro já havia se tornado uma figura célebre no país, especialmente após os ricos relatos publicados por Euclides da Cunha no jornal *O Estado de São Paulo*. A última coisa que Prudente desejava era ver o exemplo de Antônio Conselheiro se espalhando pelo país. A campanha para pintá-lo como líder messiânico e monarquista, que queria desestabilizar a República, já causara outros danos que reverberavam além do sertão baiano. No Rio de Janeiro, militares florianistas e republicanos jacobinos manifestaram sua ira contra jagunços monarquistas atacando jornais e matando um jornalista, Gentil de Castro, acusado de monarquista. A tensão política culminou com uma revolta na Escola Militar em maio. Prudente agiu com firmeza. Rompeu publicamente com Francisco Glicério, que fazia o jogo duplo de apoiar os militares rebeldes e agir como aliado do presidente da República. Ressentido, Glicério juntou-se aos radicais e passou a defender suas bandeiras no Parlamento. O governo sufocou a revolta na Escola Militar, mas a tensão na caserna permaneceu. Nem mesmo a vitória militar do governo em Canudos e a morte de Antônio Conselheiro, em agosto, foram suficientes para acalmar os ânimos entre militares florianistas e republicanos jacobinos.

De fato, o fim da revolta de Canudos e o restabelecimento da ordem e da paz fortaleceram o governo e reduziram significativamente as chances de um golpe de Estado. Restava apenas uma alternativa para os radicais: o assassinato de Prudente de Moraes. O presidente começou a receber cartas ameaçadoras, mas recusou-se a reforçar sua segurança pessoal. Continuava a visitar lugares públicos e participar de eventos que faziam dele um alvo fácil. Em 5 de novembro, Prudente de Moraes, acompanhado do ministro da Guerra, marechal Bittencourt, e do chefe da Casa Militar, coronel Mendes de Moraes, recepcionou o navio *Espírito Santo*, que trazia a bordo oficiais e soldados que haviam combatido em Canudos. O clima era de festa: bandas de música, discursos, salvas de canhão e aplausos para as tropas vitoriosas e para o presidente da República. Em seguida, Prudente de Moraes passou em revista os batalhões perfilados na avenida Central. Quando passou pelo décimo batalhão da Infantaria, o soldado Marcelino Bispo de Melo sacou uma pistola, deu "viva à memória de Floriano" e disparou contra o presidente da República. Mas "as cápsulas não detonaram e, com a cartola, Prudente afastou o cano da arma". Mendes de Moraes desembainhou a espada e feriu Marcelino no rosto. Capturado, a multidão queria linchá-lo, mas Prudente ordenou que não o matassem. O soldado já estava no chão, dominado e desarmado, e parecia que o episódio havia terminado. Mas o soldado sacou um punhal escondido e cravou nas costas do ministro da Guerra, marechal Bittencourt, matando-o na hora. Marcelino ainda atacou Mendes de Moraes, ferindo-o sem gravidade.

A tentativa de assassinato e a morte do marechal Bittencourt uniram o povo em torno de Prudente. O presidente fez questão de ajudar a carregar o caixão do ministro, mesmo sabendo do risco que corria se expondo de tal maneira no trajeto até o cemitério São João Batista. Foi calorosamente aclamado pela multidão. José do Patrocínio, o grande líder abolicionista, "surgiu sobre a lápide do sepulcro, levantou os braços e a multidão se calou":

> Parai aí, senhor Presidente! Ainda estais ouvindo o eco dessas catadupas de aplausos que se encapelaram de entusiasmo diante da vossa coragem cívica. Viestes sozinho, sem pretorianos, e

conquistastes a multidão que vos cerca e vos guarda. E aqui acabais de receber a mais edificante e singular de todas as manifestações que a nossa história registra: foi a convulsão da alma nacional que se atirou aos pés do santo varão que acaba de inscrever, nas páginas da história da pátria, altiloquente lição de civismo, ensinando por meio de sua coragem a força indômita, incontrastável e soberana da Lei, da Justiça e do Direito.

Patrocínio estava certo. Prudente chegara ao apogeu da sua trajetória de estadista. Conquistara o povo, vencera os radicais por meio do seu exemplo pessoal, do cumprimento da lei, do respeito às instituições e à Constituição. A partir daquele instante, estava encerrada a possibilidade de florianistas e jacobinos articularem um golpe. Se almejassem conquistar o poder, teriam de disputar eleições, respeitar a Constituição e agir por meio das instituições. Justamente nesse momento de glória, Prudente de Moraes cometeu um ato abominável: decretou o estado de sítio para promover o expurgo dos radicais. O presidente ordenou o fechamento do Clube Militar e a prisão de dezenas de militares florianistas e dos líderes políticos envolvidos com os radicais. Deputados e senadores ligados aos jacobinos foram deportados para o arquipélago Fernando de Noronha; jornais de oposição ao governo foram fechados. O estado de sítio durou de 10 de novembro de 1897 a 31 de janeiro de 1898. Foram os 51 dias mais vergonhosos do governo de Prudente de Moraes.

Em fevereiro, o presidente recebeu uma boa notícia do seu enviado especial à Europa, Campos Salles. Prudente o havia incumbido de negociar um empréstimo externo para o Brasil. As finanças públicas encontravam-se em estado dramático. As revoltas militares desde a presidência de Floriano Peixoto pressionaram os gastos públicos e reduziram a atividade econômica. As exportações caíram, a arrecadação de impostos diminuiu e a dívida pública cresceu vertiginosamente. Como Campos Salles era o candidato do governo à Presidência da República, Prudente de Moraes o escolheu para ser o negociador do *funding loan*. O acordo com os banqueiros europeus envolvia a aprovação e a implementação de um programa econômico austero. O governo se comprometeu a cortar drasticamente os gastos públicos, equilibrar o orçamento, combater a inflação e oferecer a receita alfandegária do país como garantia do empréstimo.

Manoel de Campos Salles assumiu a presidência em 15 de novembro de 1898, numa cerimônia emocionante no Senado, com a presença de parlamentares, ministros, militares, diplomatas e representantes do clero. Em seguida, Campos Salles e Prudente de Moraes dirigiram-se para o palácio do Catete, onde o presidente despediu-se de seu antecessor. Ambos foram ovacionados pela multidão em frente ao palácio. Se Prudente de Moraes assegurou o enraizamento das instituições e da Constituição, coube a Campos Salles a luta pela defesa da soberania financeira do Brasil.

Apesar de Campos Salles ter herdado um país onde reinavam a paz, o poder civil, o governo constitucional e as liberdades individuais, a nação estava praticamente falida. O custo das campanhas militares para sufocar as revoltas regionais e a queda do preço do café no mercado internacional – o principal produto de exportação do país – agravaram a crise financeira. Nem mesmo a desvalorização da moeda e o aumento da inflação foram capazes de ajudar o governo a equilibrar as contas públicas e a honrar o pagamento da dívida externa. Não fosse o acordo com os bancos europeus, o Brasil teria quebrado e seria obrigado a decretar moratória.

Como assegurar apoio político e respaldo da sociedade quando o governante é obrigado a conduzir a nação durante um período de grave crise que demanda uma mudança profunda de hábitos, atitudes e crenças? A pergunta que Campos Salles teve de responder quando assumiu a Presidência da República é a mesma que atormenta os governantes em época de grandes crises. De um lado, o senso de urgência imposto pela crise oferece uma oportunidade valiosa para promover mudanças de comportamento, rever crenças e atitudes prejudiciais ao desenvolvimento econômico do país e ao fortalecimento das instituições. Por outro lado, o risco de perder voto, apoio e até a legitimidade é inerente ao processo de mudança transformadora, uma vez que obriga as pessoas a lidarem com perdas de direitos, privilégios e poder. Embora não haja respostas definitivas para a pergunta, a presidência de Campos Salles é um exemplo a ser estudado. Trata-se de um bom caso de como enfrentar crises financeiras de maneira corajosa e eficaz.

Cinco atributos que asseguraram o êxito de Campos Salles na gestão da crise continuam válidos para os estadistas da atualidade. Primeiro, o presidente tinha inabalável convicção nos fundamentos da economia de mercado. Essa convicção moldou sua visão e deu-lhe a coragem necessária para diagnosticar o problema e discernir o que tinha de ser mudado e o que precisava ser preservado. A coragem é necessária para extirpar todas as considerações periféricas – como os interesses partidários, as demandas imediatistas e os preconceitos ideológicos – e focar no problema premente e essencial a ser enfrentado. Para Campos Salles, o saneamento das finanças públicas era a questão imprescindível para a preservação da soberania nacional. O exercício da soberania não consiste apenas em defender o território, preservar a paz interna e assegurar o bom funcionamento das instituições. É preciso incluir, nesse pacote de obrigações e deveres, a administração responsável das finanças do Estado, o zelo pelo equilíbrio das contas públicas, a credibilidade da moeda nacional, o controle da inflação e também a capacidade de honrar os acordos e os pagamentos dos empréstimos públicos. Um país que tem dificuldade de cumprir essas tarefas não contará com a confiança e a credibilidade que o legitimam a participar e atuar como membro pleno da comunidade das nações.

Segundo, Campos Salles tinha plena consciência de que o governo seria incapaz de sanear as finanças do Estado recorrendo apenas aos instrumentos clássicos de política monetária, fiscal e tributária. Era absolutamente imperativo fazer uma profunda revisão dos valores e das crenças que balizavam a política econômica do país havia várias décadas. Seria necessária uma gigantesca mudança cultural para que as soluções técnicas empregadas pelo governo surtissem o efeito desejado. E quais eram as crenças, os conceitos e valores que precisavam ser revistos? O diagnóstico de Campos Salles em 1898 continua atual:

> O protecionismo inoportuno e, por vezes, absurdo em favor de indústrias artificiais, à custa dos maiores sacrifícios para o contribuinte e para o Tesouro; a emissão de grandes massas de papel inconversível, causando profunda depressão no valor do meio circulante; os déficits orçamentários

> criados pelo funcionalismo exagerado e pelo aumento contínuo da classe dos inativos; o aumento constante da dívida flutuante, que se origina dos próprios déficits e, consequentemente, da dívida consolidada; a má arrecadação das rendas públicas; o efeito moral da má política financeira, acarretando descrédito e o retraimento da confiança dos capitais no país e no estrangeiro; a especulação que nesse meio se desenvolve como parasita em um organismo em decadência; finalmente, a baixa cambial, síntese e expressão de todos os erros.[64]

Nenhum presidente do Brasil foi capaz de colocar com tanta clareza e objetividade a revisão de valores, conceitos e prioridades a ser enfrentada para superar as dificuldades econômico-financeiras que assolavam o país. O presidente não culpou a política econômica dos seus antecessores nem acusou as nações estrangeiras ou os especuladores pelos infortúnios da má gestão das contas públicas do Brasil. Campos Salles sabia que o saneamento das finanças públicas era uma missão dura, difícil e politicamente impopular, mas não titubeou em assumi-la com determinação. O presidente tinha consciência de que passaria os quatro anos do seu mandato tomando medidas impopulares. Seu único consolo era o senso de missão pública e a profunda convicção nos fundamentos econômicos que balizavam sua ação política.

Terceiro, Campos Salles soube comunicar suas prioridades com clareza. Não recorreu à criação de falsas ilusões para escamotear o fato de que as medidas exigiam sacrifício da sociedade. Procurou ser objetivo e direto com o Congresso, a imprensa e a população. Desde o primeiro pronunciamento, Campos Salles evitou minimizar as dificuldades e as perdas que a nação teria de encarar:

> O problema financeiro é o grande problema nacional. Não há, portanto, lugar para os vastos programas da administração, que, aliás, se incompatibilizam radicalmente com a situação do Tesouro. Considero um dever e lealdade não abrir esperanças, nem contrariar compromissos

[64] SOUZA, Raul Alves de. *História política dos governos da República*. Rio de Janeiro: Paulo, Pongetti & Cia., 1927, p. 80.

de outra ordem. Muito terá feito pela República o governo que não fizer outra coisa senão cuidar de suas finanças.[65]

Para o povo, austeridade significa recessão e desemprego. Para os políticos, significa menos verbas para obras públicas. Para os empresários e fazendeiros, austeridade se traduz em menos crédito público, ajuda do governo e medidas de incentivo ou de proteção para setores e mercados.

Quarto, o presidente soube resistir às pressões ao escolher seu ministério. Se os interesses político-partidários se sobrepõem aos interesses de Estado nos momentos de crise, o país está condenado à ruína econômica, à desmoralização política e ao enfraquecimento das instituições. Campos Salles escolheu um ministério de homens competentes e de sua confiança. Joaquim Murtinho assumiu a pasta da Fazenda e tornou-se responsável pela implementação do programa de austeridade. Em pouco tempo, tornou-se o ministro mais odiado do país e o mais admirado pelo presidente da República. Murtinho cumpriu à risca a missão que lhe foi dada. Reduziu drasticamente as despesas do governo, começando pelo seu próprio ministério, com a demissão de funcionários. Campos Salles exigiu que os outros ministros seguissem o exemplo de Murtinho. Em seguida, o ministro da Fazenda irritou industriais e banqueiros ao eliminar medidas protecionistas e subsídios e se recusar a socorrer bancos e empresas falidas por não se adequarem ao ambiente competitivo.

Os comerciantes e a população protestaram contra o aumento de impostos e a criação da Taxa do Selo, que incidia sobre transações comerciais e a compra e venda de imóveis registradas em cartório. Apelidado de "Campos Selos", o presidente foi criticado até numa marchinha carnavalesca: "A lei do selo, senhores,/é poderosa e viril: sacrifica o povo calmo.../São progressos do Brasil". Os cafeicultores também criticaram a política monetária austera, que retirou de circulação boa parte do dinheiro e acabou com a desvalorização artificial da moeda. O custo de manter um câmbio artificialmente baixo para ajudar as exportações tornara-se proibitivo. Murtinho acreditava que

---

65 *Ibid.*, pp. 79-80.

os fazendeiros e os empresários precisavam investir no ganho de produtividade e procurar "soluções naturais de mercado". Aqueles que não seguiram o conselho do ministro acabaram falindo ou entregando os negócios aos credores.

O ministro da Fazenda tornou-se o alvo favorito dos ataques de políticos, empresários, fazendeiros, comerciantes e trabalhadores. Ciente da sua missão ingrata de sanear as finanças públicas, Murtinho não costumava se abalar com críticas e protestos. Somente uma vez foi abatido pelo desânimo. Pediu demissão, mas Campos Salles disse que deixaria a presidência se o ministro insistisse em sair do governo. Murtinho ficou na Fazenda, e o Brasil foi capaz de equilibrar suas contas públicas.

Se Joaquim Murtinho era o braço direito do presidente, Epitácio Pessoa era o braço esquerdo. O ministro da Justiça era um fervoroso constitucionalista. Acreditava que a preservação do Estado de Direito e a credibilidade das instituições dependiam do cumprimento das leis e do respeito à Constituição. Sua crença nesses princípios o levou a romper com o presidente Floriano Peixoto durante a Assembleia Constituinte. Epitácio tornou-se ácido crítico do presidente-marechal quando ele deixou claro que o enfrentamento das revoltas regionais exigia a sobreposição do despotismo presidencial à Constituição. Desiludido com os rumos da República florianista, Epitácio embarcou para a Europa numa longa temporada. O convite de Campos Salles para assumir o Ministério da Justiça trouxe-o de volta à vida política. Epitácio recebeu a incumbência de elaborar o novo Código Civil e comandar as reformas que fortaleceriam os pilares das instituições democráticas. Um desses projetos, a Lei Orgânica do Ensino, gerou vigorosos protestos e ataques ao governo e, particularmente, a Epitácio.

Essa lei importantíssima pretendia resolver duas questões vitais da educação. Primeiro, previa que crianças e jovens seriam obrigados a estudar e não poderiam mais trocar a escola pelo trabalho. Segundo, disciplinava a carreira do professor. Como os alunos não eram obrigados a frequentar a escola, os professores da rede pública aproveitavam o tempo ocioso para acumular o salário do Estado e buscar uma renda extra dando aulas em cursos particulares, bem mais lucrativos.

A Lei Orgânica do Ensino acabou com essa liberalidade. Apesar dos protestos e da pressão corporativista, Campos Salles sancionou a lei e estancou o foco de ataque ao ministro da Justiça, transferindo Epitácio para o Supremo Tribunal Federal, onde ele poderia zelar pela Constituição e exercer o seu notável conhecimento jurídico. A vida pública de Epitácio Pessoa não se encerrou no Supremo. Em 1919, ele foi eleito presidente da República, derrotando Rui Barbosa.

O quinto atributo é vital para um estadista determinado a desafiar seu país a promover mudanças culturais. O presidente precisa ser um político hábil, capaz de construir uma sólida base política que possa garantir a institucionalização das mudanças transformadoras. Desde o primeiro dia do seu mandato, Campos Salles dedicou tempo e energia para edificar uma aliança política com o Congresso e com os governadores que assegurasse a aprovação e a implementação das medidas duras que o governo teria de aprovar. Sabia que, enquanto o senso de urgência e a gravidade da crise imperassem, poderia contar com o apoio momentâneo da sociedade para sua política de austeridade. Mas a coesão política e social durante os momentos de emergência tende a se dissipar com os primeiros sinais de recuperação econômica. Não tardam a surgir os clamores exigindo a flexibilização das medidas austeras e a pressão política para o governo atender às demandas partidárias represadas. Os estadistas não podem cair nessa armadilha – ela é a mais perigosa ameaça à institucionalização das mudanças transformadoras.

Assim que assumiu a Presidência da República, Campos Salles empenhou-se pessoalmente na eleição dos presidentes da Câmara e do Senado e na escolha dos líderes do governo nas duas casas. Aproveitou também a popularidade do início do mandato para construir um pacto político com os estados, que se tornou conhecido como a "política dos governadores". Tratava-se de um entendimento informal no qual o presidente se comprometia a não intervir nas disputas políticas estaduais e reconhecia o poder supremo dos governadores de arbitrá-las e de validar o resultado das eleições nos estados. Em contrapartida, o presidente exigia que os governadores usassem sua influência para garantir os votos de que precisava no Congresso para aprovar as medidas econômicas e o seu poder para fazer cumpri-las nos estados e municípios.

Como veremos adiante, esse acordo teve profundas implicações na maneira pela qual se formulou e implementou a política federal. Por um lado, permitiu o pleno cumprimento das drásticas medidas econômicas concebidas pelo governo Campos Salles. Por outro, fomentou a oligarquização das decisões políticas, impedindo que houvesse uma saudável alternância do poder por meio do processo democrático. Restou apenas a revolução como opção para a oposição conquistar o poder. Houve várias revoltas nos governos que se sucederam, mas somente a Revolução de 1930 foi capaz de quebrar o monopólio do poder decisório da oligarquia política que se instalou no poder a partir do pacto da política dos governadores.

Antes de nos apressarmos em emitir o veredicto sobre a política de Campos Salles, voltemos a 1899. A política dos governadores tinha três objetivos. Primeiro, era preciso assegurar a governabilidade do país e neutralizar a oposição e os radicais. Desde o período monárquico até a presidência de Prudente de Moraes, as revoltas e os levantes regionais respingavam na política nacional, acirrando as disputas partidárias, sorvendo recursos dos cofres públicos e obrigando o governo central a arbitrar as discórdias. Campos Salles precisava de paz e de unidade nacional para resolver a insolvência do Estado brasileiro. A nação tinha de enfrentar a crise econômica e não podia perder tempo, energia e foco com questões periféricas que drenavam a atenção, os esforços e os recursos do governo. Ademais, os radicais – florianistas, deodoristas e jacobinos – certamente explorariam a insatisfação popular gerada pelas medidas de austeridade econômica para insuflar revoltas, golpes e levantes para desestabilizar o governo e derrubar a república liberal e constitucional. Entretanto, os radicais só poderiam se transformar em séria ameaça se conseguissem dividir a base governista e juntar forças com parlamentares e governadores insatisfeitos.

Segundo, Campos Salles tinha de conquistar o apoio do Congresso e dos governadores para criar uma sólida base de apoio político às medidas econômicas nas primeiras semanas do seu mandato. Com a descentralização do poder e a instituição do federalismo, os estados passaram a ter grande relevância política, especialmente em assuntos de natureza econômica. Não era possível promover cortes nos gastos públicos e medidas de austeridade fiscal sem o apoio dos estados. O presidente tinha de aproveitar sua popularidade de início de governo para aprovar seu programa de saneamento das finanças públicas no Congresso e garantir a implementação das medidas nos estados. A celeridade com que Campos Salles concebeu e implementou a política dos governadores foi providencial. Em menos de 60 dias, o governo conseguiu aprovar no Congresso todas as medidas essenciais do seu plano econômico.

O terceiro objetivo consistia em conciliar a preservação da ordem constitucional e do Estado de Direito durante um período de profundas mudanças na conduta da política econômica. Campos Salles compreendia que o fortalecimento da democracia reside na capacidade de uma nação superar crises respeitando os rituais formais, legais e constitucionais que regem a República. O país tinha de enfrentar mudanças importantes e seus principais atores políticos – parlamentares e governadores – tinham papel preponderante como legisladores e garantidores do cumprimento das medidas econômicas. O presidente tratava governadores e parlamentares como atores coadjuvantes e corresponsáveis pelo destino da nação. Mas se todos esses objetivos eram tão louváveis e permitiram a Campos Salles sanear a economia e restituir o equilíbrio das finanças públicas, por que a política dos governadores foi tão criticada?

Campos Salles era um estadista pragmático, habilidoso articulador político e homem prático e objetivo. Era um governante realista, que mensurava o êxito da sua administração de acordo com a eficácia de suas políticas públicas e a eficiência do seu governo em implementá-las. A política dos governadores garantiu-lhe os votos e o apoio político para implementar as políticas necessárias para sanear a economia. Sua preocupação era com o presente e, como presidente, sua atuação deveria se concentrar na busca de soluções para uma nação à beira da falência, com os cofres públicos vazios e incapaz de honrar suas obrigações financeiras domésticas e internacionais. Para Prudente de Moraes, entretanto, a "política de resultado" não deveria ser o único balizador das ações do governo. A eficácia e a eficiência precisavam estar alinhadas com os princípios constitucionais e com os valores liberais que norteavam as instituições republicanas.

Prudente tornou-se um ácido crítico da política dos governadores. A ideia de flexibilizar a interpretação dos princípios constitucionais para criar governos eficazes e capazes de garantir a paz, a estabilidade política e o desenvolvimento econômico era inaceitável para o ex-presidente. Prudente acreditava que o pacto político concebido por Campos Salles produziria distorções nefastas para a democracia e para as instituições liberais. O presidente deu um cheque em branco aos governadores para controlarem o processo eleitoral. Eles teriam poder ilimitado para usar a máquina pública, as verbas do governo e a fraude eleitoral para assegurar o resultado das urnas e garantir a maioria governista no Congresso e nos estados. As assembleias legislativas, controladas pelos governadores, passaram a ser a instância responsável por homologar o resultado das eleições. Esse arranjo transformou os governadores nos garantidores dos votos que Campos Salles precisava no Congresso e nos fiéis executores da política federal nos estados.

Prudente reiterava que esse pacto era trágico para a democracia, pois enfraquecia os partidos políticos, silenciava a oposição e destruía a chance de os adversários do governo conquistarem o poder por meio do voto. Além de dizimar o sistema eleitoral, a política dos governadores debilitou a divisão constitucional entre os poderes Legislativo, Executivo e Judiciário. A preponderância do Executivo sobre os outros dois tornou-se eminente. A política nacional passou a ser formulada e implementada pelo presidente e pelos governadores. Os outros Poderes – o Legislativo e o Judiciário – tornaram-se meros coadjuvantes. Para o ex-presidente, a política dos governadores sepultou os princípios liberais da Constituição de 1891 e inaugurou a República oligárquica. Esse era um preço demasiadamente elevado a ser pago para garantir o saneamento das finanças públicas e a eficácia do governo. Campos Salles contestava essas críticas, reiterando que a República liberal idealizada por Prudente de Moraes foi marcada por golpes de Estado, inúmeras revoltas regionais e instabilidade política.

A política de Campos Salles começou a dar frutos na segunda metade do mandato. A alta do preço do café no mercado internacional ajudou a impulsionar as exportações brasileiras, a austeridade fiscal e o corte dos gastos colaboraram para o aumento de arrecadação e a geração de superávit orçamentário. Os bancos internacionais restituíram as linhas de crédito do Brasil e os investidores estrangeiros retornaram ao país. Em 1901, a economia voltou a crescer e consolidou definitivamente a política dos governadores. Mas nem a retomada do crescimento foi capaz de atenuar as divergências entre Campos Salles e Prudente de Moraes. A preocupação do primeiro com a eficácia do governo e do segundo com a defesa dos princípios sagrados da democracia liberal desencadeou uma disputa acirrada no estado de São Paulo.

O PRP (Partido Republicano Paulista) estava dividido entre partidários e críticos da política dos governadores. Rodrigues Alves, governador de São Paulo e ex-ministro da Fazenda de Prudente, apoiava Campos Salles. O governador argumentava que o mérito da política de Campos Salles foi ter encontrado um meio de unir o Congresso e os estados em torno de uma agenda nacional. Segundo Rodrigues Alves, o Brasil provavelmente não teria sido capaz de sanear a economia e preservar a unidade política do país se não fosse a determinação de Campos Salles de encontrar um meio de atenuar as disputas políticas e as divergências regionais que poderiam colocar em risco a sobrevivência da democracia liberal durante o período difícil de austeridade econômica e de impopularidade do governo. A ala dissidente do PRP, capitaneada por Prudente de Moraes, Cerqueira César e Júlio de Mesquita (dono do jornal *O Estado de São Paulo*), contestava a visão do governador paulista.

Os dissidentes do PRP argumentavam que a política de Campos Salles destruíra os princípios liberais e as instituições democráticas. O debate das leis e das propostas do governo no Congresso tornou-se impossível. Aqueles que divergiam da visão oficial eram tachados de antipatrióticos e corriam sério risco de não se eleger nos pleitos seguintes. As eleições passaram a ser controladas de tal forma pelos governadores que, em última instância, eles decidiam quem seriam os eleitos. Os partidos foram aniquilados, pois Campos Salles só aceitava a existência de um partido governista. No fundo, havia apenas duas escolhas: aderir ao governo ou viver à margem do sistema político.

Em 1901, entretanto, os dissidentes paulistas vislumbraram uma terceira via. Campos Salles escolheu Rodrigues Alves para sucedê-lo na Presidência da República. O governador seria obrigado a deixar o cargo para concorrer à presidência, abrindo a possibilidade de o PRP lançar um candidato da ala dissidente ao governo do estado. A disputa pela sucessão paulista ilustra bem o funcionamento da política dos governadores. Quando Campos Salles disse a Rodrigues Alves que ele era o seu candidato, o governador agradeceu, mas ponderou que o seu nome representava duas ameaças políticas. Primeira, o governo de São Paulo poderia passar para as mãos dos dissidentes do PRP, que contavam com a popularidade de Prudente de Moraes, o apoio da imprensa (sobretudo do jornal *O Estado de São Paulo*) e a simpatia de muitos fazendeiros e empresários insatisfeitos com a política de austeridade econômica do governo. Segunda ameaça, ele não fazia parte do núcleo duro dos republicanos históricos, o que poderia desencadear resistências entre as principais lideranças políticas e militares que suspeitavam das credenciais republicanas de um ex-monarquista. Rodrigues Alves sugeriu ao presidente o nome de Bernardino de Campos, um político paulista, republicano histórico e gestor competente, capaz de dar continuidade à política econômica do governo.

Campos Salles fingiu considerar a sugestão, mas começou a articular com os governadores da Bahia e de Minas Gerais o apoio ao governador paulista. Assim que conseguiu o apoio da maioria dos governadores, Campos Salles comunicou a Rodrigues Alves que seu nome estava lançado, que ele se tornara o candidato do presidente e dos governadores e que não era mais possível recuar. O governador paulista aceitou a missão após três meses de intensa correspondência com o presidente sobre a questão da sua sucessão em São Paulo. Campos Salles e Rodrigues Alves decidiram lançar Bernardino de Campos para o governo paulista. Esse acordo selava o destino da eleição no estado. Era impossível vencer a máquina governamental por meio do voto. Mas a ala dissidente do PRP decidiu desafiar o governador, lançando o nome de Cerqueira César para a sucessão de Rodrigues Alves.

Prudente de Moraes foi encarregado de comunicar a notícia da candidatura de Cerqueira César ao governador. O diálogo entre o ex-presidente da República e o seu ex-ministro foi emblemático. Rodrigues Alves ouve seu amigo e antigo chefe e responde:

– Agradeço-lhe o aviso, mas você vai perder.

– Por que tem essa certeza?

Rodrigues Alves bate com a mão no braço da poltrona:

– Por causa desta cadeira. Eu estou sentado nela; e quem nela se senta não pode ser vencido dentro do estado.[66]

Apesar do entusiasmo momentâneo dos dissidentes com a candidatura de Cerqueira César, das recepções calorosas, dos aplausos nos comícios e do carinho e respeito que Prudente de Moraes despertava nos paulistas, a máquina governamental era imbatível. O governo venceu facilmente as eleições. Bernardino de Campos elegeu-se governador de São Paulo, e Rodrigues Alves conquistou a Presidência da República, obtendo 592 mil votos contra 52 mil votos do seu adversário, Quintino Bocaiúva, e menos de 5 mil votos de Ubaldino Amaral.[67] O recado das urnas era claro; as portas do poder estavam fechadas para a oposição. Para os descontentes e opositores do governo, só restavam duas alternativas para conquistar o poder: revolução ou golpe de Estado.

Além da eficácia da política dos governadores em garantir grandes vitórias eleitorais, a popularidade de Campos Salles, o leitor poderia imaginar, foi um fator importante para a eleição do sucessor. Nada mais falso. O presidente deixou o cargo recebendo vaias e gritos de protesto do povo. A política de austeridade rendeu-lhe críticas ao governo e ataques pessoais. Esse é o ônus de presidentes que possuem a coragem e determinação de defender os interesses da nação em detrimento dos aplausos momentâneos. A impopularidade faz parte do esforço dos verdadeiros líderes de gerar desconforto e desafiar seus liderados a enfrentar as mudanças de cultura e de comportamento. O resultado benéfico da política de austeridade foi colhido pelo seu sucessor na presidência da República.

---

[66] SILVA, Helio. *História da República brasileira*. São Paulo: Editora Três, 1998, v. 2, p. 106.

[67] KOIFMAN, Fabio (Org). *Presidentes do Brasil*. Rio de Janeiro: Universidade Estácio de Sá/ Editora Rio, 2002.

Francisco de Paula Rodrigues Alves assumiu a Presidência da República em 15 de novembro de 1902. Herdou um país onde reinavam a ordem política e a econômica. Além de imperar o Estado de Direito, as liberdades individuais e a ordem institucional, o Brasil contava com uma situação financeira invejável: gasto público sob controle, finanças públicas equilibradas, superávit comercial e inflação baixa. A essa combinação, somava-se a eleição de Rodrigues Alves, cuja presidência foi o período áureo da Primeira República.

Rodrigues Alves foi provavelmente o presidente mais bem preparado para governar o país. Possuía vasta experiência política e administrativa no setor público e era um empresário de sucesso. Construiu fortuna com o comércio do café e tinha profundo conhecimento prático do mundo dos negócios – fato raríssimo entre nossos presidentes. Era um representante digno da elite do Segundo Reinado. Estudou no prestigioso Colégio Pedro II e formou-se na Faculdade de Direito de São Paulo, destacando-se como um dos melhores alunos da turma de formandos de 1870. Após os estudos, ingressou na carreira pública e foi promotor em Guaratinguetá. Em seguida, galgou os degraus da vida política: foi parlamentar, presidente de província e conselheiro do Império. Esse último cargo deu-lhe o privilégio de conviver com D. Pedro II e debater os principais assuntos da nação no Conselho de Estado – o verdadeiro epicentro do poder político da monarquia.

Rodrigues Alves continuou a desempenhar papel relevante na política, mesmo após o advento da República, porque sempre soube manter uma distância saudável das intrigas partidárias, dos movimentos sectaristas e das disputas ideológicas. O conhecimento das questões públicas, a habilidade política e a competência administrativa sempre foram empregados para implementar políticas de Estado e para o fortalecer as instituições. Assim, evitou a animosidade entre grupos partidários rivais, o que lhe permitiu continuar a servir ao país tanto na monarquia como na república. Foi deputado constituinte em 1890, senador e ministro da Fazenda nos governos Floriano Peixoto e Prudente de Moraes e governador de São Paulo.

A aparência de Rodrigues Alves não condizia com sua grandeza política. Com o cavanhaque *démodé* e as roupas fora de moda – "calças de cor pinhão e seu chapeuzinho de coco" – estava mais para vereador de Guaratinguetá do que para presidente do Brasil, segundo o jornal carioca *O Malho*. Outro aspecto explorado pela imprensa era seu sono compulsivo. Cochilava nas reuniões ministeriais, nas solenidades públicas, e não conseguia manter os olhos abertos ao ouvir longos discursos. As sonecas inspiraram caricaturas, modinhas e poemas que divertiam o público e o próprio Rodrigues Alves, que passou a colecioná-las. "Seu jeito bonachão e tolerante rendeu-lhe o apelido carinhoso de o 'Papai Grande lá do Catete'". Mas o presidente bonachão e antiquado foi o líder que promoveu mudanças transformadoras na saúde pública, na política externa, na urbanização do Rio de Janeiro e na melhoria da infraestrutura do país, que permitiram que a economia voltasse a crescer.

Desde o primeiro dia do mandato, Rodrigues Alves sabia o que queria preservar e o que desejava mudar no país. O presidente tinha plena consciência de que era fundamental preservar o bom funcionamento das instituições que herdara de Prudente de Moraes e a rigorosa administração das finanças públicas que havia herdado de Campos Salles. Mas o Brasil tinha de voltar a crescer, e Rodrigues Alves empenhou-se em transformar a solidez das instituições políticas e a boa gestão das finanças públicas nos indutores do crescimento do país. Acreditava que o desenvolvimento da economia era a mola propulsora do progresso material, do desenvolvimento da sociedade e do aprimoramento da civilização. A boa maré da economia mundial e a alta dos preços dos produtos que o Brasil exportava – café, borracha e algodão – ofereciam ótima oportunidade para o governo concentrar os investimentos públicos na melhoria dos portos e das ferrovias e na transformação do Rio de Janeiro numa cidade cosmopolita, capaz de impulsionar o comércio, as exportações, atrair investimentos externos e mão de obra imigrante para trabalhar na expansão da indústria e da lavoura.

O presidente tinha no DNA as características indispensáveis de um estadista: visão clara de prioridades, obsessão pela eficiência da gestão pública, habilidade política de mobilizar a sociedade em torno dos objetivos da nação e a capacidade de institucionalizar as mudanças políticas. O emprego dessas virtudes na formulação e implementação de políticas públicas pode ser retratado na transformação urbanística do Rio de Janeiro durante seu governo. Sua decisão de reurbanizar a capital do país levou-o a ressuscitar a Comissão de Melhoramentos que D. Pedro II criara em 1878 e convocar alguns dos seus ex-integrantes, como o engenheiro Francisco Pereira Passos. Constituída por engenheiros e urbanistas, a comissão foi capitaneada por Pereira Passos, engenheiro especializado em obras de infraestrutura na França e que viveu em Paris durante a profunda reurbanização da cidade durante o reinado de Napoleão III.

Uma das maiores virtudes de Rodrigues Alves era a sua capacidade extraordinária de escolher pessoas talentosas para executar os principias projetos e programas do governo. Não havia pessoa mais capacitada para conduzir a reurbanização do Rio de Janeiro do que Pereira Passos. Filho de um rico barão do café e apaixonado por engenharia, mudou-se para a França onde teve oportunidade de estudar na prestigiosa *École Nationale des Ponts et Chaussées*. Formado, dedicou-se às grandes obras de infraestrutura, sua grande paixão. Trabalhou na ampliação do porto de Marselha e na construção da estrada de ferro que ligava Paris a Lyon. No Brasil, foi responsável pela construção de ferrovias no Paraná e diretor da Estrada de Ferro Central do Brasil. Porém, uma das experiências mais enriquecedoras para a sua futura carreira de prefeito do Rio de Janeiro foi a vivência em Paris no início de 1860, quando a cidade passou por gigantesca revolução urbanística.

Napoleão III incumbiu George Haussmann de transformar uma cidade medieval – com suas ruas estreitas e becos – numa metrópole moderna e bem planejada, com seus grandes bulevares, praças e jardins. Da prancheta de Haussmann nasceu a cidade que conhecemos hoje: surgiram a avenida Champs Elysées, os bulevares Saint Germain e Saint Michel, a rua de Rivoli com suas arcadas e o atual Jardim de Tulherias, a praça de La Concorde e o teatro da Ópera. Entretanto, o custo político para criar a Paris moderna foi igualmente gigantesco. O prefeito Haussmann teve de enfrentar protestos, críticas e greves de comerciantes e trabalhadores que tentaram impedir a destituição de bairros operários e de comércios locais. Enfrentou também a fúria dos que tiveram imóveis desapropriados. Evidentemente, houve exploração política de tais episódios. Mas Haussmann era um engenheiro com pouco estômago para o jogo político. Mesmo com o apoio de Napoleão III, cansou-se dos aborrecimentos, dos protestos, da impopularidade, e renunciou ao cargo de prefeito.

Pereira Passos tornou-se o Haussmann brasileiro. Em 1902, ele foi escolhido pelo presidente da República para assumir a prefeitura do Rio de Janeiro e conduzir o projeto de reurbanização da cidade. Sabia que enfrentaria dificuldades e protestos, como Haussmann, mas aprendera com a experiência do prefeito de Paris. No Rio, tratou de atenuar as discussões, os protestos e as manobras políticas que emperrariam o avanço do projeto urbanístico, exigindo a aprovação de medidas de governo antes de assumir a prefeitura. Pereira Passos tinha mais jogo de cintura que Haussmann. Compreendia que o ápice do seu poder de barganha residia no momento de impor ao presidente da República as condições para aceitar o cargo. Insistiu para que o presidente aprovasse um pacote de medidas draconianas antes da sua posse.

Esse pacote compreendia três providências essenciais. Primeira, blindar o projeto urbanístico da interferência da Câmara Municipal. Segunda, centralizar nas mãos do prefeito o controle absoluto dos recursos e da gestão financeira das verbas empregadas nas obras urbanísticas. Terceira, aprovar um aumento de impostos para financiar as obras públicas. Rodrigues Alves acatou os pedidos. Suspendeu por seis meses o trabalho da Câmara Municipal, permitindo ao prefeito governar por meio de decreto durante esse período. Em seguida, empenhou-se em aprovar no Congresso a lei para desapropriação de imóveis de acordo com os "valores declarados para a cobrança do imposto predial, em geral subestimados pelos proprietários para lesar o fisco". O aumento de impostos e o controle da gestão dos recursos públicos no gabinete do prefeito também foram aprovados.

Essas medidas revelaram o apoio inequívoco do presidente ao prefeito e emitiram sinal claro do comprometimento de Rodrigues Alves com a implementação do projeto urbanístico. Munido de poderes extraordinários e respaldado pelo presidente da República, Pereira Passos imprimiu um ritmo frenético nas obras de reurbanização da cidade. A presteza era importante para evitar que as vozes do descontentamento e do protesto se transformassem em fonte de desgaste político do prefeito e de ataque pessoal ao presidente da República. O Rio de Janeiro transformou-se num canteiro de obras e num campo de batalha. A desapropriação de imóveis, a demolição de cortiços, a remoção de pessoas que viviam perto do porto e o desalojamento de lojas no centro da cidade desencadearam vários confrontos entre a polícia e a população. Pessoas entrincheiradas atacavam a polícia e se recusavam a abandonar suas casas e estabelecimentos. A situação tornou-se dramática, e o número de mortos e feridos nesses confrontos causou enorme constrangimento ao governo. Apesar dos embates, das críticas e dos ataques na imprensa, Pereira Passos continuou perseguindo com afinco seu projeto urbanístico. "A construção da avenida Central, que tinha dois quilômetros e rasgou de mar a mar a cidade, passou a abrigar prédios imponentes como a Escola de Belas Artes, a Biblioteca Nacional, o Supremo Tribunal, o Palácio Monroe e o Teatro Municipal".[68]

A beleza e a modernidade não estavam apenas nas novas avenidas e edificações. Estavam presentes também na expansão da rede de esgoto, do tratamento de água e no fornecimento de energia elétrica que fora estendido a vários bairros por meio de concessões públicas que estimularam várias empresas privadas nacionais e estrangeiras a investir na cidade.

O projeto mais ambicioso foi a modernização do porto do Rio de Janeiro. Rodrigues Alves jamais seria o presidente do crescimento econômico se o porto mais importante do país continuasse a ser um dos nossos maiores gargalos. "A dificuldade dos grandes navios de atracar, a lentidão do embarque e desembarque de mercadorias e a quantidade insuficiente de armazéns" prejudicavam as exportações e estrangulavam o comércio. O ministro da Viação, Lauro Muller, foi um importante aliado de Pereira Passos nesse ambicioso projeto que exigiu "a retificação da linha irregular do litoral, a demolição de fervilhantes quarteirões marítimos e o aterro de numerosas enseadas com o entulho proveniente do arrasamento do morro do Senado". Além da construção de novos armazéns e de um cais capaz de receber

---

[68] D'AVILA, 2006, p. 149.

grandes embarcações, o porto ganhou em eficiência com a "instalação de guindastes elétricos que fizessem a carga e a descarga das mercadorias".[69]

Há sempre um hiato entre os transtornos causados pelas obras de infraestrutura de uma cidade e a percepção dos benefícios para a população. Pereira Passos foi um dos maiores e melhores prefeitos do Rio de Janeiro, mas seus feitos ainda não haviam conquistado o reconhecimento dos cariocas quando se iniciou o programa impopular de controle de epidemias liderado pelo sanitarista Oswaldo Cruz. Uma das principais finalidades do projeto de urbanização e do investimento maciço que o governo fez em saneamento básico e na expansão da rede de esgoto consistia em erradicar as epidemias – como febre amarela, dengue, varíola, tuberculose e peste bubônica – que acometiam o Rio de Janeiro com frequência assustadora.

Responsável pela Saúde Pública da cidade, Oswaldo Cruz sabia o que tinha de ser feito para erradicar as epidemias. Era preciso tomar três medidas fundamentais. A primeira já havia sido realizada por Pereira Passos: investir em saneamento, tratamento da água e expansão da rede de esgoto. As duas outras consistiam na criação de um programa de vacinação obrigatória para combater a varíola e na implementação de um rígido controle sanitário do mosquito transmissor da febre amarela. Após apresentar essas medidas ao presidente, Oswaldo Cruz escreveu ao ministro da Justiça, José Joaquim Seabra, que a "extinção da febre amarela é um problema que já encontrou uma solução prática: podemos, pois, considerá-la como uma questão resolvida". O diagnóstico de Oswaldo Cruz é típico de um especialista, cujo conhecimento técnico o induz a subestimar o custo político e social de suas medidas. Contudo, o presidente ponderou sobre os riscos políticos que teria de assumir para respaldar a proposta do sanitarista e diretor-geral da Saúde Pública do Rio de Janeiro.

O próprio Rodrigues Alves sofrera as consequências das epidemias, tanto na esfera familiar como na política. Além de perder uma filha, vítima de febre amarela, ele governou a província de São Paulo durante um surto de varíola, em 1888. Ao impor "rigorosas

---

[69] *Ibid.*

e oportunas providências de isolamento, desinfecção e vacinação", ele teve de enfrentar protestos populares, ataques na imprensa e críticas às medidas duras, porém necessárias. Sua experiência no governo paulista ensinara-lhe que as medidas sanitárias apresentadas por Oswaldo Cruz gerariam descontentamento popular e representariam alto custo político para o governo, mas Rodrigues Alves tinha profunda convicção de que não havia outro meio de combater as epidemias que assolavam o Rio de Janeiro.

Oswaldo Cruz defendeu insistentemente a tese de que o extermínio da febre amarela e da varíola exigia que ele tivesse plenos poderes para agir e combater os focos da doença. O sanitarista pressentia que a impopularidade das suas medidas levaria o Parlamento a limitar o seu poder de atuação, comprometendo o resultado do programa. Rodrigues Alves empenhou-se pessoalmente para aprovar o programa de Oswaldo Cruz no Congresso. A negociação com os parlamentares foi dura e custou ao governo cinco meses de barganha política para aprová-lo no Legislativo. A dificuldade residia na capacidade de persuadir os parlamentares a delegar plenos poderes para o diretor-geral da Saúde Pública agir na cidade. Esses poderes consistiam em nada menos do que criar um exército de sanitaristas que teria autoridade para invadir residências e estabelecimentos para combater o mosquito transmissor da febre amarela e prender pessoas que não reportassem os focos da doença ao inspetor de saúde. No caso da varíola, o governo aprovou uma lei, em 1904, tornando a vacina obrigatória.

A revolta popular contra a vacina revelou a desastrosa combinação de falta de comunicação com a atuação truculenta dos agentes do governo. A incapacidade de explicar a importância da vacina para a população despertou desconfiança e resistência em muitos cariocas. "O povo não sabia exatamente o que aquilo era. Lia e ouvia que a vacina podia causar varíola. Assustado, o povo resistia. O que deveria ser um ato de consentimento esclarecido passava à imposição".[70] À ausência de uma campanha de esclarecimento, adicionou-se a truculência das brigadas de saúde que invadiam lares e estabelecimentos, gerando indignação e revolta na população. Uma semana após a promulgação

[70] *Ibid.*, p. 156.

da Lei da Vacina, os protestos populares transformaram-se numa perigosa revolta. No dia 13 de novembro de 1904, um manifestante disparou um tiro contra um soldado e o conflito alastrou-se pela cidade. Apesar de não o ferir, a reação da polícia foi imediata. A cavalaria partiu para cima dos revoltosos que se entrincheiraram em ruas estreitas e que, com a ajuda dos comerciantes que "ofereciam gratuitamente latas de querosene para os manifestantes atearem fogo nos bondes e rolhas que, espalhadas no chão, faziam escorregar os cavalos da força pública", haviam transformado a cidade num campo de batalha.

A revolta da vacina animou alguns militares golpistas a tirar proveito da situação dramática e orquestrar um golpe de Estado. A tentativa infantil e débil de cerca de 300 militares, sob o comando dos generais Silva Travassos e Olímpio da Silveira, de derrubar o governo de Rodrigues Alves, no dia 15 de novembro, foi sufocada em menos de 24 horas. As tropas legalistas agiram prontamente, obrigando os rebeldes a se aquartelarem na Escola Militar. O governo ordenou o bombardeio da Escola pelos navios de guerra, levando os rebeldes a se renderem em 16 de novembro. Assim, terminava a pior semana do governo Rodrigues Alves.

A revolta da vacina durou uma semana, mas as medidas sanitárias de Oswaldo Cruz continuaram a ser implantadas com rigor e com o apoio do governo. A queda dramática do número de mortes colaborou para diminuir as resistências populares: em 1909, Oswaldo Cruz celebrou o fato de não ter tido nenhum caso de morte de febre amarela na cidade. A erradicação das epidemias e a urbanização do Rio de Janeiro não foram as únicas obras notáveis do governo Rodrigues Alves. O presidente foi responsável por grandes investimentos públicos em portos, ferrovias, saneamento básico e expansão da rede elétrica sem quebrar os cofres do Estado ou gerar inflação, um feito notável que não foi reproduzido por nenhum outro presidente da República.

A experiência de Rodrigues Alves como ministro da Fazenda de Floriano Peixoto e de Prudente de Moraes e suas convicções pessoais de que era preciso zelar pelo equilíbrio orçamentário, pela credibilidade da moeda e pela conversibilidade do câmbio moldaram suas escolhas e decisões na presidência da República. Escolheu como ministro da Fazenda Leopoldo Bulhões, um dos homens mais extraordinários que ocuparam esse cargo. Bulhões teve a visão de transformar a Casa da Moeda numa espécie de Banco Central, que regulava a atividade bancária "dispondo de capital abundante para desconto do papel dos outros bancos, para adiantar aos outros bancos e, finalmente, ampará-los nos momentos de crise".[71] Bulhões manteve um rígido controle dos gastos públicos, intensificou a fiscalização da arrecadação de impostos, amortizou o pagamento das dívidas públicas e "reduziu a massa de papel-moeda" que circulava no mercado.

O presidente Rodrigues Alves e o ministro Bulhões tiveram coragem de resistir ao assédio dos cafeicultores que mobilizaram os deputados e os senadores para pressionar o governo a desvalorizar o câmbio e adotar medidas protecionistas, como a compra do estoque de café existente para forçar artificialmente a alta do preço do produto. Vários parlamentares usaram a tribuna para atacar a política econômica de Bulhões e criticá-lo por investir em obras de infraestrutura e negar o emprego dos recursos públicos para defender a valorização do café. Apesar dos ataques ao ministro da Fazenda na imprensa e no Parlamento, o presidente da República (que também era cafeicultor) apoiou integralmente a postura e a atuação de Leopoldo Bulhões.

Os governadores dos três estados produtores de café – São Paulo, Rio de Janeiro e Minas Gerais – resolveram enfrentar o governo federal, convocando um encontro na cidade paulista de Taubaté. O objetivo da cúpula dos governadores era traçar uma política de defesa do preço do café que contaria com o apoio e a atuação conjunta dos três estados.

O Convênio de Taubaté fixou preços mínimo e máximo para a saca de café e criou uma sobretaxa por saca exportada. Esse recurso seria usado para constituir um fundo, chamado Caixa de Conversão, para financiar a desvalorização do câmbio. Contudo, a aprovação dessa medida dependia da anuência do presidente da República e do Congresso. A pressão dos governadores dos três estados não demoveu Rodrigues Alves de suas convicções e do rumo da política econômica.

---

[71] SILVA, 1998, v. 2, p. 137.

A resposta do presidente aos governadores deveria estar gravada numa lápide de mármore:

> É um desacerto pensar que a lavoura do país não pode prosperar sem câmbio baixo. Em toda a parte, o problema da moeda é encarado como o de mais delicado funcionamento nos aparelhos da máquina administrativa, e o padrão legal, uma vez estabelecido, só se altera se começa a faltar confiança nos recursos do país. Não é felizmente a nossa situação.[72]

Em outras palavras, um país sério e confiável não brinca com a credibilidade da moeda para defender interesses setoriais. A atitude firme e o veto corajoso de Rodrigues Alves de desvalorizar a moeda desencadearam um movimento dos governadores de São Paulo, do Rio de Janeiro e de Minas Gerais para buscar um candidato à sucessão de Rodrigues Alves que endossasse a política protecionista sacramentada no Convênio de Taubaté. Surgiu então o nome do mineiro Afonso Pena para disputar a presidência da República.

Rodrigues Alves encerrou a era dos presidentes que tratavam a economia como um assunto demasiadamente importante para ser conduzido por interesses partidários, ideológicos ou setoriais. A partir da presidência de Afonso Pena, a política econômica deixa de ser tratada como interesse de Estado e passa a ser um instrumento de política partidária. Essa tendência nefasta durou 88 anos e só foi interrompida com a implementação do Plano Real no fim do governo Itamar Franco e com a eleição de Fernando Henrique Cardoso em 1994.

Não é possível encerrar o capítulo sobre a presidência de Rodrigues Alves sem mencionar os triunfos da sua política externa. O chanceler era o diplomata mais notável da história do Brasil, o barão do Rio Branco.[73] Quando foi nomeado ministro das Relações Exteriores, o barão do Rio Branco já era um verdadeiro herói da diplomacia brasileira. Em 1893, resolvera pacificamente a disputa do território das Missões com a Argentina. Os dois países resolveram submeter

---

[72] SOUZA, *op. cit.*, p. 125.

[73] D'AVILA, Luiz Felipe. "O desafio de tornar a política externa relevante para o Brasil". *CLP Papers*, n. 3, jun. 2010, pp. 9-37.

a discórdia territorial à arbitragem do presidente americano Grover Cleveland. Pragmático, estudioso, detalhista e legalista, Rio Branco mergulhou em documentos, tratados, mapas e dados históricos para defender a legitimidade da posse brasileira. A tese bem fundamentada do barão, respaldada em seis volumes de documentos, persuadiu o presidente Cleveland de que o Brasil tinha direito à área em disputa. A vitória diplomática de Rio Branco encerrou uma querela que poderia ter criado sérios confrontos entre Brasil e Argentina. Em 1894, o barão do Rio Branco foi novamente convocado a defender o país no caso da fronteira do Amapá com a Guiana Francesa. França e Brasil resolveram submeter a disputa à arbitragem do governo suíço. O barão, mais uma vez, venceu a disputa. O rio Oiapoque fora aceito como o divisor da fronteira entre a Guiana Francesa e o Brasil.

Ao assumir a chancelaria em 1902, Rio Branco deu seguimento à sua obra de solucionar as questões fronteiriças do Brasil. Firmou tratado com a Bolívia, em 1903, definindo as fronteiras do Acre com aquele país. No ano seguinte, o barão sofreu sua única derrota diplomática. Perdeu a disputa com a Inglaterra na demarcação da fronteira com a Guiana Inglesa. Em 1905, definiu os limites fronteiriços com a Guiana Holandesa. Em seguida, celebrou tratados com a Colômbia (1907), o Uruguai (1908) e o Peru (1909). A resolução diplomática dos conflitos territoriais sepultou a principal fonte de discórdia entre o Brasil e os seus vizinhos. Mas as vitórias diplomáticas não foram coroadas apenas pela competência do barão de arregimentar dados e documentos para ilustrar os argumentos jurídicos e as análises históricas. É preciso visão política, capacidade de mobilizar apoio em torno dos objetivos diplomáticos e habilidade de resolver as disputas entre as nações sem colocar em risco a estabilidade da ordem internacional.

A diplomacia requer destreza para manter um olho na defesa dos interesses nacionais e o outro na preservação do bom funcionamento do sistema internacional. Enquanto buscava entendimento com países vizinhos sobre a demarcação das nossas fronteiras, Rio Branco procurava estreitar as relações do Brasil com os Estados Unidos. A mudança gradual do eixo da diplomacia brasileira, da Europa para a América, foi impulsionada por interesses políticos, econômicos e regionais. Primeiro, o Brasil necessitava da neutralidade dos Estados Unidos para resolver as disputas fronteiriças com seus vizinhos de forma pacífica. O antagonismo americano poderia gerar dois tipos de intervenção indesejada. Os americanos poderiam insuflar os nossos vizinhos a resistir ao "expansionismo territorial" do Brasil ou oferecer apoio militar aos países que se sentissem ameaçados pela ambição brasileira. Alguns países, como a Bolívia, procuraram angariar o apoio americano, mas, ao não encontrarem o respaldo diplomático ou militar, esforçaram-se para buscar o entendimento com o Brasil.

Além de apoiar tacitamente a política de Rio Branco de resolver as disputas fronteiriças de forma pacífica, os Estados Unidos tornaram-se o principal parceiro comercial do Brasil. Em 1903, o governo americano reduziu para zero a taxa de importação sobre o café brasileiro e, em 1909, caíram também as tarifas para a borracha e o cacau brasileiros.

A aproximação entre Brasil e Estados Unidos foi coroada com a transformação da repartição diplomática brasileira em Washington em embaixada. Como dissera Joaquim Nabuco, o primeiro embaixador brasileiro em Washington, "o título de embaixada vale uma política". Ao escolher a capital dos Estados Unidos para criar a primeira embaixada brasileira[74], Rio Branco indicara claramente o principal eixo da política externa.

O barão acreditava que a afinidade política e os interesses comerciais entre os dois países serviriam para sedimentar não só o entendimento bilateral como também preservar a paz no continente americano. Brasil e Estados Unidos estavam alinhados em torno dos objetivos prioritários na América Latina. A preservação da paz regional dependia da capacidade de cultivar o entendimento diplomático entre as nações, respeitando o princípio de não interferência nos assuntos domésticos, fortalecendo os laços comerciais e evitando que as potências europeias interviessem nas questões continentais. Quando a Venezuela declarou moratória em 1902 e suspendeu o pagamento da dívida externa, Inglaterra, Alemanha e Itália enviaram

[74] Na Europa, as representações diplomáticas brasileiras não possuíam o título de embaixadas.

navios de guerra para o país a fim de bloquear os portos venezuelanos até receberem o pagamento que lhes era devido. A atitude das nações europeias suscitou a reação das nações sul-americanas e dos Estados Unidos, revelando claramente que não tolerariam a ingerência europeia nos assuntos internos da América Latina.

Rio Branco desempenhou papel notável na construção da política de Estado que coroou a reputação externa do Brasil. Compreendia que o bom funcionamento da ordem internacional dependia da habilidade de conciliar a defesa dos interesses nacionais com a preservação da ordem e da paz externas. A coerência entre o discurso e as ações do barão revelou a confiança do Brasil nas leis internacionais e seu repúdio ao uso da força e à política intervencionista para resolver as disputas no continente americano. Essa atitude dissipou o temor entre os países vizinhos de que o gigante brasileiro poderia se tornar uma potência belicosa e expansionista. Na diplomacia, a forma é tão importante quanto o conteúdo.

O barão dedicou-se com afinco ao preparo e à formação do corpo diplomático. Profissionalizou a conduta da política externa, investindo na formação dos diplomatas e preparando-os para defender com objetividade, pragmatismo e civilidade os interesses nacionais. Sua obsessão em transformar nossos diplomatas nos melhores representantes dos interesses, da cultura e dos valores brasileiros no exterior estabeleceu um marco inédito na política brasileira: a institucionalização do conceito de excelência na seleção e formação dos nossos diplomatas. O legado do barão é fruto do seu talento de estadista e do apoio político do presidente da República à sua atuação na conduta da política externa.

Em 14 de novembro de 1906 terminou o mandato de um dos melhores presidentes do Brasil. Rodrigues Alves foi um homem guiado por princípios liberais e por um senso de dever público que lhe permitiu servir ao país com competência e civismo, tanto na Monarquia como na República. Como estadista, soube definir com clareza suas prioridades de governo e teve coragem de defender os interesses da nação, mesmo quando tais decisões implicavam prejuízos pessoais, geravam descontentamento entre seus aliados e contrariavam os desejos do seu partido e do seu estado. Como homem público, sempre procurou cercar-se de pessoas competentes e brilhantes. O seu ministério era prova disso: José Leopoldo Bulhões, barão do Rio Branco, Lauro Muller e José Joaquim Seabra constituíam um verdadeiro grupo de notáveis. A eles, podem se somar o talento de Pereira Passos na prefeitura do Rio de Janeiro e o de Oswaldo Cruz na direção da Saúde Pública.

A presidência de Rodrigues Alves encerra o período da construção da República liberal. Os seus sucessores não tiveram a coragem pessoal, a determinação política, o senso de missão pública e o espírito de estadista que permitiram a Prudente de Moraes desafiar os militares golpistas e enraizar a República legalista e constitucional; que encorajaram Campos Salles a restituir a saúde financeira da nação, e que motivaram Rodrigues Alves a promover grandes transformações na saúde pública, na política externa e na urbanização do Rio de Janeiro, contribuindo para o aumento do comércio externo e para o crescimento da economia. Após a presidência de Rodrigues Alves, a nação acomodou-se. A política econômica passou a ser ditada pelos interesses dos cafeicultores, a ausência de reformas graduais estrangulou o sistema eleitoral, engessando a renovação de lideranças políticas e impedindo a alternância de poder. Em vez de responder aos anseios da sociedade com reformas graduais, os governantes optaram pela repressão e pela decretação do estado de sítio. As insatisfações políticas, econômicas e sociais ressuscitaram a onda de revoltas locais e de rebeliões militares.

Quando a disputa da sucessão do presidente Washington Luís, em 1929, dividiu os estados, os rebeldes encontraram na dissidência da elite política e econômica os aliados de que precisavam para orquestrar um golpe de Estado. O assassinato de João Pessoa, governador da Paraíba e vice-presidente na chapa encabeçada pelo candidato dissidente à presidência da República, Getúlio Vargas, foi o estopim para desencadear a Revolução de 1930.

Getúlio Vargas assumiu o poder prometendo sepultar a república oligárquica e instituir uma verdadeira democracia no país. Em vez de estabelecer um regime verdadeiramente democrático, no entanto, Vargas deu ao Brasil duas epidemias: o populismo e a ditadura.

PARTE II

OS DEFENSORES DAS INSTITUIÇÕES

OSWALDO ARANHA: O CHANCELER NA TRINCHEIRA DA DEFESA DA DEMOCRACIA

Oswaldo Aranha merece um lugar no panteão dos estadistas brasileiros por ter lutado pela liberdade e transformado o Ministério das Relações Exteriores da ditadura Vargas na trincheira da luta pela democracia. Nos anos 1930, a crença predominante no Brasil e no mundo era de que o fascismo, o nazismo, o comunismo e o caudilhismo latino-americano pareciam alternativas de governo mais inovadoras, eficazes e adequadas do que as "decadentes" democracias liberais. Enquanto Getúlio Vargas reinava como ditador inconteste do Estado Novo (1937-1945), Oswaldo Aranha blindou o Ministério das Relações Exteriores contra as políticas autoritárias que ditavam as ações do governo na esfera doméstica. Como chanceler, ajudou a evitar que o Brasil se aliasse à Itália fascista e à Alemanha nazista e trabalhou para que o país se unisse aos Estados Unidos e aos Aliados na Segunda Guerra Mundial. A política externa de Oswaldo Aranha abriu uma fissura no Estado Novo. Revelou as contradições de um país que se aliara a nações democráticas na arena internacional, mas cultivava um regime ditatorial no âmbito doméstico. Essas contradições tornaram-se evidentes no fim da guerra, impondo enorme pressão sobre o governo Vargas para restaurar a liberdade e a democracia. Oswaldo Aranha exerceu papel fundamental nesse processo de transição da ditadura do Estado Novo para a restauração do Brasil democrático.

Os dilemas pessoais e políticos vividos por Oswaldo Aranha na era Vargas foram dramáticos. Como lutar pela democracia e pela tolerância numa época contaminada pelo radicalismo político? Como defender a liberdade numa era de descrença na democracia e de exaltação dos regimes totalitários? Como ser fiel aos valores e princípios que prezamos quando eles conflitam com a fidelidade e a amizade? A coragem e a determinação de Oswaldo Aranha ao enfrentar esses dilemas, sem renunciar às suas convicções e sem trair a fidelidade ao amigo Getúlio, fizeram desse gaúcho um grande homem e um estadista.

Oswaldo Aranha nasceu em berço de ouro e possuía todos os atributos para ser um perfeito "chimango" – apelido dado aos políticos situacionistas do Rio Grande do Sul. O pai, Euclides Egydio de Souza Aranha, pertencia a uma tradicional família paulista, neto da viscondessa de Campinas, Maria Luzia de Souza Aranha. Euclides seguiu os passos do pai Martim (filho da viscondessa), tornando-se importante fazendeiro no Rio Grande do Sul e um líder político local, responsável pela preservação da paz e da ordem na cidade de Itaqui. Luíza de Freitas Valle, mãe de Oswaldo Aranha, também pertencia ao clã tradicional dos Freitas Valle, que havia dado ao país barões, ministros, diplomatas e senadores. Após uma infância feliz na fazenda da família em Itaqui, onde cavalgava, lia (cavalos e livros eram suas paixões) e desfrutava da companhia de seus pais e irmãos, a vida idílica no campo terminou abruptamente aos dez anos, quando ele iniciou a odisseia da formação clássica da elite do país: escola preparatória (Nossa Senhora da Conceição, em São Leopoldo), Colégio Militar e Faculdade de Direito no Rio de Janeiro e o privilégio de passar uma temporada na Europa no início de 1914, onde frequentou alguns cursos em Paris. Tornou-se bacharel aos 22 anos e retornou ao Rio Grande do Sul em 1917 para abrir seu escritório de advocacia em Uruguaiana.

Aranha continuou a seguir o roteiro do jovem bem nascido. Em 1917, casou-se com uma moça de boa família, Delminda Benvinda Guodolle, e ingressou no Partido Republicano Rio-Grandense por intermédio do pai. Foi ungido pelo líder da política gaúcha, Borges de Medeiros, o homem que governou o Rio Grande do Sul durante 30 anos (até 1928). Sua carreira política foi meteórica. Em 1924, foi subchefe da polícia de Alegrete. No ano seguinte, tornou-se intendente da cidade. Em 1926, foi eleito deputado estadual e, no ano seguinte, federal. Em 1928, assumiu a secretaria do Interior e da Justiça do novo governador do Rio Grande do Sul, Getúlio Vargas, que havia sucedido Borges de Medeiros.

A amizade entre Vargas e Aranha, que mudaria o destino da política brasileira, transformou o chimango Aranha num "maragato" – um revolucionário empenhado em derrubar a Primeira República. Essa transformação precisa ser esclarecida para entendermos os princípios e os valores que pautaram sua conduta pública. Como um bom chimango, Aranha era defensor implacável da ordem, da legalidade e das instituições. Acreditava que o emprego da força para derrubar governos somente contribuía para fragilizar as leis, desagregar a sociedade, gerar insegurança e debilitar o Estado. Num discurso proferido em Alegrete quando era intendente, Aranha definiu-se como "reacionário de espírito na rigidez das leis, de esperanças ancoradas nas forças oceânicas do Direito".

Durante as rebeliões militares que, entre 1922 e 1926, deram origem ao tenentismo – movimento que almejava impor um governo autoritário ao país –, Oswaldo Aranha lutou no Rio Grande do Sul para a preservação da ordem e do *status quo*. Comandou tropas contra os maragatos, o grupo de revolucionários que pretendia derrubar o governo de Borges de Medeiros. Destemido e corajoso na hora do combate, liderou a campanha militar na defesa de Itaqui, Alegrete e Uruguaiana, onde foi baleado. Em outra ocasião, sofreu uma queda quando seu cavalo foi alvejado durante uma investida contra os rebeldes. Aranha participou com seu amigo Flores da Cunha da captura de Honório Hermes, o líder dos maragatos.

Oswaldo Aranha conquistou a admiração dos militares por sua coragem nas batalhas. Os confrontos ajudaram a forjar amizades com vários oficiais que seriam protagonistas da Revolução de 1930. Seu desempenho militar e político durante as revoltas levou-o a conquistar a estima dos chefes políticos do Rio Grande do Sul. Eles viam no filho de Euclides Aranha a continuidade da geração de leais aliados políticos na defesa da ordem, da legalidade e do governo. Durante esses conflitos, Aranha revelou uma virtude política que se tornaria sua marca registrada: a capacidade extraordinária de discernir as questões político-partidárias dos interesses nacionais e de negociar acordos e entendimentos com as facções envolvidas nas disputas.

Apesar de chimango, compreendia as reivindicações dos maragatos e até simpatizava com algumas delas. Concordava que o país se transformara numa república de coronéis que empregavam a corrupção, a fraude eleitoral e o uso da máquina pública para distribuir favores e perseguir adversários. Aranha sabia que era impossível remover os coronéis do poder por meio de eleições limpas e do voto democrático. Por outro lado, acreditava que as mudanças precisavam respeitar os pilares do Estado de Direito e das regras institucionais, caso contrário, o país viveria num clima permanente de revoltas violentas e de degolas que colocariam em risco a unidade nacional e a própria existência da nação. Era imperativo reformar a República, mas isso tinha de ser feito por meio da lei e das instituições. Oswaldo manifestou essas inquietações em conversas com Cordeiro de Farias, líder tenentista que lutou ao lado dos maragatos durante as revoltas em que Aranha defendia o governo e a ordem.

Outra característica atípica da sua conduta política era percebida no tratamento que dispensava aos maragatos presos e capturados. Proibia severamente seus subordinados de matá-los ou de maltratá-los. Para Aranha, as degolas contribuíam apenas para acirrar as rivalidades e o ódio entre as facções, além de dificultar o entendimento necessário para pacificar o Rio Grande do Sul e o país. Numa carta endereçada a sua mulher, ele escreveu: "Não sinto no fundo do meu coração sequer um movimento de represália ou de vingança ante os nossos irmãos transviados pela subversão desta hora. Vou lutar como justo porque esta é a minha inclinação da minha honra e da minha vida".[75]

Oswaldo Aranha passou a vida política dividido por dois sentimentos: o de fidelidade aos princípios e valores que lhe eram sagrados e o de fidelidade incondicional ao clã – que incluía seu pai, irmãos e seu amigo Getúlio Vargas. Na época em que era estudante no Rio de Janeiro, Oswaldo pôde exercer seu livre pensar político, longe das asas do pai. Entusiasmou-se com a campanha civilista de Rui Barbosa à Presidência da República em 1909. Encantou-se com sua oratória reformista, enaltecendo as liberdades cívicas, atacando as oligarquias,

[75] HILTON, Stanley. *Oswaldo Aranha*. Rio de Janeiro: Objetiva, 1994, p. 13.

desancando a participação dos militares na política e arrastando multidões para os seus comícios políticos. Rui Barbosa era a esperança da renovação política por meio do voto. Mas a máquina governista venceu o entusiasmo dos civilistas, e o Marechal Hermes da Fonseca foi eleito presidente da República em 1910.

Aranha participou ativamente da política estudantil na Faculdade de Direito. Aproveitou os comícios e palanques universitários para atacar o governo, a corrupção e a oligarquia política (da qual sua família fazia parte) que sufocava as reformas. Numa dessas ocasiões, um colega foi morto e Aranha aproveitou a dor e a raiva para enviar um telegrama malcriado ao senador gaúcho Pinheiro Machado, o epítome do oligarca político da Primeira República: "A tirania vossa alimenta-se de vida, vivendo de mortes. Foi ferido hoje um moço heroico, mas a mocidade não recuará".[76] O senador queixou-se com Euclides Aranha, e o pai o repreendeu severamente. Quando voltou ao Rio Grande do Sul, em 1917, as ideias rebeldes do jovem Aranha ficaram congeladas no seu coração e Oswaldo tornou-se novamente o filho comportado. Cerrou fileiras com o governo de Borges de Medeiros, trilhou os passos na política pelas mãos do pai e, apesar de simpatizar com as ideias reformistas dos maragatos, permaneceu leal aos chimangos e ao pai até a morte de Euclides Aranha, em 1929.

Nessa época, Oswaldo já era secretário do Interior do governador Getúlio Vargas. Admirava Vargas a ponto de idolatrá-lo como amigo e político. Nesse sentido, Aranha foi visionário, enxergou no governador os atributos que o fariam ser um político de sucesso no Brasil do século XX. Um governante com poucas convicções e uma habilidade extraordinária de usar o poder para administrar conflitos; uma capacidade insuperável de preservar aliados e neutralizar adversários por meio da manipulação astuta e pragmática da distribuição de privilégios, vantagens, cargos e favores para os grupos e indivíduos que orbitavam em sua volta; uma figura carismática capaz de despertar nas pessoas a esperança de libertar o país das forças do atraso e de colocá-lo na trilha do progresso, do desenvolvimento e da

---

[76] CAMARGO, Aspásia et al. *Oswaldo Aranha: a estrela da revolução*. São Paulo: Mandarim, 1996, p. 41.

conquista do seu lugar de grande nação no mundo; um líder patriarcal que atuava como chefe de uma grande família, exigindo fidelidade, subordinação e obediência dos seus membros e, em troca, dando-lhes atenção, carinho, proteção e segurança.

Oswaldo não possuía vários desses atributos. Era um homem de princípios, com pouca paciência para lidar com a barganha corriqueira da "política de consenso" – aquela que exige abrir mão de certos valores para acomodar interesses imediatistas e demandas de políticos oportunistas. Era um estadista guiado por um forte senso de dever e de justiça e por ampla e lúcida compreensão dos interesses nacionais. Por isso, não fazia suas opções pensando exclusivamente na eleição seguinte ou no índice de popularidade do governo. Era um político esclarecido, incapaz de agir como um líder de facção, que descarta como traidores da pátria aqueles que dele discordam. Ao conhecer suas virtudes e limitações, Aranha conseguiu enxergar em Getúlio a habilidade e os atributos políticos necessários para conquistar a Presidência da República, reformar os costumes e as instituições da carcomida Primeira República. Sentia-se honrado de ser o fiel escudeiro de Getúlio e transferiu para ele a fidelidade incondicional cultivada em relação ao pai. A fidelidade era um valor importante para um homem que tinha a honra como um dos seus valores supremos.

A saga política de Getúlio Vargas foi um fato extraordinário. Ele foi um *self made man* da política que conseguiu transformar o desencanto da população, as aspirações das jovens lideranças militares e o apoio dos liberais dissidentes numa força política e militar capaz de derrubar o governo, destituir os donos do poder e conquistar a Presidência da República. Getúlio nasceu em São Borja, uma pequena cidade na fronteira com a Argentina. Não frequentou as escolas preparatórias de renome no Rio de Janeiro nem se formou nas faculdades de Direito de São Paulo ou do Recife, onde a elite brasileira estudava e as amizades eram forjadas, tecendo uma rede de relacionamentos que era usada para abrir portas na política, nos negócios e na sociedade. Getúlio não teve nenhuma dessas vantagens. Permaneceu no Rio Grande do Sul, onde ingressou na Escola Militar, tornou-se sargento e participou de algumas expedições militares pelo Brasil. Seus colegas eram oficiais militares de baixa patente que compartilhavam dos ideais positivistas difundidos por Júlio de Castilhos, o jornalista e político que defendia a criação de um Estado forte, centralizador e um governo autoritário no Brasil. Mas Getúlio não pretendia passar a vida como oficial de baixa patente. Sempre sonhou grande.

Ingressou na Faculdade de Direito de Porto Alegre e trocou a farda por um diploma de bacharel em 1903. Tornou-se advogado e logo o talento para a oratória e a habilidade de cativar as pessoas chamaram a atenção das lideranças do Partido Republicano Rio-Grandense. Convidado a disputar uma cadeira na Assembleia Legislativa do Estado, venceu sua primeira eleição em 1909, abandonou momentaneamente as ideias positivistas e tornou-se chimango. O adesismo ao governo era o caminho mais rápido para galgar os degraus da política. Lutar na oposição contra os coronéis da República traria apenas derrotas, frustração e distância do poder.

Em nove anos de carreira política, foi deputado estadual, deputado federal, líder da bancada gaúcha no Congresso, ministro da Fazenda do presidente Washington Luís e, em 1928, governador do Rio Grande do Sul. Conquistou cargos importantes e uma legião de admiradores das mais variadas espécies. Os governistas o viam como fiel aliado e administrador competente. Os militares o consideravam um camarada que simpatizava com suas ideias positivistas e reivindicações. A empatia com o povo era fruto do carisma e habilidade de se comunicar numa linguagem direta e compreensível. Esses atributos, entretanto, não eram suficientes para conquistar a Presidência da República. Num sistema político controlado por chimangos nacionais e locais, a perspectiva de poder só se tornaria factível se houvesse uma divisão entre eles. Isso foi justamente o que ocorreu na sucessão de Washington Luís.

A insistência de Washington Luís em lançar Júlio Prestes como candidato à Presidência da República causou a ruptura da aliança entre São Paulo e Minas Gerais, responsável pela eleição de todos os presidentes civis da Primeira República. A cizânia abriu a possibilidade de se lançar uma candidatura que contasse com o apoio de Minas Gerais e dos estados dissidentes, como Rio Grande do Sul e Paraíba. Surgiu então a candidatura de Getúlio Vargas, lançada pelos mineiros numa tentativa de unir novamente São Paulo e Minas Gerais. Washington Luís manteve-se irredutível em torno de Júlio Prestes. Mas o presidente da República não contava com a divisão dos próprios paulistas. O Partido Democrata resolveu apoiar Getúlio Vargas após Getúlio lhes assegurar que, se eleito, atenderia as três principais reivindicações liberais: a adoção do voto secreto, a restauração da liberdade de expressão e a criação de uma República constitucional. Ninguém teve a brilhante ideia de perguntar como ele conciliaria as promessas feitas aos liberais paulistas com a reivindicação dos tenentistas, que desejavam um Estado centralizador e um governo autoritário.

Oswaldo Aranha teve um papel duplo na campanha presidencial. Trabalhava na coordenação da campanha de Getúlio e na elaboração de um Plano B – um golpe militar. É estranho ver um homem que prezava o Estado de Direito, a democracia e a liberdade confabular a favor de um golpe de Estado. O que teria levado o defensor da lei e das instituições a se tornar um revolucionário? Na ótica de Aranha, a República liberal concebida por Prudente de Moraes havia atrofiado os princípios e valores expressos na Constituição de 1891. O Estado passou a ser controlado por uma casta que rechaçava as reformas, a alternância no poder e as mudanças graduais de que a República necessitava. Um governo que manipula eleições, cerceia a liberdade de escolha e viola os princípios constitucionais para permanecer no poder perde a legitimidade. Nesse caso, o emprego do uso da força seria moral e politicamente justificável.

Oswaldo Aranha antevia que o governo federal jamais permitiria que o candidato governista fosse derrotado nas urnas por meio da livre escolha. Ao insistir na candidatura de Júlio Prestes e recusar qualquer entendimento com a oposição, Washington Luís deixou claro que recorreria a todos os meios para garantir a vitória do seu candidato. O pressentimento de Aranha se confirmou. O governo mobilizou sua máquina invencível e elegeu Prestes. A alternativa que restava à oposição era a revolução.

Getúlio temia a opção golpista. Sabia que era uma aventura arriscada. O presidente possuía o poder, os recursos e as tropas para sufocar rebeliões militares. O governo federal debelara todas as revoltas dos dez anos anteriores. Após as vitórias governistas, ocorria um ritual implacável de punição, retaliação e degola. Getúlio receava não só perder a batalha como também as consequências nefastas, para o Rio Grande Sul e para ele próprio, de uma eventual derrota. Procurou todos os meios para se recompor com o governo federal e selar o entendimento com o presidente da República. Reconheceu a vitória eleitoral de Prestes e deu todos os sinais de que aceitara pacificamente a derrota. Mas Aranha, que continuava a articular ininterruptamente o golpe, tinha conquistado o apoio de comandantes militares e líderes civis nos principais estados. Os conspiradores estavam animados com a perspectiva do golpe, mas frustrados com a hesitação de Getúlio em aderir abertamente à revolução armada.

Em junho de 1930, Aranha, também frustrado com a atitude de Vargas, pediu demissão da Secretaria de Justiça e abandonou a ideia da revolução. Aproveitou a demissão para escrever uma carta ao seu amigo Virgílio Mello Franco: "Estou farto desta comédia; não podia continuar subordinado a um chefe tão fraco que desanima seus próprios soldados".[77] A renúncia de Aranha desarticulou o movimento golpista. Ele era a cabeça e os braços do golpe. Mas, no dia 26 de julho, uma notícia provocou uma reviravolta na cena política. João Pessoa, candidato a vice-presidente na chapa de Getúlio Vargas, foi assassinado no Recife. Para Aranha, tratava-se do início da degola governista e da perseguição aos opositores do governo federal. Se não agissem rapidamente, Getúlio e seus aliados seriam abatidos como mansos cordeiros pelo governo. Apesar de ser comprovado que o assassinato de João Pessoa não contara com o envolvimento do governo federal, sua morte despertou o medo da degola e acabou com a hesitação de Getúlio, que finalmente apoiou o golpe.

Oswaldo Aranha reassumiu o comando-geral do movimento revolucionário e pôs em marcha o plano de ação militar. No dia 3 de outubro, eclodiu a revolução no Rio Grande do Sul, em Minas Gerais e no Nordeste. Em 24 de outubro, o presidente Washington Luís foi deposto pelo general Tasso Fragoso e uma junta militar. As tropas revolucionárias marcharam, sem encontrar resistências, até o Rio de Janeiro. Recebido com festas na capital federal, Getúlio

[77] HILTON, *op. cit.*, p. 49.

foi empossado como o novo presidente da República. Representava o triunfo da esperança da renovação política, da reorganização do Estado e da volta da democracia constitucional.

Logo após o êxito da revolução, Aranha desejava retornar ao Rio Grande do Sul e tornar-se governador. Queria ficar perto da família e cuidar da política local. Mas Getúlio não podia abrir mão de tê-lo ao seu lado. Disse que precisava do amigo, dos seus conselhos sinceros e da sua opinião desinteressada, num momento tão importante do novo governo. Precisava também do seu talento político, da sua reputação pessoal e da ascendência sobre os dois principais grupos que apoiaram a revolução – os militares e os liberais – para tecer os entendimentos políticos entre eles. Em seguida, pediu ao amigo que assumisse o Ministério da Justiça. O convite tocava nos dois valores que lhe eram caros: a fidelidade à amizade e o senso de dever público. Não podia negar ajuda ao amigo no momento crucial da sua trajetória política; afinal, ele havia sido um protagonista da revolução que levou Vargas à presidência. Tampouco podia recusar o ministério que lhe daria poderes para desempenhar uma função vital na organização do governo. Sua primeira grande missão no ministério seria colaborar com o presidente na árdua tarefa de conter a pressão dos interesses antagônicos dos tenentistas e dos liberais que ameaçava a estabilidade do governo.

Getúlio manteve-se no poder administrando a tensão entre tenentistas e liberais, ora pendendo para um lado, ora para o outro. Assim que se tornou presidente, o pêndulo moveu-se em direção aos tenentistas. Os primeiros atos do governo atendiam à reivindicação de construção de um Estado forte, centralizador e intervencionista. Getúlio assumiu poderes ditatoriais, anistiou os militares que participaram das revoltas tenentistas e acabou com o federalismo, transformando os governadores em interventores federais. O presidente nomeava e destituía os interventores de acordo com seu desejo. Vargas confiou aos tenentes a maioria dos governos estaduais. Escolheu homens de sua confiança, sem vínculos com a política local e com poderes para impor a ordem, reprimir dissidências regionais e afastar do poder as elites políticas.

Em São Paulo, a nomeação do tenente pernambucano João Alberto Lins de Barros provou ser desastrosa. A escolha de um déspota militar provocou uma onda de protestos dos liberais que apoiaram Getúlio e que desejavam ver um paulista civil no poder. A inabilidade política de João Alberto para lidar com o berço do constitucionalismo, do liberalismo e da tradição civilista foi responsável pela crise que se instaurou em São Paulo. Oswaldo Aranha foi enviado à capital paulista para resolver a celeuma entre o interventor e as lideranças políticas do estado. Ao chegar a São Paulo, em 23 de julho de 1931, o ministro da Justiça deparou com uma situação extremamente grave.

Os paulistas estavam indignados com o despotismo de João Alberto e dos militares que se apoderaram do governo. Esse era o caso de Miguel Costa, chefe da polícia e secretário de Segurança do governo paulista. Responsável por organizar movimentos de massa em apoio ao governo Vargas e combater os críticos do regime – como jornalistas, parlamentares da oposição ou liberais indignados com o autoritarismo do governo –, Miguel Costa tornou-se uma figura execrada pelas lideranças paulistas. Aranha logo percebeu que seria impossível manter João Alberto no cargo, por isso atendeu à reivindicação dos liberais em favor de um interventor civil e paulista.

Após algumas conversas com as lideranças políticas estaduais, o nome de Lauro de Camargo surgiu como o do candidato de consenso. Advogado, juiz e legítimo paulista, respeitado por conservadores e liberais, Camargo disse ao ministro da Justiça que aceitaria o cargo se tivesse autonomia para escolher seu secretariado sem a interferência dos militares. Traduzindo em poucas palavras, queria o poder para exonerar os tenentes do governo. Recomendou também ao ministro que o governo federal anistiasse os paulistas que lutaram contra Vargas. Seria um importante gesto de reconciliação do governo federal com o estado de São Paulo. Aranha acatou as recomendações de Lauro de Camargo e, em 24 de julho, anunciou o novo interventor do estado e declarou a anistia política.

O ministro deixou São Paulo crente de que a crise fora estancada e que a escolha de um governante civil e paulista contribuiria para cicatrizar as disputas com o governo federal. Aranha logo percebeu que a crise não estava confinada apenas a São Paulo. A arbitrariedade dos interventores militares também causara conflitos com as lideranças políticas locais em outros estados. A administração dessas disputas regionais mostrou a Aranha que a mera substituição dos chefes políticos da então chamada República Velha pelos tenentes não era suficiente para promover as mudanças de cultura e de comportamento necessárias para institucionalizar as reformas estruturais do Estado. Os costumes políticos que pautam a vida pública; as lealdades sociais e econômicas que governam as relações entre grupos, classes sociais e famílias; as crenças que moldam as atitudes e as ações de um povo não se destroem do dia para a noite com atitudes despóticas e voluntaristas de tenentes que ignoram o contexto político local. De fato, elas só acirraram a resistência da sociedade contra as mudanças, pois as pessoas enxergavam no voluntarismo dos interventores arrivistas uma ameaça aos seus interesses, aos seus direitos, aos seus costumes. Aranha confessou ao amigo Flores da Cunha: "É mais fácil mudar a forma de um governo do que a face de uma época".[78]

A angústia de Oswaldo Aranha tinha origem não só nas dificuldades de suas batalhas políticas, mas também em sua alma dividida entre as demandas tenentistas e liberais. Entendia a necessidade de se criar um governo forte e centralizador para garantir a ordem, promover as mudanças estruturais e alijar do poder a velha oligarquia, que via como a grande responsável pela situação caótica em que o país se encontrava. Em 1931, o Brasil estava à beira da bancarrota e ainda enfrentava disputas locais que ameaçavam a paz e a ordem interna. A mão de ferro do governo parecia-lhe necessária para conter a marcha da nação rumo ao precipício. Irritava-se com a insensibilidade dos liberais por não compreenderem o contexto emergencial do momento político. Responsabilizava-os por acirrarem os ânimos com seus protestos e reivindicações para pressionar o governo a restaurar rapidamente as liberdades constitucionais, convocar uma Assembleia Constituinte e dar ao país uma nova Constituição. Na visão do ministro da Justiça, os liberais pareciam não compreender a necessidade imperiosa de enfrentar os problemas urgentes e se livrar da velha oligarquia, antes de se dedicar à edificação de uma verdadeira democracia liberal.

Por outro lado, Oswaldo se exasperava ao ver os militares radicais ganhando espaço no governo e pressionando Getúlio para instituir

[78] SILVA, *op. cit.*, v. 9 (O início da Era Vargas), p. 37.

uma ditadura no país, nacionalizar os recursos naturais, criar companhias estatais em áreas estratégicas – como petróleo e mineração – e adotar políticas intervencionistas e nacionalistas na área econômica. Aranha era radicalmente contra o receituário tenentista na economia. Quando o presidente Vargas lhe pediu, em novembro de 1931, que assumisse o Ministério da Fazenda, Aranha não poupou críticas à política intervencionista perseguida pelo governo para usar os recursos públicos em prol da valorização artificial do café, com a compra de estoques excedentes: "Sou contrário à intervenção do governo na vida comercial do país para valorizar produtos e manter indústrias artificiais".[79] Quando os tenentistas insistiram na suspensão da liberdade de imprensa, Oswaldo interveio com firmeza para conter a pressão dos militares que demandavam ao presidente o fechamento dos jornais que atacavam o governo.

Nesse malabarismo entre interesses tenentistas e liberais, Oswaldo Aranha teve papel fundamental como fiel da balança para conter a radicalização das disputas políticas. Era visto pelos tenentistas como companheiro de batalhas e defensor dos seus interesses. Ao mesmo tempo, era reconhecido pelos liberais como a voz do bom senso, o defensor do Estado de Direito e da legalidade, num governo que cedia cada vez mais espaço aos tenentes que procuravam sepultar os princípios liberais e constitucionais. Mas, conforme Getúlio se distanciava da promessa da construção de um regime democrático, a tensão política crescia a tal ponto que o bom senso e a moderação de Oswaldo Aranha já não eram mais capazes de conter a insatisfação e o desencanto dos liberais e constitucionalistas.

A insatisfação com a política autoritária do presidente Vargas espalhou-se pelo Brasil e começou a tomar contornos perigosos no início de 1932. Os descontentes com o regime uniram-se para formar a Frente Única Paulista, um movimento de oposição ao governo federal que reuniu liberais, constitucionalistas, políticos conservadores depostos pela Revolução de 1930 e militares moderados. Antigos aliados e adversários de Vargas, como o gaúcho Borges de Medeiros, o mineiro Arthur Bernardes e o paulista Júlio Mesquita (proprietário

[79] HILTON, *op. cit.*, p. 119.

do jornal *O Estado de São Paulo*), juntaram-se para criar um bloco de oposição forte e coeso.

A Frente Única Paulista provocou a cisão das forças políticas nos estados e rapidamente ganhou força, conforme a truculência do governo aumentava. Três ministros renunciaram por discordar da não punição de militares radicais que atacaram jornais de oposição e espancaram jornalistas. Além disso, o ministro da Fazenda, o paulista José Maria Whitaker, também renunciou em solidariedade a Lauro de Camargo, que continuava a sofrer pressão dos militares em São Paulo. Com o apoio do general Góes Monteiro, Miguel Costa e seus comparsas continuavam a infernizar a vida de Camargo, pressionando-o a demitir secretários estaduais, vetando nomes escolhidos para o governo e criando inúmeras dificuldades para o interventor. A atitude dos militares acirrou o ânimo dos paulistas e provocou a publicação de um manifesto, que voltou a unir os membros do Partido Republicano Paulista e do Partido Democrata em torno da Frente Única e da luta pela convocação de eleições para a Assembleia Constituinte.

Oswaldo Aranha, que substituíra Whitaker na Fazenda, foi novamente convocado por Vargas para apaziguar os ânimos em São Paulo. Dessa vez, encontrou um clima bem diferente. Foi hostilizado pelos paulistas, testemunhou as grandes manifestações populares contra o governo federal e foi atacado impiedosamente na imprensa local, mesmo após ter nomeado um novo interventor, Pedro de Toledo. De São Paulo, Aranha telegrafou ao presidente:

> Situação grave. Excitação popular violenta e hostil a mim e ao governo. Força Pública dividida, em maioria com o povo. Sou de parecer que Toledo organize o governo com nomes escolhidos dos partidos, uma vez a Frente Única compromete-se a cooperar com o governo. Espero sua palavra com a máxima urgência para liquidar o caso imediatamente.

O presidente Vargas respondeu-lhe: "Deixo-te a liberdade de agir, conforme parecer mais conveniente aos interesses do país e à segurança da revolução".[80]

---

[80] SILVA, *op. cit.*, v. 9, p. 134.

Aranha aprovou os nomes do secretariado de Pedro de Toledo e voltou para o Rio de Janeiro extremamente preocupado com a situação. Getúlio precisava conduzir a abertura política, convocar eleições e dar ao país uma Constituição democrática. Se continuasse adiando a decisão, o país correria sério risco de imergir na guerra civil. De fato, não tardou para a Frente Única receber o apoio de vários militares moderados que se prontificavam a liderar as suas tropas para derrubar o governo Vargas. A adesão dos generais Isidoro Dias Lopes e Bertoldo Klinger e do coronel Euclides de Figueiredo à Frente Única aceleraram os planos conspiratórios da revolução constitucionalista. O levante eclodiu em São Paulo no dia 9 de julho de 1932.

A adesão popular à revolução paulista foi impressionante. Brasileiros de vários estados apresentaram-se como voluntários para lutar ao lado dos paulistas. Em São Paulo, pessoas de todas as camadas sociais contribuíram com a revolução, voluntariando-se para ingressar nas milícias e vendendo bens para doar recursos para equipar as tropas revolucionárias. Milhares de jovens de outros estados se alistaram na milícia paulista. A comoção cívica que os levou a pegar em armas para defender a liberdade, a democracia e a criação de um governo constitucional mostraram ao país que o povo não aceitaria pacificamente a conversão do Brasil numa ditadura. Após três meses de batalhas, os paulistas, embora militarmente derrotados, foram politicamente vitoriosos.

Os tenentes se enfureceram ao ver o pêndulo movendo-se em direção aos constitucionalistas. Apesar da derrota, os liberais conseguiram extrair do presidente Vargas a convocação de eleições e a instauração da Assembleia Constituinte. Getúlio adotou essas medidas porque queria ganhar tempo para reorganizar suas forças políticas, resolver a dramática situação financeira do país e assegurar a pacificação interna da nação. Aranha, ao contrário, acreditava que a paz e a ordem só seriam restabelecidas com a restauração da democracia, da liberdade e do governo constitucional.

Oswaldo Aranha foi indicado por Vargas para ser o líder do governo na Assembleia Constituinte. Na abertura dos trabalhos, em novembro de 1933, adotou um tom conciliador: "O Poder Legislativo começou a existir convosco em nosso país. E é necessário à nossa paz e à nossa grandeza que jamais deixe de existir. Serei vosso representante, das vossas deliberações, da vossa independência". Uma réplica, do deputado Henrique Dodsworth, do Rio de Janeiro, revelou que as feridas da revolução constitucionalista e da luta pelo restabelecimento da democracia não seriam cicatrizadas somente com belas palavras e a condescendência do governo para permitir a realização da Constituinte: "A convocação da Assembleia Constituinte custou ao governo a assinatura de um decreto, mas custou a São Paulo a vida de paulistas independentes. Esta é a verdade – não a devemos só ao governo; se os estados estão aqui reunidos, muito devemo-la a São Paulo."[81]

Essa foi apenas a primeira de 50 sessões de debates na Assembleia Constituinte, em que governistas, tenentistas e constitucionalistas digladiaram-se durante sete meses na elaboração da nova Constituição.

Apesar das rivalidades entre tenentistas e liberais, a nova Constituição brasileira foi promulgada em 16 de julho de 1934. A preponderância dos constitucionalistas na organização política do Estado imperou. O federalismo foi restaurado, os partidos políticos voltaram a existir. A autonomia do Executivo foi cerceada e o Legislativo tornou-se o centro das decisões políticas do país. O Judiciário resgatou sua independência. Os brasileiros – e, pela primeira vez na história do país, as brasileiras – acima de 18 anos conquistaram o direito de votar e de escolher os seus governantes pelo voto direto. Mas os tenentes também obtiveram vitórias. Com inspiração no fascismo italiano, os interesses corporativistas receberam destaque na nova ordem constitucional. Havia deputados eleitos pelas "organizações profissionais" e foi "assegurada a representação igual de empregados e empregadores". Foram também criadas a Justiça Eleitoral, a Justiça Militar e a Justiça do Trabalho.[82] No campo econômico, os tenentes venceram. A presença intervencionista do Estado na economia e o controle estatal das áreas de interesse estratégico colaboraram para criar importantes distorções no funcionamento do mercado.

---

[81] *Ibid.*, pp. 47-48.

[82] D'AVILA, Luiz Felipe (Org.). *As constituições brasileiras*. São Paulo: Brasiliense, 1993, p. 35.

Além dos embates na Constituinte, Oswaldo Aranha teve de lidar com os desafios da política econômica. Não havia maior divergência entre o presidente e o ministro da Fazenda do que a condução da economia. O presidente pendia para o lado intervencionista e nacionalista; o ministro era um liberal convicto que questionava a eficácia das políticas intervencionistas, defendia a austeridade na administração do orçamento da nação, entendia a necessidade de cortar drasticamente as despesas do governo e de estimular as exportações para equilibrar as contas públicas. Vargas concordava com o diagnóstico de Aranha, mas discordava das medidas propostas. Na sua visão de presidente, os interesses políticos sempre se sobrepunham à racionalidade econômica. Quando o ministro da Guerra, Góes Monteiro, não conseguiu persuadir Oswaldo Aranha da necessidade de investir mais nas Forças Armadas, Vargas interveio e determinou que a reivindicação do ministro da Guerra fosse atendida. Aranha cedeu a contragosto.

O desentendimento entre Oswaldo e Getúlio não se limitou apenas aos rumos da política econômica. O clímax se deu com a tentativa do presidente de interferir no trabalho da Constituinte para garantir sua eleição presidencial por meio do voto indireto. Numa conversa reservada com Aranha, o presidente garantiu que não se intrometeria no assunto da eleição presidencial. Contudo, era evidente que Getúlio tinha encorajado o deputado baiano Medeiros Neto a mobilizar seus aliados no Parlamento para aprovar a medida que postergaria a eleição direta para presidente da República para 1937. A eleição presidencial de 1934 seria por meio do voto indireto, ou seja, os constituintes elegeriam o presidente da República.

A proposta de Medeiros Neto contemplava inverter a ordem dos trabalhos na Assembleia Constituinte e propor a eleição para presidente da República antes da definição da nova Carta. A proposta gerou tumulto e debates acalorados entre os aliados de Getúlio e os constitucionalistas. A solução salomônica abriu uma exceção para a realização da eleição indireta em 1934, mas ela só seria realizada após a proclamação da nova Constituição. Se governistas e constitucionalistas foram capazes de chegar a um acordo na Constituinte em relação à eleição indireta, Oswaldo Aranha repudiou veementemente a decisão. Como amigo, sentiu-se traído pelo presidente que disse uma coisa e fez outra; como estadista, não podia tolerar a violação de um princípio democrático para acomodar o interesse momentâneo de Getúlio. A questão tornou-se o pomo da discórdia que levou Aranha a pedir demissão. Na carta endereçada a Getúlio, o ministro não ocultou a decepção com a atitude do presidente:

> Esta carta é pessoal. Dela deveremos ter conhecimento apenas nós dois. Precisava, porém, escrevê-la para fixar, nesta hora obscura de desatinos, a minha atitude política e a minha conduta pessoal.
>
> Foi, contra tudo quanto ontem conversamos, apresentada a indicação invertendo a ordem dos trabalhos da Assembleia. Não conheço disparate maior, nem maior atentado ao regime que pregamos e prometemos ao país. A nossa história política não registra, em seus turvos anais, fato mais brutal e de tanta insensatez.
>
> Não fui ouvido pelos responsáveis diretos e indiretos nestes deploráveis acontecimentos. A apresentação inesperada da indicação, porém sem este prévio entendimento, antes com manifesta exclusão minha por parte de todos..., põe-me fora do teu governo e do círculo político governamental.[83]

A coragem e a franqueza de dizer verdades ao amigo Getúlio foram sempre virtudes de Oswaldo. As palavras duras e as recriminações a violações de princípios deviam causar desconforto em Getúlio. Por outro lado, ajudavam o presidente a evitar ser traído pelo seu ponto cego, pelas lisonjas dos áulicos e pelas meias-verdades dos auxiliares, que sempre se expressavam com cautela por temer perder cargos e poder. Aranha não se importava com cargos, mas em servir ao país; não pensava em perpetuar-se no poder, mas em exercê-lo para construir e fortalecer as instituições. Essas virtudes, somadas à amizade incondicional, transformaram-no num conselheiro único para o presidente. Por isso, Getúlio sempre o queria por perto e, como de costume, apelou para a velha amizade entre eles e o senso de dever público de Oswaldo para que permanecesse no governo.

---

[83] HILTON, *op. cit.*, p. 180.

Mas ele manteve-se irredutível. Getúlio acabou seduzindo-o com o convite para assumir a embaixada dos Estados Unidos. Afinal, Aranha queria distância do presidente e da política nacional.

Oswaldo Aranha embarcou em julho de 1934, logo após a promulgação da nova Constituição. Sua experiência no exterior causou profunda transformação nas suas convicções políticas. Tornou-se defensor ferrenho da democracia numa época na qual o mundo parecia fascinado por regimes totalitários de esquerda e de direita. A odisseia diplomática de Aranha começou pela Europa. Antes de se instalar nos Estados Unidos, foi conhecer a Itália de Mussolini e averiguar *in loco* a situação europeia, cuja tensão diplomática e militar ameaçava desestabilizar a ordem internacional. Ficou muito mal-impressionado com o que viu. A Itália era um país "pobre, sem matérias-primas para manter-se como grande potência". Mussolini, que se chamava de *Il Duce*, era "um César *masqué* de Napoleão e *travesti* de Bismarck", que estava em busca de uma aventura militar para manter o povo unido em torno do ideal fascista e fazê-lo esquecer as inúmeras dificuldades domésticas que era preciso enfrentar. "A Itália está militarizada da cabeça aos pés. Dizia-se que breve ocupariam a Abissínia!", escreveu a Getúlio. Na Alemanha, Hitler havia assumido poderes ditatoriais em agosto de 1934 e buscava combater o desemprego do país investindo na indústria bélica e edificando um regime totalitário: "O ar da Europa está carregado de tempestades" e a guerra parecia inevitável.[84]

Na visão de Aranha, o nazismo e o fascismo eram sistemas de governo que iludiam as pessoas, criando um falso senso de estabilidade e progresso. Ambos propagavam uma perigosa escalada militar na Europa, insuflando a tensão no continente e colocando em risco a paz e a ordem internacionais. Aranha não se impressionou com os discursos de Mussolini sobre o desempenho econômico do regime fascista nem com o aparato militar de que italiano se orgulhava. O fascismo parecia-lhe uma grande farsa e uma perigosa ilusão. Suas observações, entretanto, contrastavam com a opinião dominante, segundo a qual regimes totalitários substituiriam as democracias decadentes.

---

[84] *Ibid.*, pp. 188-189.

Vargas e os principais líderes tenentistas que cercavam o presidente – como Eurico Dutra e Góes Monteiro – discordavam do diagnóstico de Aranha e compartilhavam da visão de supremacia dos regimes totalitários. Para eles, o fascismo e o nazismo representavam a pujança econômica, a nova ordem social e o modelo de Estado ideal para enfrentar os desafios da era moderna. Na comparação, as democracias pareciam regimes fracos e instáveis, incapazes de responder aos anseios de uma sociedade de massa. A República de Weimar, na Alemanha, e a Terceira República da França eram exemplos concretos de democracias decadentes, marcadas por crises governamentais e disputas partidárias que debilitavam a economia, geravam maior instabilidade político-social e revelavam sinais evidentes de desgoverno e de fragilidade institucional. Em contrapartida, os regimes totalitários haviam resgatado o orgulho nacional, promovido a recuperação econômica, restabelecido a ordem social e política e pareciam preparados para conquistar o mundo com o seu poderio bélico e os seus líderes fardados, que mobilizavam as massas com carisma, discursos envolventes e gestos teatrais.

A desilusão com a democracia após a Primeira Guerra Mundial gerou regimes totalitários que faziam sucesso econômico a partir de ideologias tão variadas como o socialismo e o fascismo. Foram necessários uma segunda guerra mundial, quase 50 anos de ditaduras (1945-1989) e mais de 100 milhões de mortos para sepultar os regimes totalitários que escravizaram quase metade do mundo. A queda do Muro de Berlim, em 1989, marcou o colapso da capacidade de promover crescimento econômico e o tão prometido bem-estar social em regime de estufa.

Oswaldo Aranha viveu o momento de crise mais aguda da democracia, o momento em que ela era um valor no qual poucos apostavam. Enquanto a Europa e a Ásia caíam nas garras de Mussolini, Hitler e Stalin, os Estados Unidos de Franklin Roosevelt eram o país mais importante onde a democracia continuava sendo um valor central. Oswaldo Aranha deslumbrou-se com a democracia americana. Ao desembarcar em Nova York, em setembro de 1934, Aranha ficou encantado com o progresso eletrizante da cidade. Ao contrário do pessimismo reinante na Europa, os Estados Unidos, apesar da crise econômica, eram movidos por um otimismo contagiante e por um amor incondicional à liberdade do indivíduo. Esses ingredientes constituíam a força propulsora da democracia americana. Assim escrevera o embaixador Aranha ao presidente Vargas:

> Não tens uma ideia da organização moral, política e social deste povo. É uma criação maravilhosa do progresso e da democracia. Isto aqui muda muito as nossas concepções. A evidência da vida e da organização dessa gente faz luz sobre muitas dúvidas e erros arraigados em nós.[85]

Nos Estados Unidos, Oswaldo Aranha abandonou os resquícios de simpatia pelo Estado forte e centralizador e tornou-se defensor implacável da liberdade individual e da democracia. A vivência americana revelou-lhe a existência de uma sociedade dinâmica, imbuída de um espírito cívico, de uma alma empreendedora e de um apreço à liberdade individual que repudiava a ideia de um Estado forte e intervencionista que dita as diretrizes econômicas da nação. Ao general Góes Monteiro, o embaixador afirmou o seguinte:

> Tudo aqui é obra da liberdade. O governo aqui não intervém na vida do país... nem em 15% da atividade geral! É aí [no Brasil] que tudo precisa ser obra do governo. Aqui acham que com 15% há governo demais! O individualismo aqui faz milagres, porque assenta suas bases na formação moral, sã, solidária e fraternal.[86]

O encanto com os Estados Unidos não se resumiu apenas às primeiras impressões. Aranha mergulhou no estudo das instituições políticas, da história e da cultura americanas; dedicou-se a aprender inglês e viajou de carro de costa a costa para conhecer melhor o país. Percorreu quase 15 mil quilômetros em 45 dias. Ao regressar a Washington DC, escreveu a Getúlio:

> Atravessei zonas industriais, agrícolas e pecuárias, cruzei grandes centros urbanos e desertos, tudo isso povoado por uma gente industriosa

---

[85] CAMARGO *et al.*, *op. cit.*, p. 111.

[86] HILTON, *op. cit.*, p. 206.

> e feliz. Nesse percurso não pude encontrar a célebre *depression* nem uma só mão implorando uma esmola. A situação americana, a despeito de todas as vozes ao contrário, é sem dúvida de invejar.[87]

Os efeitos colaterais da depressão americana permitiram a Oswaldo Aranha concluir um ótimo negócio para o Brasil. Ele comprou um belo casarão histórico na *Massachussetts Avenue* por US$ 200 mil, onde instalou a residência do embaixador e, mais tarde, foi construída a nova embaixada brasileira. Com ajuda do seu primo e ministro-conselheiro em Washington, Cyro Freitas Valle, Aranha remodelou a embaixada, estruturou sua equipe e aprendeu rapidamente os meandros da capital americana. A simpatia contagiante de Aranha, seu entusiasmo em trabalhar com afinco para estreitar os laços entre Brasil e Estados Unidos e a capacidade de cultivar boas relações com empresários, políticos, jornalistas e funcionários do Departamento de Estado permitiram-lhe criar uma importante e valiosa rede de contatos para explicar e difundir os interesses do Brasil. A relação pessoal e de amizade que estabeleceu com o presidente Franklin Roosevelt foi vital para aparar as arestas entre os dois países numa hora crítica, quando o governo Vargas se aproximava perigosamente da Itália fascista e da Alemanha nazista.

Enquanto Oswaldo Aranha se encantava com os frutos da prosperidade que a democracia e a liberdade produziam na América, o governo Vargas pendia para o modelo fascista de governar. Em 1935, o presidente adotou várias medidas autoritárias que deturparam o regime democrático concebido pela Constituição de 1934. O governo usou como pretexto os confrontos entre comunistas e integralistas para fechar a Aliança Nacional Libertadora (ANL) em julho de 1935. Liderada por Luís Carlos Prestes, a ALN reunia comunistas e socialistas que combatiam o "imperialismo, o latifúndio e o capitalismo". Nos grandes comícios populares, os membros da ALN entravam em choque com os integralistas. Liderados por Plínio Salgado, os integralistas imitavam o fascismo italiano. Criaram a Ação Integralista Brasileira (AIB), trajavam camisa verde-escura, defendiam bandeiras

---

[87] *Ibid.*, p. 200.

nacionalistas, o Estado forte e autoritário e combatiam os comunistas. Somaram-se a esses movimentos várias revoltas militares de cunho político. Em Natal, no Recife e no Rio de Janeiro, oficiais ligados à ALN lideraram levantes contra o governo, que foram rapidamente sufocados por tropas governistas.

Getúlio, que já havia decretado o fechamento da ALN em julho, solicitou ao Congresso que decretasse o estado de sítio em novembro. O Parlamento aprovou o pedido do presidente da República com base na Lei de Segurança Nacional que fora sancionada em abril. Essa medida deu o verniz de legalidade que Getúlio precisava para cercear a liberdade da imprensa, fechar jornais críticos ao governo e perseguir seus adversários políticos. O governo prendeu militares rebeldes, jornalistas que criticavam o governo e políticos suspeitos de envolvimento com "atividades subversivas". Preocupado com a repercussão das medidas de exceção nos Estados Unidos, Vargas escreveu pessoalmente uma carta a Oswaldo Aranha no próprio dia 25 de novembro – data na qual o governo solicitou ao Congresso a aprovação do estado de sítio. Getúlio justificou-a tocando na questão central que tanto o governo americano como Aranha temiam na época: a conflagração de um golpe militar que instaurasse no Brasil um regime comunista, na órbita da União Soviética:

> Há tempos vem sendo desenvolvida em todo o país intensa propaganda comunista, em obediência a um plano geral estabelecido para a América do Sul, no último Congresso Comunista em Moscou. Foi em consequência do conhecimento desse plano que se resolveu fechar os núcleos da chamada Aliança Libertadora, que servia de rótulo às atividades dos elementos extremistas no Brasil.

Em seguida, o presidente descreve os levantes militares no Nordeste e ressalta "as ligações nitidamente comunistas" dos rebeldes. Por fim, Getúlio apresenta-se como o defensor da ordem e dos preceitos constitucionais:

> O Governo se considera aparelhado para manter a ordem, mas não poderá por mais tempo permanecer peado na ação preventiva e

> repressiva... contra os elementos extremistas que agem disfarçadamente e protegidos pelas garantias oferecidas pelo próprio regime que querem destruir. Nessas condições, impunha-se utilizar o remédio excepcional e, por isso, solicitei hoje ao Poder Legislativo autorização para decretar o estado de sítio por trinta dias. Não pretendo utilizar-me do sítio senão como medida do estritamente necessário e com a equanimidade que sempre inspirou os meus atos, mesmo em períodos mais agitados e em situações bem mais delicadas.[88]

Além da censura e da repressão política, o Brasil procurou fortalecer as relações comerciais com os regimes totalitários de Hitler e de Mussolini. O governo alemão enviara missões comerciais ao Brasil em 1934 e insistia em assinar um tratado comercial que vislumbrava aumentar significativamente o comércio entre os dois países por meio do estabelecimento de um sistema de cotas e compensação. O Brasil exportaria *commodities* para a Alemanha e, em contrapartida, usaria o crédito referente à venda para importar produtos alemães. Oswaldo Aranha protestou contra o acordo: "O acordo com a Alemanha é um erro de visão. É a sombra da árvore que não deixa ver os espinhos da floresta". Para ele, acordos comerciais não refletem apenas termos de permuta de mercadoria entre as nações. Eles retratam os valores e os princípios que o país honra. As vantagens oferecidas pela Alemanha estimulam a criação de blocos protecionistas que nada colaboram para o desenvolvimento econômico do país, para o ganho de competitividade das exportações brasileiras ou para a melhoria de produtividade da nossa indústria.

A decisão do acordo comercial com a Alemanha preocupou o governo americano. Os Estados Unidos desejavam firmar um tratado de reciprocidade comercial entre os dois países, mas a morosidade do governo brasileiro vinha arrastando as tratativas há mais de um ano. Na primeira audiência oficial de Oswaldo Aranha na Casa Branca, o presidente Franklin Roosevelt fez questão de mencionar a importância de se concluir o tratado comercial. O embaixador brasileiro resolveu empenhar-se com afinco para eliminar as dificuldades que impediam a sua

---

[88] SILVA, *op. cit.*, v. 9, pp. 127-128.

assinatura. Queria firmar um acordo baseado em princípios diametralmente opostos àqueles contemplados com a Alemanha. O acordo seria regido pelos princípios do livre comércio. Em vez de cotas de produtos e políticas compensatórias, o comércio seria regido pela eliminação de barreiras protecionistas, pela redução tarifária e pelo câmbio livre. Esse último ponto foi, de fato, a questão central que retardou as tratativas com o governo americano. O livre comércio não permitiria mais ao governo brasileiro o direito de promover a desvalorização da moeda para impulsionar as suas exportações. O Brasil teria de buscar outros meios para aumentar a sua competitividade e a sua produtividade.

O tratado comercial assinado com os Estados Unidos no fim de 1935 foi o primeiro triunfo diplomático de Oswaldo Aranha em Washington, mas sua aprovação no Congresso brasileiro provou ser uma verdadeira saga política. Embora os termos do acordo estivessem selados em fevereiro de 1935, o processo de ratificação no Parlamento brasileiro durou quase um ano. Acostumados a enriquecer beneficiando-se de políticas protecionistas e de reservas de mercado, os empresários que temiam a competição internacional e o livre comércio pressionaram o Parlamento e mobilizaram a imprensa contra os termos do acordo. Felizmente, o *lobby* dos industriais e comerciantes perdeu a batalha no Congresso. O acordo foi aprovado por 121 votos contra 51 na Câmara, em setembro, e, finalmente, foi ratificado em novembro pelo Senado.

Oswaldo Aranha acreditava que a política externa devia ser norteada por princípios. As ações do país na arena internacional precisam refletir o arcabouço de valores e convicções que a nação preza. A política externa não deve ser norteada apenas pela defesa dos interesses nacionais; é preciso conciliá-los com a defesa dos princípios e dos valores que asseguram o bom funcionamento da ordem internacional. Quando a defesa do interesse nacional debilita a crença nos princípios e nos valores que regem as relações internacionais, os possíveis ganhos de um país são anulados pelo aumento de tensão entre as nações e pela desestabilização da ordem e da paz mundial. Por isso, a política externa não deve ser conduzida com a visão míope que dita os embates da política partidária na esfera nacional. O comportamento errático e oportunista, ditado pelos interesses imediatistas do país, costuma romper os laços de confiança, de previsibilidade e de continuidade que determinam a reputação e a relevância da nação na arena internacional.

Esse foi justamente o caso do Brasil ao se abster de condenar a Itália na Liga das Nações, após Mussolini ter invadido a Abissínia (Etiópia) em 1935. Além da simpatia de Getúlio por Mussolini e da admiração que o ministro das Relações Exteriores, Macedo Soares, expressava pelo regime fascista, o ditador italiano seduziu-os com uma vaga promessa de comprar mais café e carne do Brasil. Aranha não se conteve com a atitude oportunista do governo brasileiro e expressou a sua indignação ao presidente da República:

> Não condenar a atitude da Itália, quando todas as nações do globo o fizeram, é trocar pela possibilidade de míseros 30 dinheiros a nossa fé internacional e, do ponto de vista estritamente prático, é optar pelas possibilidades de venda a uma nação pobre contra o comércio universal. Já aqui (nos Estados Unidos), estamos apontados como o único país do mundo, partidário dos processos de expansão da Itália![89]

Getúlio estava cercado de admiradores das ditaduras nazista e fascista. Além do próprio presidente da República e do ministro das Relações Exteriores, o general Góes Monteiro, ministro da Guerra, e o consultor-geral da República, Francisco Campos, tinham apreço indisfarçável pelo regime de Hitler. O único defensor entusiasmado da democracia, próximo a Getúlio, era Oswaldo Aranha.

O embaixador entendia que cultivar boas relações diplomáticas com os Estados Unidos deveria ser uma questão estratégica da política externa brasileira. Ele não desperdiçava nenhuma oportunidade para fortalecer os laços do Brasil com os Estados Unidos. Participava de encontros com empresários e políticos, cultivava boas relações com a imprensa americana, não recusava convites para falar sobre o país em conferências nas universidades, em associações de classe e em eventos sociais nos quais convivia com parlamentares, jornalistas e funcionários do Departamento de Estado americano. Nessas ocasiões, costumava explicar o Brasil e a ressaltar as afinidades entre os dois

[89] HILTON, *op. cit.*, p. 227.

países na arena internacional. Brasil e Estados Unidos defendiam a liberdade e a paz na América Latina. Ambos trabalhavam para evitar que as rivalidades e as disputas entre os países latino-americanos desestabilizassem a região. Ao contrário da Alemanha e da Itália, que perseguiam uma política expansionista na Europa, os Estados Unidos e o Brasil respeitavam a soberania das nações americanas e não pretendiam conquistar território no continente.

De fato, ambos procuravam atuar como mediadores nos conflitos e disputas regionais. Esse foi o caso da intermediação brasileira, em parceria com os Estados Unidos, para mediar o fim da Guerra do Chaco, entre Bolívia e Paraguai, em 1935. Aranha foi um dos arquitetos do acordo de paz. Além das afinidades em torno dos princípios que deveriam reger a política internacional no continente americano, os Estados Unidos eram o principal parceiro comercial do Brasil e ambos temiam as consequências nefastas de uma guerra europeia para o continente americano e para o mundo. A preocupação com a paz e a unidade na região, numa época de rápida deterioração da paz mundial, levou o presidente Roosevelt a consultar Oswaldo Aranha sobre a ideia de se promover uma conferência de paz para discutir as questões de segurança na América Latina. Aranha acolheu a ideia com entusiasmo e Roosevelt pediu ao embaixador para consultar Getúlio Vargas antes de propô-la aos outros países. A deferência em consultar Vargas antes dos demais presidentes foi um elemento importante para seduzir Getúlio e conquistar o apoio do Brasil à iniciativa da Conferência Pan-americana.

Lisonjeado com a mensagem de Roosevelt, o presidente brasileiro respondeu com entusiasmo:

> Acolhi a sugestão com viva e sincera simpatia. Nesta hora de profundas inquietações, a estrutura dos povos da velha civilização vinha preocupando, há muito, o meu espírito. A atitude que se me afigurava mais razoável e simpática, para reagirmos contra semelhante estado de coisas, era a de uma aproximação cada vez maior de todos os países americanos em defesa dos seus interesses.[90]

[90] CAMARGO *et al.*, *op. cit.*, p. 124.

Aranha acreditava que o encontro pessoal de seus dois amigos – Roosevelt e Vargas – traria ótimos frutos para pavimentar o caminho do estreitamento das relações entre os dois países e evitar que o Brasil acelerasse a sua aproximação com Hitler e Mussolini.

Enquanto o embaixador brasileiro acreditava que os princípios deviam balizar as escolhas políticas, o presidente da República entendia que os interesses nacionais deviam se sobrepor aos princípios na hora de pautar as decisões de governo. Convinha a Getúlio vestir o chapéu de democrata e aproveitar a iniciativa que Roosevelt havia lançado para ampliar o seu leque de alternativas políticas. Para Vargas, a defesa dos interesses do país na arena internacional exigia a habilidade de cultivar boas relações com as grandes potências, fossem elas nazistas, fascistas ou democratas. Getúlio se esquivava de assumir laços duradouros ou alianças permanentes com outras nações porque elas limitavam o seu raio de ação. Mestre do malabarismo dos interesses políticos, agarrava todas as oportunidades que lhe eram oferecidas para estender o seu cardápio de escolhas políticas. Oswaldo Aranha ofereceu-lhe uma oportunidade irrecusável. O endosso à Conferência Pan-americana traria ao Brasil o melhor dos dois mundos: aumentaria o prestígio internacional do país unindo-se aos Estados Unidos e às nações da região em torno da defesa da paz hemisférica e, ao mesmo tempo, não implicaria em assumir obrigação política ou militar, que traria ônus ao Brasil.

Roosevelt fez uma parada de 12 horas no Rio de Janeiro antes de embarcar para Buenos Aires, cidade escolhida para sediar a Conferência. O presidente americano foi recebido com grande pompa por Getúlio. Houve sessão solene no Congresso, banquete oficial e discursos enaltecendo a afinidade cultural dos dois países e a disposição das duas nações de zelar pela paz no continente americano e no mundo. Tanto Roosevelt como Getúlio possuíam uma personalidade cativante e sabiam empregar a simpatia como uma poderosa e eficaz arma de sedução para suas plateias. Assim como o presidente brasileiro, Roosevelt usava com mestria seu carisma para atingir seus objetivos políticos. O presidente americano empregou seu poder de sedução para estancar o movimento do pêndulo político que se movia perigosamente em direção aos regimes totalitários na região.

A criação de uma conferência de paz parecia-lhe uma ótima iniciativa para retardar esse movimento na América Latina. Com esse objetivo em mente, Roosevelt deixou o Rio de Janeiro no dia 28 de novembro e partiu para Buenos Aires.

A liderança de Aranha na Conferência Pan-americana foi vital para aparar as divergências com a Argentina e produzir um documento final que pudesse ser assinado por todas as potências. Os três pontos do acordo enfatizavam a criação de um pacto coletivo contra agressão externa e a defesa do princípio da não intervenção militar no continente: "O (jornal) *Herald Tribune*, de Chicago, exalta a doutrina brasileira na Conferência Pan-americana, declarando que ela passará à posteridade com o título de 'Doutrina Aranha'".[91] No retorno de Buenos Aires, em dezembro de 1936, Oswaldo Aranha fez uma parada estratégica de cinco meses no Brasil para se dedicar à política nacional.

O embaixador nutria a esperança de ser ungido por Getúlio como o candidato do governo à Presidência da República. Vargas não alimentava apenas as esperanças de Oswaldo Aranha; fazia as mesmas insinuações para outros pretendentes, como o ex-ministro José Américo de Almeida. O presidente manobrava as ambições e as pretensões dos candidatos e se apresentava como árbitro neutro. Havia três nomes competitivos para a sucessão: Armando de Salles Oliveira, Plínio Salgado e José Américo de Almeida. Sem a anuência de Getúlio, Oswaldo Aranha sepultou o sonho de disputar a Presidência da República e voltou para Washington em abril de 1937.

Após seu papel exitoso na Conferência de Paz em Buenos Aires, o embaixador teve de enfrentar dois momentos difíceis e embaraçosos no seu regresso aos Estados Unidos. O primeiro foi a tentativa fracassada de um acordo com o governo americano de arrendamento de navios contratorpedeiros para a Marinha brasileira. Apesar de contar com o apoio do presidente Roosevelt e de Sumner Welles, subsecretário para assuntos latino-americanos, Aranha viu o acordo fracassar quando seu conteúdo foi vazado para a imprensa, provocando reação contrária e imediata da Argentina. A oposição da Argentina

---

91 *Ibid.*, p. 139.

foi suficiente para retardar sua aprovação no Congresso americano. O projeto dos contratorpedeiros foi engavetado no Senado e sepultado com a promulgação do Estado Novo no dia 10 de novembro. Essa foi a segunda decepção. O fim do regime democrático no Brasil foi um baque para Oswaldo Aranha. Ele não escondeu sua decepção e constrangimento com o golpe de Getúlio. Sentiu-se incapaz de permanecer em Washington, defendendo um regime autoritário que abominava. No dia 12, enviou um telegrama ao Itamaraty pedindo exoneração.

Vargas compreendia muito bem a importância para o Brasil de manter Oswaldo Aranha nos Estados Unidos. Quando Getúlio desejava algo, mobilizava todas as suas forças e todos os seus aliados. Escreveu cartas pessoais para o embaixador, lembrando sua amizade e apelando para seu senso patriótico. Pediu também à filha, Alzira Vargas, para visitar a mãe e os irmãos de Oswaldo no Rio de Janeiro e convencê-los, em nome do presidente, a pressionar o embaixador a continuar no seu posto diplomático. Por fim, Getúlio mobilizou os ministros próximos a Oswaldo para pressioná-lo a permanecer nos Estados Unidos. O ministro da Fazenda, Souza Costa, escreveu-lhe que seria "um desastre" não o ter em Washington num momento delicado de mudança de regime no Brasil.

Mas Oswaldo Aranha não titubeava quando se tratava de questões de princípios. Não havia apelo que o fizesse rever sua posição. Manteve-se firme na decisão de deixar a embaixada e voltar para o Brasil. Mesmo demissionário, permaneceu no cargo mais um mês, período que teve de defender o Brasil e responder às inúmeras críticas e ataques feitos ao país, na imprensa, por ter criado um regime autoritário. O governo americano, entretanto, reagiu com cautela. Os Estados Unidos adotaram uma postura pragmática: era preferível tolerar um ditador no Brasil, que mantivesse a política de neutralidade, do que condenar o Estado Novo e ver o país se distanciar dos Estados Unidos e se aliar à Itália e à Alemanha.

Aranha sentiu-se duplamente traído por Getúlio. Primeiro, pelo fato de o presidente ter tramado um golpe sem que ele fosse informado com antecedência. Quatro dias antes do golpe, Aranha escreveu uma carta pessoal a Getúlio para pedir maiores informações sobre a situação política no país:

> Manda-me uma notícia da situação política do país. Sou, aqui, assediado a todos os momentos. Haverá eleição? Continuarão os mesmos candidatos? Estão planejando a prorrogação do mandato? É verdade que te querem impor mais este sacrifício? Diz-se muito, aqui, que estás apoiando os integralistas e que estes estão, em troca, favorecendo a tua continuação.[92]

Dois dias depois, em 8 de novembro, Getúlio respondeu. Enfatizou a gravidade do quadro político, alertou para o "perigo comunista" e insinuou que seria necessário tomar medidas duras. No dia 10 de novembro, o golpe foi anunciado: Vargas fechou o Congresso, promulgou a Constituição fascista, aboliu os partidos políticos, terminou com a autonomia dos governos estaduais e nomeou interventores para os estados; impôs a censura à imprensa, proibiu a realização de eleições e sepultou a independência do Poder Judiciário. Criou-se na Constituição de 1937 um artigo abominável, que delegava ao presidente o poder de anular uma decisão do Supremo Tribunal Federal, caso Vargas compreendesse que a matéria fosse "necessária ao bem-estar do povo, à promoção ou defesa do interesse nacional".[93]

Oswaldo Aranha sentiu-se traído e chocado com o ato arbitrário do presidente de ter rasgado a Constituição democrática e destruído a liberdade no país:

> Deves compreender que esta atitude [o pedido de exoneração do cargo diplomático] me foi imposta e não importa em adesão ao novo regime, uma vez que não concordo, antes condeno o que se fez em nosso país e, mais ainda, o que se pretende fazer, de que é indicação alarmante a nova Constituição.

O Estado Novo era "incompatível com as nossas tradições e os nossos sentimentos". Aranha foi talvez a única pessoa em torno do presidente capaz de manifestar com tanta franqueza e coragem o desgosto pela ditadura e os riscos que ela representava para o país:

---

92 *Ibid.*, p. 165.

93 D'AVILA, 1993, pp. 54-55.

"Não posso concordar com uma Constituição feita por um anormal [Francisco Campos, Ministro da Justiça], sem norma, sem regra", um verdadeiro "atentado à liberdade".[94]

Ao desembarcar no Brasil, Oswaldo Aranha foi recebido por um cortejo popular, por autoridades militares e ministros. Suas críticas ao Estado Novo tornaram-se públicas e não tardou em receber o apoio e encorajamento de várias pessoas que buscavam a sua liderança para conduzir a luta a favor da restauração da democracia e da liberdade no país. Novamente, Aranha se encontrava na encruzilhada entre a defesa dos princípios em que acreditava e a fidelidade ao amigo Getúlio. Se assumisse a defesa aberta da democracia, teria de se entrincheirar na oposição ao Estado Novo e combater seu amigo Getúlio. Por outro lado, não estava disposto a abrir mão dos seus princípios para defender um regime que representava a antítese dos valores que prezava. O que fazer e como agir quando havia um conflito entre a fidelidade à amizade e a defesa da liberdade e da democracia? É possível preservar a amizade com Getúlio e salvar o Brasil do caminho desastroso que o Estado Novo representava para a nação? Essas questões atormentaram Oswaldo Aranha durante três meses. Em vez de tomar uma atitude precipitada, resolveu usar as conversas reservadas com Getúlio e com um pequeno grupo de pessoas de sua estrita confiança para fazer um diagnóstico da situação política. Pretendia encontrar um modo de agir na arena pública e defender os valores democráticos sem trair a amizade e a confiança de Getúlio.

O caminho que escolheu trilhar pareceu estranho e contraditório à primeira vista, mas mostrou-se acertado com o passar do tempo. Em março de 1938, Oswaldo Aranha aceitou o convite do presidente da República para assumir o Ministério das Relações Exteriores. O fato de ter ocupado um cargo no governo ditatorial que ele tanto criticava deve ter decepcionado os defensores da democracia. Aranha era visto como o estadista capaz de liderar a batalha política pelo restabelecimento do regime democrático no Brasil. Por outro lado, os defensores do Estado Novo rejubilaram com a escolha do novo chanceler. O adesismo de Oswaldo ao governo removeu do campo político o

[94] HILTON, *op. cit.*, p. 259.

único estadista com força, prestígio e poder para mobilizar civis e militares para combater a ditadura. Pela primeira vez na sua trajetória política, Oswaldo parecia ter optado por abrir mão da defesa dos princípios em que acreditava em nome da preservação da sua amizade com Getúlio: "No dia em que perder a confiança nele [Getúlio], creio que não me sobrará uma tábua sequer neste naufrágio das minhas ilusões patrióticas", escreveu a seu irmão Adalberto.[95]

Apesar de repudiar o Estado Novo, Aranha acreditava que Getúlio era o único presidente capaz de evitar que o Brasil caísse nas mãos dos radicais de esquerda (comunistas) e de direita (integralistas). De fato, a discordância com Getúlio resumia-se à criação do Estado Novo. Aranha achava que a prorrogação do mandato presidencial de Vargas, em 1937, seria suficiente para manter a ordem, conter o avanço dos comunistas e integralistas e garantir o funcionamento das instituições. Vargas, entretanto, entendia que a adoção de medidas drásticas era necessária para conter a radicalização do processo político. O Estado Novo era o para-raios contra os extremistas que pretendiam conquistar o poder por meio do voto democrático. A ascensão de Mussolini e Hitler pelo voto representava o exemplo assustador dessa ameaça.

Segundo Oswaldo Aranha, havia uma diferença fundamental entre a "tropilha de loucos" – expressão que usava para descrever Mussolini e Hitler – e Getúlio. Enquanto os ditadores da Itália e da Alemanha acreditavam no credo ideológico do fascismo e do nazismo e na supremacia de seus regimes autoritários sobre as democracias, o presidente do Brasil não era movido por convicções ideológicas, mas pelo mais puro pragmatismo político. Nas conversas reservadas com Aranha, o presidente disse que, na política doméstica, continuaria a empregar a mão de ferro do Estado Novo, mas, na política externa, desejava preservar o leque abrangente de escolhas e as boas relações com os Estados Unidos. Vargas considerava vital para o interesse nacional cultivar boas relações diplomáticas e comerciais com os Estados Unidos, manter a neutralidade do Brasil em caso de guerra na Europa e não selar alianças com a Alemanha e a Itália. Para perseguir essa agenda política na arena internacional, precisava contar com

---

95 *Ibid.*, p. 237.

Oswaldo Aranha no Ministério das Relações Exteriores. Seu prestígio diplomático era fundamental para manter o bom relacionamento com as democracias. A sua oposição aberta ao Estado Novo também lhe era útil. Tratava-se de um contraponto à pressão dos ministros que queriam selar uma aliança do Brasil com a Alemanha e a Itália, em caso de guerra.

Aranha tornou-se chanceler e transformou o Ministério das Relações Exteriores na trincheira da defesa da democracia e da liberdade:

> Entrei para o Governo não para servir ao Estado Novo, mas decidido a evitar a repercussão de seus malefícios internos na situação internacional do Brasil [...]. A situação internacional era ameaçadora e, prevendo a hecatombe mundial, eu insistia na necessidade de preparar-se o Brasil para essa tremenda prova a que seríamos submetidos, com todos os demais povos. Esta foi a razão pela qual aceitei participar do Governo como Ministro do Exterior.[96]

A nomeação de Aranha foi muito bem acolhida no Brasil e no exterior. Os editoriais nos jornais brasileiros elogiaram a escolha e os liberais ganharam um aliado no governo para contrapor aos adesistas do Estado Novo no ministério. No exterior, a notícia da indicação de Aranha foi recebida com entusiasmo nos Estados Unidos, um sinal claro de que o Brasil não se aliaria à Alemanha e à Itália enquanto ele estivesse no cargo. A mesma acolhida teve o nome de Aranha nos países da América Latina que relembraram sua atuação judiciosa na Conferência Pan-americana em Buenos Aires.

Assim que assumiu, Aranha elegeu como prioridade reforçar os laços com os países vizinhos. Recebeu calorosamente o embaixador argentino, José Maria Cantilo, que havia sido nomeado o novo chanceler da Argentina pelo recém-eleito presidente Roberto Ortiz, e renovou o compromisso dos dois países de defender a paz e "a nossa política de exemplar vizinhança, de cooperação franca, de amizade sem nuvens e reservas". O chanceler instruiu o embaixador brasileiro na Argentina, José de Paula Rodrigues Alves, para assumir a chefia

---

96 CAMARGO *et al.*, *op. cit.*, pp. 176-177.

da delegação brasileira da Conferência de Paz em Assunção e La Paz, cujo objetivo era buscar a rápida reconciliação do Paraguai e da Bolívia após a conclusão do tratado da Paz do Chaco. Indicou também o ex-chanceler Afrânio de Melo Franco para representar o país na Conferência em Lima, no Peru, que almejava restabelecer os laços de paz entre Peru e Equador após graves desentendimentos entre as duas nações em torno da demarcação de fronteiras. Essas iniciativas revelaram a preocupação do chanceler brasileiro de manter a paz e a unidade na América do Sul num momento em que as rivalidades locais poderiam abrir o flanco para a infiltração nazista e fascista na região e levar alguns países a aliar-se a Hitler e Mussolini.

O presidente Roosevelt compartilhava da mesma preocupação do chanceler brasileiro. O aumento da tensão política na Europa exigia um esforço coletivo para evitar que o hemisfério americano fosse tragado pelo conflito europeu. Em março de 1938, a Alemanha anexou a Áustria e, em setembro, ocupou a região dos Sudetos, na Tchecoslováquia. A guerra na Europa parecia inevitável. Preocupado com os efeitos do conflito europeu no continente americano, Roosevelt convidou Oswaldo Aranha para um encontro em Washington nos primeiros meses de 1939. Discorreram sobre política externa, as relações econômicas e sobre a situação europeia. Na avaliação de Roosevelt, apesar do Acordo de Munique e da promessa de Hitler de que respeitaria o *status quo* na Europa, a Alemanha se preparava para a guerra. Já as democracias europeias estavam desunidas e despreparadas para conter o poder bélico nazista. Por isso, era muito importante fortalecer os laços econômicos entre Brasil e Estados Unidos e manter um canal aberto de troca de informação que permitisse aprimorar a coordenação das ações dos dois países para conter a infiltração nazista no continente americano.

O entendimento entre o presidente americano e o chanceler brasileiro não se limitou às palavras c à troca dc imprcssõcs sobrc o mundo. Oswaldo Aranha reuniu-se com os ministros da Fazenda, do Comércio e da Agricultura e firmou tratados importantes com o governo americano. O Tesouro dos Estados Unidos emprestou US$ 50 milhões para o Brasil criar o seu Banco Central (mas sua fundação não ocorrerá até 1965). O *Export and Import Bank* abriu uma generosa linha de crédito a fim de aumentar as transações comerciais entre os dois países e facilitar a compra de produtos industriais norte-americanos. Foi também renegociada a dívida em dólares do Brasil com os Estados Unidos. Em contrapartida, o Brasil eliminaria as barreiras para investimentos norte-americanos e as restrições sobre remessa de lucro das empresas que atuavam no país. O Brasil também receberia uma missão agrícola dos Estados Unidos para contribuir com o desenvolvimento tecnológico no campo. Na esfera militar, estabeleceram-se a realização de exercícios militares conjuntos, que visavam a defesa da costa brasileira e maior cooperação entre os dois países para garantir a paz na região.

Esses exercícios militares produziram um excelente efeito colateral: a conversão de Góes Monteiro, chefe do Estado-Maior do Exército, num entusiasta apoiador da aliança com os Estados Unidos. O general, que nutria simpatia pela Alemanha nazista, mudou de ideia após ter sido convidado pelo general George Marshall, subchefe do Estado-Maior do Exército americano, a participar de uma missão militar nos Estados Unidos. Góes Monteiro visitou vários centros militares, encontrou-se com o presidente Roosevelt e convenceu-se de que estreitar laços com os Estados Unidos era vital para o Brasil e para a segurança nacional. Em carta dirigida ao presidente Vargas, o general afirmou de maneira categórica:

> Estou convencido de que não conhecemos suficientemente os Estados Unidos, convindo, a meu ver, estreitar mais relações comerciais e culturais com eles e, no que diz respeito particularmente ao Exército, aconselho a vinda de um adido aeronáutico e de oficiais qualificados do Estado-Maior e das armas, principalmente de aviação e artilharia [...]. Estou certo de que não teremos jamais outra oportunidade como a que se nos depara agora e, perdê-la, seria absolutamente ridículo e impatriótico.[97]

A missão exitosa de Oswaldo Aranha não só colaborou para fortalecer os laços entre o Brasil e os Estados Unidos como também coroou com sucesso a atuação do chanceler, dando-lhe mais

---

[97] SILVA, *op. cit.*, v. 11, p. 50.

poderes e prestígio para neutralizar a influência alemã no país e no governo, cujo gabinete contava com vários ministros simpatizantes do nazismo que pressionavam Getúlio a estreitar as relações comerciais e militares com a Alemanha. O principal defensor da aliança com Hitler era Francisco Campos, ministro da Justiça, que não escondeu o aborrecimento na reunião ministerial do dia 31 de março, quando Aranha expôs aos demais ministros o teor dos acordos firmados em Washington. Getúlio relatou no seu diário o clima da reunião ministerial: "Observei acentuada má vontade do ministro da Justiça para com o seu colega do Exterior. Eu supunha antes que a prevenção era somente do segundo para o primeiro. Verifico que é recíproca, e não é só prevenção, também hostilidade.[98]

Oswaldo Aranha e Francisco Campos representavam os extremos ideológicos do governo. O primeiro era o defensor implacável dos princípios democráticos, da liberdade, do governo constitucional e do cultivo dos laços estreitos com os Estados Unidos. O segundo era o fundador do Estado Novo, o autor da infame e autoritária Constituição de 1937 e o defensor da aliança do Brasil com países do Eixo – Itália e Alemanha. Aranha representava a fachada liberal do regime autoritário na conduta da política externa; Campos, o viés ditatorial do Estado Novo. Ele era o maestro do regime de exceção, da repressão política, das prisões dos opositores do governo e da deportação de judeus para a Alemanha nazista. Aranha era uma das poucas vozes a expressar críticas abertas ao Estado Novo sem ser preso ou perseguido pelo governo. Antes de aceitar o cargo de chanceler, havia combinado com Vargas que manteria distância da conduta da política doméstica, da qual discordava veementemente. Entretanto, Aranha não resistia inserir críticas ao regime autoritário quando tinha oportunidade de falar sobre a política externa.

Ao ser convidado a falar no Clube Nacional de Imprensa, o chanceler discursou sobre a democracia e o Estado democrático: "O que nós chamamos democracia resulta nisso: negar à coletividade o direito

[98] VARGAS, Getúlio. *Diário*. São Paulo: Siciliano/ Fundação Getúlio Vargas, 1995, v. 2, p. 213.

de substituir o indivíduo em todas as matérias que dizem respeito à sua consciência e que, no seu limiar, expira o poder do Estado".

Em seguida, transcorreu sobre a importância dos acordos firmados com os Estados Unidos para o desenvolvimento econômico do país:

> O Brasil precisa, além de atingir um rápido desenvolvimento das suas riquezas naturais, da colaboração de um país industrializado, possuidor de uma tecnologia adiantada. Lastimo ser obrigado a dizê-lo, meus senhores, esta colaboração não nos foi oferecida no passado pelos Estados Unidos.

Por fim, Aranha enfatizou a importância da aproximação com os Estados Unidos para "desenvolver o espírito do pan-americanismo real e prático, o que significa a criação de uma grande e poderosa comunidade de nações".[99] O espírito pan-americano foi testado logo após a invasão da Polônia pelas tropas alemãs e a deflagração da Segunda Guerra Mundial, em setembro de 1939. A primeira providência a ser tomada no continente americano era assegurar a neutralidade dos países e a segurança marítima da região. A defesa do Atlântico tornou-se assunto principal da Conferência do Panamá, realizada no fim de setembro.

Apesar de defender a neutralidade no continente americano, Aranha recomendou ao presidente Vargas que preparasse o Brasil para a guerra. Segundo o chanceler, Getúlio deveria tomar providências para racionar o consumo de combustível e de trigo e proibir a exportação de ferro. Atuando em perfeita sintonia com o general Góes Monteiro, que havia assumido a chefia do Estado-Maior, Aranha iniciou as tratativas para criar bases militares americanas em Natal e Fernando de Noronha – pontos estratégicos como apoio logístico a uma eventual operação militar e naval na costa da África. A questão da construção das bases militares e da defesa da região tornou-se premente após o exército nazista ter invadido a Holanda, a Bélgica e Luxemburgo, violando o estatuto de países neutros dessas nações. Em maio, Aranha alertou para o grave significado da violação do princípio

[99] CAMARGO *et al.*, *op. cit.*, p. 205.

de neutralidade: "A repetição do martírio da Bélgica e a agressão a um país amigo – como era a Holanda da Alemanha – vieram dar à guerra europeia e a essa luta inicial de interesses um conteúdo moral e universal". No dia 15 de maio, uma declaração contundente dos países latino-americanos condenou a violação da soberania dos três países.

A guerra diminuiu o raio de manobra das nações na política externa. O conflito obrigava os países a tomar posições claras. A política bipolar de Getúlio, que costumava se dirigir aos brasileiros com o chapéu de ditador e ao restante do mundo com o chapéu de defensor da liberdade, gerou desconfiança e insegurança nas demais nações. Em 11 de junho de 1940, Vargas proferiu um discurso que contrastava nitidamente com a declaração de 15 de maio. Durante a celebração do Dia da Marinha, o presidente discursou a bordo do encouraçado *Minas Gerais* e afirmou que a guerra representava o início de uma nova era:

> Marchamos para um futuro diverso de quanto conhecíamos em matéria de organização econômica, social ou política, e sentimos que os ventos dos velhos sistemas e formas antiquadas entram em declínio. Os povos vigorosos necessitavam seguir o rumo de suas aspirações, em vez de se deterem na contemplação do que se desmorona e tomba em ruína [...]. Felizmente, no Brasil, criamos um regime adequado às nossas necessidades. É o regime da ordem e da paz brasileiras.[100]

O discurso recebeu aplausos da Alemanha e uma mensagem de felicitação de Mussolini, que elogiou Vargas pela coragem e lucidez do pronunciamento. Por outro lado, a fala de Getúlio foi recebida com apreensão no mundo livre. Além das críticas severas da imprensa americana e inglesa, os governos dos Estados Unidos, Inglaterra e França enviaram telegramas urgentes aos seus embaixadores no Brasil pedindo esclarecimentos. A repercussão negativa obrigou o governo brasileiro a emitir uma nota oficial para tentar reverter o estrago que o presidente causara:

---

[100] *Ibid.*, p. 225.

> O discurso pronunciado pelo presidente Getúlio Vargas não traz qualquer modificação à política internacional do Brasil. Teve por objetivo, tão somente, a vida interna do seu país. A política externa do Brasil é de inteira solidariedade americana na defesa comum do continente contra qualquer ataque vindo de fora.[101]

Em outras palavras, o discurso de Getúlio deveria ser visto como peça teatral e demagógica voltada para a política doméstica. A política externa, entretanto, continuava a ser tratada com o profissionalismo e a seriedade que caracterizam a tradição diplomática brasileira. Como todo líder autoritário e populista, que se sente injustiçado pela cobertura da imprensa, Vargas queixou-se da reação exagerada dos países livres e da distorção "tendenciosa de frases isoladas" do seu pronunciamento.

O discurso de Vargas no *Minas Gerais* contrastava radicalmente com o pronunciamento de Roosevelt no dia anterior. Ao inaugurar o Congresso Científico Pan-americano, o presidente americano criticou o ato de agressão da Alemanha e a invasão da Bélgica, da Holanda e de Luxemburgo. Deixou clara a determinação dos Estados Unidos e dos países americanos de defender o continente de tais agressões e violações do direito internacional. Aranha sabia que a política dúbia e oportunista de Getúlio estava com os dias contados. Não tardaria a hora em que o país teria de optar entre a defesa da democracia e a preservação do fascismo doméstico. O chanceler recomendou ao presidente que pavimentasse gradualmente o caminho da restauração da democracia no país. O conselho de Aranha foi ignorado. Vargas via apenas as democracias desmoronando e as tropas nazistas triunfando na Europa. Em 22 de maio, os alemães ocuparam a França. Em outubro, os exércitos nazistas já haviam dominado o restante da Europa continental. Restava apenas a Inglaterra, que resistiu heroicamente ao bombardeio incessante dos aviões da Luftwaffe sobre Londres, durante a Batalha da Grã Bretanha. Em junho de 1941, a Alemanha invadiu a União Soviética.

---

[101] SILVA, *op. cit.*, v. 11, p. 70.

As vitórias nazistas só aumentaram a preocupação dos Estados Unidos e dos países do hemisfério americano. A tensão em torno de uma possível ocupação das colônias francesas no norte da África pelas tropas alemãs colocou o continente americano em estado de alerta. A gravidade das circunstâncias forçou Vargas a se aproximar de maneira inequívoca dos Estados Unidos. As relações econômicas e comerciais se intensificaram no início da guerra na Europa. Ciente de que era apenas uma questão de tempo para os Estados Unidos ingressarem no conflito para quebrar o domínio nazista, Roosevelt mobilizou a economia americana para o esforço de guerra. As exportações brasileiras para os Estados Unidos dobraram em um ano; produtos como café, algodão e minérios faziam parte da nossa pauta de exportação. A queda das vendas dos produtos brasileiros no mercado europeu foi amplamente compensada pelo crescimento do comércio com os Estados Unidos. Os norte-americanos também contribuíram para a realização do sonho de Vargas de criar uma usina siderúrgica no Brasil, em Volta Redonda.

As missões diplomáticas e militares também se intensificaram e Vargas, Aranha, Góes Monteiro e o ministro da Guerra Eurico Gaspar Dutra reiteraram o compromisso de declarar guerra à Alemanha, caso os Estados Unidos ou qualquer nação do continente fosse atacada pelos países do Eixo. Dirigindo-se à audiência externa com o chapéu de democrata, Vargas proferiu um discurso em defesa da unidade pan-americana: "Onde estiver qualquer nação americana, deverão estar as nações irmãs do hemisfério, e nós estaremos entre elas, prontos a empenhar-nos na defesa comum". Roosevelt escreveu com satisfação a Getúlio quando tomou conhecimento do seu pronunciamento:

> Desejo expressar-lhe o enorme prazer com que li o seu esplêndido e oportuno discurso. Nós também reafirmamos a permanência da nossa política de cooperação genuína e de solidariedade continental e nos unimos ao senhor ao reafirmar que, se qualquer das nações irmãs americanas for ameaçada, estaremos ao seu lado na defesa comum dessa nação e desse Hemisfério.[102]

---

[102] CAMARGO *et al.*, *op. cit.*, p. 250.

A hora da verdade se aproximava e o compromisso da unidade pan-americana foi testado no fim de 1941. Em 7 de dezembro, o Japão atacou a base americana de Pearl Harbor, no Havaí. No dia 11, Alemanha e Itália declararam guerra aos Estados Unidos. Alguns países da América Central, como Panamá, Costa Rica, El Salvador e República Dominicana, cumpriram o acordo e declararam guerra. Brasil e Venezuela manifestaram solidariedade aos Estados Unidos, mas não declararam guerra. A Argentina, por sua vez, nada fez, com objetivo de preservar sua neutralidade, o que afrontava o espírito dos entendimentos firmados entre os países do hemisfério.

A desunião hemisférica diante da agressão aos Estados Unidos levou os países pan-americanos a se reunirem numa conferência no Rio de Janeiro, em 1942. Era preciso alinhar as ações e fazer cumprir as obrigações e as responsabilidades que haviam sido assumidas nos encontros regionais. Não havia ninguém melhor do que Oswaldo Aranha para presidir a reunião dos chanceleres do continente. Sua liderança regional era reconhecida por todos os países. De Buenos Aires a Washington, ele era considerado o grande arquiteto do pan-americanismo. A carta pessoal do presidente Roosevelt, que lhe foi entregue por Sumner Welles ao desembarcar no Rio de Janeiro, revela a liderança ímpar de Aranha no hemisfério:

> Meu caro Ministro:
>
> É com satisfação especial que pedi a Sumner Welles que lhe transmitisse estas felicitações, às vésperas do importante encontro dos ministros de Relações Exteriores, porque sei que a presidência desta reunião estará nas mãos de um estadista que tem uma visão ampla e abrangente do significado da solidariedade hemisférica.
>
> Durante os últimos anos, segui, com grande interesse e a maior admiração, sua orientação dada à política exterior do Brasil. O momento presente é de importância histórica nas relações de todas as vinte e uma repúblicas americanas. Atualmente uma decisão para implementar rápida e decisivamente os compromissos de solidariedade assumidos em encontros interamericanos anteriores garantirá a segurança do Novo Mundo ante qualquer ataque, venha de onde vier; um adiamento pode pôr em risco a salvação de todos nós.

> Desejo manifestar-lhe, pessoalmente, meu profundo agradecimento por tudo o que fez e por tudo que está fazendo para transformar a solidariedade do hemisfério em realidade.
>
> Espero que, em breve, possamos ter o privilégio de vê-lo, uma vez mais, em Washington. A sra. Roosevelt se une a mim para enviar à sra. Aranha e a toda a família calorosas lembranças e os melhores votos.[103]

A divisão das nações americanas não só arruinaria o pan-americanismo como também colocaria em risco a segurança de todos os países do continente. O destino da política hemisférica estava nas mãos de Aranha e do resultado prático da Conferência do Rio de Janeiro. Surgiram três alternativas na discussão dos chanceleres. A primeira era a linha defendida pelos Estados Unidos, que insistiam na necessidade de todos os países declararem guerra aos países do Eixo. Apoiavam a proposta americana Uruguai, Colômbia, Venezuela e México. No outro extremo, havia a posição da Argentina, que defendia a liberdade de preservar sua neutralidade e de se manter distante da guerra, mesmo após o ataque a um país americano. Apenas o Chile endossou a sugestão argentina. A terceira via foi proposta por Oswaldo Aranha. Ele defendeu o rompimento de relações diplomáticas e comerciais com o Japão, Alemanha e Itália, mas não propôs o passo decisivo que seria a declaração de guerra. Peru, Paraguai, Equador e Bolívia seguiram a proposição brasileira.

A questão central é que a proposta de Aranha não contava sequer com o respaldo unânime do governo brasileiro. O chanceler teve de enfrentar sérias resistências dos militares, como Eurico Dutra e Góes Monteiro, e a própria hesitação de Getúlio. Os dois militares argumentavam que as Forças Armadas não estavam devidamente equipadas e preparadas para enfrentar a guerra. Ambos acusavam os Estados Unidos de prometer fornecer armamentos para o Brasil, mas até o momento tal promessa não havia saído do papel. Havia também a pressão dos embaixadores japoneses, alemães e italianos, que mobilizaram seus simpatizantes dentro e fora do governo para dissuadir o presidente Vargas de adotar a medida sugerida por Aranha. Alertavam

---

[103] *Ibid.*, p. 273.

sobre as consequências nefastas para o país em decorrência da decisão de romper relações diplomáticas e comerciais.

O chanceler brasileiro agiu prontamente para eliminar esses focos de resistência. Mobilizou Sumner Welles para atender à reivindicação do governo brasileiro sobre o envio dos armamentos requisitados pelas Forças Armadas. O não cumprimento dessa promessa provavelmente inviabilizaria a proposta do rompimento diplomático com as potências do Eixo. Os representantes do governo americano acionaram o presidente Roosevelt, que se empenhou para remover os entraves que retardavam a venda de armamento para o Brasil. Roosevelt prometeu a Vargas que o assunto seria resolvido e, em questão de alguns meses, o Brasil começou a receber os armamentos.

Quanto à pressão dos governos dos países do Eixo, Aranha dirigiu-se aos embaixadores do Japão, Alemanha e Itália de maneira firme e objetiva:

> O Brasil sempre manteve, no conflito europeu, uma neutralidade exemplar. A agressão do Japão a um país do continente americano, seguida de declaração de guerra da Alemanha e da Itália, nos impõe rumo diferente, que o superior interesse do continente indicará. Desejo ponderar que o rompimento de relações diplomáticas e comerciais é medida de alcance restrito, que não implica, de acordo com o direito de gentes, no estado de guerra. Se o Governo da Alemanha (Itália e Japão) entender, porém, levar tão longe a sua reação, o Governo brasileiro muito o lamentará, seguro, entretanto, de que os seus atos o exoneram de tal responsabilidade.[104]

Os países do Eixo demonstraram por meio de atos – a invasão da Bélgica, da Holanda e de Luxemburgo, e o ataque a Pearl Harbor – não se importar com as regras do direito internacional e da diplomacia. Não tardou para Hitler autorizar o ataque indiscriminado aos navios mercantes brasileiros, o que levou o Brasil a declarar guerra em agosto de 1942.

---

[104] *Ibid.*, p. 274.

Mas voltemos à Conferência do Rio de Janeiro. Enquanto Aranha tentava aparar as divergências entre a Argentina e os outros países para obter um documento final que pudesse ser endossado por todos os países do hemisfério, Vargas continuava sua política de duas faces. A pedido de Aranha, pressionou o ministro argentino para abandonar a posição de neutralidade e adotar a proposta brasileira. Por outro lado, queixou-se ao embaixador alemão de que estava sendo muito pressionado por Aranha e por Roosevelt para apoiar a declaração do rompimento diplomático, dizendo-lhe que seu verdadeiro desejo era preservar boas relações com a Alemanha.

Aranha só conseguiu quebrar a resistência da Argentina e do Chile em relação ao documento final da Conferência quando cedeu, propondo substituir a palavra "decisão" por "recomendação" no texto que *recomendava* o rompimento diplomático e comercial com os países do Eixo. Mas, em 28 de janeiro, data do encerramento da Conferência, Oswaldo Aranha foi enfático sobre a posição do governo brasileiro:

> O Brasil, em toda a sua História, sempre teve como decisivo o valor de sua palavra. Esta é a razão pela qual, hoje, às 18 horas, de ordem do sr. presidente da República, os embaixadores do Brasil em Berlim e Tóquio e o Encarregado dos Negócios do Brasil em Roma passaram nota aos governos junto aos quais são acreditados, comunicando que, em virtude das recomendações da II Reunião de Ministros das Relações Americanas, o Brasil rompia suas relações diplomáticas e comerciais com a Alemanha, a Itália e o Japão.[105]

Aranha foi aclamado por todos. Seu "pronunciamento dramático coroou um esforço pessoal de quase dois anos para alinhar o Brasil firmemente com os Estados Unidos e, por extensão, com a causa aliada".[106]

A política de princípios de Oswaldo Aranha venceu. Com o rompimento das relações comerciais e diplomáticas com os países do

[105] HILTON, *op. cit.*, p. 388.

[106] *Ibid.*, p. 389.

Eixo, o Brasil aliou-se às democracias na guerra contra as tiranias nazista e fascista. Na política externa, as manobras e o jogo duplo de Vargas esgotaram-se. Hitler compreendeu que perdera a batalha da diplomacia nas Américas; restava-lhe apenas o uso da força. Em fevereiro, ordenou o ataque aos navios mercantes brasileiros. O *Buarque* foi torpedeado no dia 15, o *Olinda*, no dia 19. Getúlio postergou a declaração de guerra, mas começou a remover os simpatizantes do regime nazista do governo. Demitiu Francisco Campos, o ministro da Justiça, e Filinto Müller, o chefe da Polícia. Em junho, Hitler ordenou o ataque aos navios brasileiros ao longo da costa do Nordeste. Os submarinos alemães afundaram vários navios mercantes. Dezenas de embarcações e centenas de pessoas morreram nesses ataques. Indignados, os brasileiros ocuparam as ruas pedindo que o Brasil declarasse guerra à Alemanha. Finalmente, no dia 21 de agosto de 1942, o Brasil declarou guerra aos países do Eixo.

A diplomacia de Aranha em tempo de paz assegurou o sucesso dos Aliados em tempo de guerra. Os acordos de cooperação militar com os Estados Unidos e a construção das bases militares no Nordeste provaram ser decisivos para o êxito da invasão americana no norte da África. Em carta endereçada a Getúlio no início de 1943, o presidente Roosevelt reconheceu que "ninguém apreciou melhor do que eu a indispensável participação brasileira na cooperação prestada e que tornou possível essas operações militares [na África]". Em 1944, o presidente americano voltou a elogiar a contribuição do Brasil: "A História certamente tomará nota de que o momento exato em que mudou a situação militar na Europa coincidiu com a ação de seu governo de providenciar bases e facilidades que tão concretamente contribuíram para a campanha da África".[107]

Ao retornar da Conferência em Casablanca, no Marrocos, onde Roosevelt e Churchill se encontraram para definir a ação militar dos Aliados na guerra, em janeiro de 1943, o presidente americano fez escala em Natal e encontrou-se com Getúlio. Oswaldo Aranha escreveu um longo memorando para o presidente da República se preparar para o encontro com Roosevelt. Nesse documento, o

[107] CAMARGO *et al.*, *op. cit.*, p. 296.

ministro delineou as prioridades da diplomacia brasileira: "A política tradicional do Brasil pode resumir-se na seguinte fórmula: apoiar os Estados Unidos no mundo em troca de seu apoio na América do Sul". Em outras palavras, o cultivo das boas relações com os Estados Unidos era vital para conter a Argentina, o vizinho que era motivo de preocupação constante do Brasil. Aranha recomendava também a adesão do Brasil à Declaração das Nações Unidas. Trata-se de um entendimento entre os países Aliados, ressaltando a cooperação entre eles em torno do esforço de guerra e o compromisso de que não aceitariam firmar um tratado de paz em separado com Alemanha, Itália e Japão. O chanceler também aconselhou o presidente sobre "a conveniência de se acelerarem os trabalhos nos estaleiros brasileiros de reparação de contratorpedeiros, que poderiam ser muito úteis nos comboios à Marinha Mercante".[108]

Em tempo de guerra, o chanceler brasileiro já começava a pensar no papel do Brasil na arena internacional após o término do conflito. O país deveria continuar a parceria política e econômica com os Estados Unidos. Era também necessário iniciar um processo gradual de abertura comercial e de restabelecimento da democracia. Aranha procurou convencer Getúlio a reinstituir as eleições presidenciais no fim de 1943. As teses defendidas por Aranha apenas colaboraram para isolá-lo dentro do governo. O chanceler foi excluído das reuniões do Conselho de Segurança, e o presidente cerceava cada vez mais seu raio de ação.

Os defensores do Estado Novo sentiam-se ameaçados por Aranha, pela crescente pressão popular para reinstituir a democracia e pela perspectiva da vitória iminente dos Aliados. Virgílio Melo Franco, amigo íntimo de Oswaldo, organizou o "manifesto mineiro", demandando o pronto restabelecimento da democracia no Brasil: "Se lutamos contra o fascismo, ao lado das Nações Unidas, para que a liberdade e a democracia sejam restituídas a todos os povos, certamente não pedimos demais reclamando para nós mesmos os direitos e as garantias que as caracterizam".[109]

---

[108] *Ibid.*, p. 299.
[109] *Ibid.*, p. 315.

O governo respondeu ao manifesto com brutal repressão e o considerou um movimento subversivo contra o Estado Novo. Aranha também foi vítima da repressão do governo em agosto de 1944. A polícia mandou fechar a Sociedade Amigos da América, instituição que reunia defensores da democracia e da qual Oswaldo era vice-presidente. A polícia invadiu o Automóvel Clube, sede da sociedade, no dia em que Aranha almoçava no local. Os agentes impuseram a evacuação imediata do prédio e fecharam a instituição.

Chocado com a atitude da polícia, Aranha procurou Getúlio e saiu desconsolado do encontro ao descobrir que o presidente havia autorizado a ação:

> Saí do seu gabinete convencido disso e só recebi indicações da sua conivência com essa desnecessária estupidez, não tendo nunca sequer me apercebido, coisa que desejei de todo o coração, do mais leve indício de sua condenação, ainda que pessoal, a atos tão abusivos e brutais.[110]

Em 21 de agosto, Aranha pediu demissão por meio de uma carta a Getúlio.

O episódio revela a diferença entre o estadista e o caudilho. Para Aranha, a política era um meio de colaborar com a construção de uma nação livre e soberana, na qual imperasse a democracia. Para Vargas, a política era um meio de se manter no poder a qualquer custo, não importava se fosse preciso sacrificar os princípios, manipular as instituições e trair os amigos. Aranha acreditava nas virtudes do livre arbítrio, do indivíduo e das instituições; Vargas considerava legítima a manipulação de indivíduos e das instituições para atingir o que considerava ser o "bem comum". Aranha acreditava no Estado de Direito; Vargas entendia que o presidente da República tinha o direito de estar acima das leis por saber o que era melhor para o país. Aranha era um estadista de convicções; Vargas era um político de conveniências. Aranha pensava na nação; Vargas pensava em objetivos imediatistas e eleitoreiros que garantissem sua popularidade e sua perpetuação no poder.

---

110 *Ibid.*, p. 316.

Ao ignorar o conselho de Oswaldo Aranha para que conduzisse o processo de abertura política, Getúlio Vargas foi atropelado pelos eventos. A vitória triunfante das nações democráticas na Segunda Guerra Mundial aumentou a pressão sobre o governo do Estado Novo. Não era mais possível conter a pressão popular e os movimentos liberais que demandavam eleições livres, liberdade de imprensa e a volta da democracia. Getúlio tentou conter a onda de insatisfação usando os velhos truques que utilizara em 1934. Permitiu o relaxamento da censura, autorizou a criação de partidos políticos e fixou a data das eleições para o dia 2 de dezembro de 1945. Esperava acalmar os ânimos da população com essas medidas para, em seguida, começar a manipular as rivalidades político-partidárias e encontrar um pretexto para cancelar o pleito e permanecer no poder, como fizera em 1937. Mas, dessa vez, o truque falhou. Getúlio Vargas foi deposto por um golpe de Estado liderado por Góes Monteiro, o novo ministro da Guerra, em outubro de 1945.

Oswaldo Aranha afastou-se temporariamente da cena política, mas não da vida pública. Seu prestígio nacional e internacional continuou a moldar a política no Brasil e no exterior. Em 1947, foi convocado pelo presidente Dutra para representar o Brasil na recém-criada Organização das Nações Unidas (ONU). Eleito presidente pela Assembleia Geral, empregou sua habilidade diplomática para construir o consenso em torno da partilha da Palestina, o que resulta na criação do Estado de Israel. Deu também os primeiros passos para moldar a política multilateral do pós-guerra. Com a eleição de Getúlio em 1950, voltou a ocupar o cargo de ministro da Fazenda em 1953. Ainda nutria a esperança de ser ungido candidato de Getúlio à sucessão presidencial em 1954, mas Vargas jamais teve a grandeza de reconhecer o talento de um grande estadista que poderia ofuscar a sua obra.

O suicídio de Getúlio, em agosto de 1954, abalou Oswaldo de tal forma que ele resolveu deixar a vida pública. Quando veio a falecer, em janeiro de 1960, Oswaldo Aranha já havia se tornado uma unanimidade nacional. Era uma das poucas figuras da política brasileira cujo prestígio transcendia as barreiras político-partidárias. A conversão de princípios e valores em ação política demanda convicção, caráter, coragem, determinação e perseverança. Oswaldo Aranha possuía todos esses atributos e, ao colocá-los em prática, ajudou a moldar o destino da política brasileira e tornou-se um dos maiores estadistas do país.

Por um instante, a morte de Oswaldo Aranha uniu o Brasil – uma façanha que nem Getúlio havia conseguido. Foi homenageado por todas as correntes e partidos políticos. Getulistas e udenistas uniram-se para enaltecer a sua obra. Luís Carlos Prestes, o líder comunista, também compareceu ao velório. Ex-adversários políticos, como o general Lott e Eduardo Gomes, juntaram-se às homenagens; Jânio Quadros, futuro presidente do Brasil, e seu vice, João Goulart, reconheceram seus feitos; os representantes da nova geração política, Tancredo Neves e Ulysses Guimarães, também prestaram tributo ao maior estadista da era Vargas.

A propósito de Ulysses Guimarães, a história lhe reservaria protagonismo na luta pelo legado de Aranha durante os anos sombrios do autoritarismo, quando ele se tornou a personificação da defesa incondicional da liberdade e das instituições democráticas.

ULYSSES GUIMARÃES: O D. QUIXOTE DA LUTA DEMOCRÁTICA SOB A DITADURA MILITAR

Ulysses Guimarães passou a Páscoa de 1964 na Chácara Nazareth, a fazenda do deputado João Pacheco Chaves, seu grande amigo – e meu avô. Sentados na varanda e conversando sobre a delicada situação política do país naqueles momentos derradeiros do governo João Goulart, Ulysses sentenciou: "É, João, ninguém mais segura os militares. O Jango foi longe demais". Três dias depois, no dia 31 de março, o golpe militar eclodiu, o presidente João Goulart foi deposto e a democracia, crucificada. O golpe marca o início de uma cruzada de 20 anos que transformou Ulysses Guimarães no principal líder da luta pela redemocratização do país. Trata-se da mutação do deputado paulista em símbolo nacional da resistência contra a ditadura, da transformação do membro da ala jovem do partido governista (PSD) no líder inconteste do MDB, partido de oposição ao regime militar. A ressurreição da democracia deve-se muito à coragem, à determinação e à perseverança desse apóstolo da liberdade.

O Pilatos dessa história foi o presidente João Goulart, o líder populista que crucificou a democracia. Seduzido pelas teses socialistas do seu cunhado, Leonel Brizola, e pelos áulicos que o cercavam, Jango passou a pressionar o Congresso para aprovar uma agenda que compreendia a desapropriação de terras, a estatização de empresas privadas que atuavam em setores estratégicos – como petróleo e energia – e a implementação de uma reforma agrária para fins sociais, entre outras propostas. Ao encontrar forte resistência política às suas "reformas de base", o presidente incitou os sindicatos, movimentos sociais e partidos de esquerda a desafiar o poder do Congresso, a legitimidade da Constituição e a soberania das instituições. No Comício da Central do Brasil, em 13 de março de 1964, o presidente anunciou o decreto que desapropriava as terras ao longo das ferrovias e rodovias federais para fins de reforma agrária. O decreto de Jango foi o empurrão final que faltava para transformar uma disputa política numa crise institucional que terminou com o sepultamento do regime democrático.

O golpe militar de 31 de março contou com o apoio da maioria da população. A nação estava cansada de presidentes débeis que colocaram em risco a democracia brasileira. Da renúncia intempestiva de Jânio Quadros, em 1961, ao golpe militar de 1964, o Brasil viveu um período de grande instabilidade política. A dupla "Jan-Jan" (Jânio Quadros e Jango) foi um desastre para o país. Ambos eram populistas que procuraram solapar a autonomia do Congresso e a independência do Judiciário por meio de atos destemperados. Jânio imaginou que, por meio da renúncia, conseguiria o apoio dos militares (que não queriam a posse do vice-presidente, João Goulart) e o respaldo político para subjugar o Parlamento aos desejos do presidente da República. Jango, por sua vez, insuflou os movimentos sociais e os partidos de esquerda a desafiar o poder das instituições democráticas. Ambos acreditavam que era legítimo tratar o Estado de Direito, as leis e as instituições como uma espécie de boneco de ventríloquo que pode ser manipulado para expressar o que eles consideravam ser a "vontade popular". Mas, como dizia Ulysses, "em política, estar com a rua não é o mesmo que estar na rua". Em março de 1964, os militares pareciam estar mais em sintonia com a nação do que os movimentos sociais e os partidos de esquerda que estavam na rua, apoiando Jango.

Em 11 de abril, o general Humberto Castello Branco foi eleito presidente da República pelo voto indireto de um Congresso Nacional já expurgado por cassações. Com 361 votos, que lhe deu esmagadora maioria, o general recebeu o apoio de grandes partidos políticos, como PSD e UDN, da imprensa e da maioria da população. Castello Branco assumiu o poder prometendo completar o mandato da dupla Jan-Jan, restituir a ordem e garantir a realização das eleições presidenciais em outubro de 1965. Logo após o golpe de Estado, o governo promulgou o Ato Institucional nº 1 (AI-1), que determinou a cassação do mandato de alguns parlamentares e a suspensão dos direitos políticos, por dez anos, das principais lideranças públicas associadas aos partidos e aos movimentos de esquerda. A repressão fazia parte da estratégia militar de desintoxicar o país das duas doenças que haviam debilitado a política: o comunismo e a corrupção.

Havia uma terceira doença – a inflação. No fim de 1964, o Brasil tinha uma inflação anual de 81%. O presidente Castello Branco convocou os ministros do Planejamento e da Fazenda, Roberto Campos e Octavio Bulhões, para elaborarem um programa econômico capaz de combater a inflação e preparar o país para retomar o crescimento do país. O Plano de Ação Econômica do Governo (PAEG), concebido pela dupla Campos-Bulhões, promoveu um corte drástico das despesas governamentais, congelou salários, restringiu o crédito e aumentou os impostos. Tais medidas geraram protestos e críticas dos empresários, dos trabalhadores e, também, dos partidos aliados do governo.

As críticas à política econômica fomentaram a disputa entre os militares moderados e a ala linha dura no seio das Forças Armadas. O primeiro grupo, liderado pelo presidente Castello Branco, insistia na tese de que era fundamental respeitar a legalidade, o funcionamento dos poderes Legislativo e Judiciário e a liberdade de imprensa. O segundo, liderado pelo general Costa e Silva, defendia o fechamento do Congresso, a suspensão da liberdade de imprensa e a decretação do estado de sítio para poder acelerar a marcha da revolução e a conclusão da faxina política, moral e ideológica no país. Os moderados venceram os primeiros embates e atenuaram a pressão da linha dura com a aprovação de uma emenda no Congresso em julho de 1965, que postergava por mais um ano o mandato do presidente Castello Branco. Os moderados esperavam colher os frutos da política econômica em 1966, o que certamente colaboraria para aplainar o caminho do processo de transição do poder para um presidente civil eleito pelo povo e o retorno da democracia.

Apesar de a dupla Campos-Bulhões ter derrubado a inflação de 81% para 20% e tomado medidas inovadoras – como a introdução da correção monetária e a criação dos impostos sobre valor agregado

(ICM e IPI), do Banco Nacional da Habitação (BNH) e do Fundo de Garantia do Tempo de Serviço (FGTS), que permitiram a redução drástica do déficit público e a retomada do crescimento da economia a partir de 1968 –, o resultado das eleições de outubro de 1965 revelou a insatisfação popular com as medidas de austeridade do governo. A eleição para governadores em dez estados selou a vitória da oposição em seis unidades da federação, inclusive na Guanabara e em Minas Gerais. O resultado das urnas assustou o governo e acirrou a determinação da linha dura de fechar o Congresso e acabar com as eleições. Dessa vez, os moderados perderam a batalha e tiveram de aceitar o ultimato da ala radical: a promulgação do AI-2. O presidente Castello Branco, num primeiro momento, recusou-se a assiná-lo, mas acabou sendo convencido de que era preciso aceitá-lo para manter a união das Forças Armadas. Ao assiná-lo, o presidente Castello Branco e os militares moderados começaram a perder a luta pelo poder dentro do próprio governo. O ex-presidente Juscelino Kubitscheck profetizou, numa conversa reservada com Ulysses e um pequeno grupo de ex-correligionários, que os militares permaneceriam "uns 20 anos" no poder.

A promulgação do AI-2 em outubro de 1965 sepultou o sonho do rápido restabelecimento do regime democrático. O governo suspendeu a eleição presidencial e determinou que o presidente seguinte fosse eleito pelo Congresso Nacional, onde controlava a maioria dos votos. Foram abolidos os partidos políticos e criadas apenas duas legendas, a Arena (Aliança Renovadora Nacional) e o MDB (Movimento Democrático Brasileiro). No primeiro, estavam os defensores do estado de exceção e as pessoas que acreditavam que era necessário um período de autoritarismo para livrar o Brasil dos políticos de esquerda, da corrupção e da inflação. No MDB, concentraram-se os defensores do retorno imediato do regime democrático e das liberdades individuais.

A oposição mobilizou-se e respondeu ao AI-2 criando a Frente Ampla, um movimento a favor do retorno imediato da democracia, da realização de eleição para presidente da República e da restituição dos partidos políticos abolidos pelo governo militar. Reunindo velhos adversários políticos, como Carlos Lacerda, Juscelino Kubitscheck e

João Goulart, a frente contou com a adesão de muitos parlamentares do MDB. O governo militar ficou furioso com Carlos Lacerda por ter publicado no seu jornal, *A Tribuna da Imprensa*, um manifesto assinado por políticos exilados e cassados pelo regime militar, como Jango e Juscelino, exigindo eleições livres. Ulysses, contudo, manteve-se distante da Frente Ampla. Parecia-lhe uma tentativa frívola dos três prováveis candidatos à presidência da República de mobilizar a opinião pública e pressionar os militares a revogar o AI-2. Concebida por Carlos Lacerda, a Frente Ampla possuía, segundo Ulysses, o DNA das aventuras udenistas, isto é, atitudes que geram muito barulho e produzem pouco resultado concreto.

Enquanto a UDN gostava do embate, do confronto e da polêmica, o PSD preferia lapidar o entendimento e as decisões em conversas reservadas, discretas e longe dos holofotes. No PSD, os fatos políticos eram como os bons vinhos: precisavam ser decantados antes de serem degustados. Não havia no PSD a ansiedade udenista de agir e reagir aos fatos, como se fosse uma espécie de ímpeto instintivo do corpo e do coração. Ulysses era um clássico pessedista, um animal político, cuja mestria residia em costurar acordos, acomodar interesses e definir o curso da ação política após uma reflexão calculada dos ganhos e das perdas. Para Ulysses,

> o jeito também é força. *Suaviter in modo, fortifier en re*, eis a receita pessedista dos romanos, que dominaram o mundo. A toupeira, quando em seu caminho encontra a pedra, não podendo escalá-la, não tem jeito para contorná-la. Morre ao sol, à fome ou à sanha dos inimigos. O PSD é o laboratório do jeito.[111]

A Frente Ampla encaixava-se na definição de uma ação de toupeiras que, ao se depararem com uma pedra (AI-2), resolveram escalá-la, em vez de contorná-la. A reação do governo militar ao manifesto de Carlos Lacerda e à Frente Ampla foi imediata. Expandiu a lista de cassações e endureceu o jogo com os críticos do regime. Tornaram-se

[111] GUIMARÃES, Ulysses. *Rompendo o cerco*. Rio de Janeiro: Paz e Terra, 1978, p. 23.

alvos de suspensão de direitos políticos ex-ministros, parlamentares, líderes estudantis e sindicais. Ademais, o temor de uma vitória apertada nas eleições gerais de outubro de 1966 levou os militares a promulgarem o AI-3, que estabeleceu eleições indiretas para governadores e transformou o cargo de prefeito das capitais e de algumas cidades de "segurança nacional" em indicação do governo estadual. Mesmo com todas as restrições impostas pelo governo, o MDB conquistou 132 das 409 cadeiras. Entretanto, com a maioria assegurada no Parlamento, a Arena garantiu a eleição do novo presidente, o general linha dura Artur da Costa e Silva.

A ascensão de Costa e Silva inaugurou o período do endurecimento do regime autoritário. A promulgação do hediondo AI-5, em dezembro de 1968, foi um sinal inequívoco de que o governo resolveu sepultar os vestígios de liberdade que existiam no país. A imposição do estado de sítio e da censura à imprensa, a proibição de manifestações públicas e a criação de um regime de exceção, que permitia ao governo perseguir e prender arbitrariamente qualquer cidadão suspeito de ser "inimigo da revolução", retratam a destruição dos vestígios remanescentes do Estado de Direito e das liberdades individuais que vigoravam no país. O AI-5 marcou o início dos "anos de chumbo"; a volta da democracia tornara-se uma miragem.

A discussão sobre o que fazer e como atuar na oposição foi pauta de debates no MDB. Apesar de reunir membros oriundos de vários partidos – Partido Comunista (PCB), Partido Trabalhista Brasileiro (PTB), PSD e até da UDN –, o MDB tinha uma única bandeira: lutar pelo restabelecimento do regime democrático. Mas o partido estava dividido entre autênticos e moderados. O primeiro grupo argumentava que a promulgação do estado de sítio, o fim da imprensa livre e o controle absoluto dos militares sobre os poderes Executivo, Legislativo e Judiciário haviam transformado as eleições numa farsa, e o MDB, como partido da luta democrática, não deveria legitimar esse teatro. A própria existência do MDB e a participação em eleições controladas pelo governo colaboravam para endossar a imagem de democracia de fachada, que os militares gostavam de exibir ao mundo. Por isso, para os autênticos mais exaltados, restariam apenas a conspiração, a luta armada e a sublevação para restaurar a democracia.

Os moderados argumentavam que, ao fechar todos os canais de diálogo com o governo, o MDB estaria colaborando para o endurecimento da ditadura e o fim das instituições. Ulysses Guimarães era um defensor ferrenho da legalidade e das instituições. Para ele, era impossível restaurar a democracia e o Estado de Direito por meio de levante ou revolução. Reconhecia que o momento era delicado e difícil, mas aprendera, ao longo das lutas políticas no PSD, que a política é um jogo de estratégia, paciência, resistência, coragem, diálogo e ação calculada, que só pode ser conduzido por meio das instituições e da legalidade: "A impaciência é uma das faces da estupidez. Paciência é a competência para fazer a hora, não se precipitar... Como o peixe, o mau político apodrece pela cabeça e morre pela boca. Em política deve-se evitar ao máximo proferir palavras irreparáveis."[112]

Mas os autênticos radicais interpretaram a cautela e a prudência de Ulysses como covardia e partiram para a luta armada. Como dizia a música de Geraldo Vandré, "quem sabe faz a hora, não espera acontecer". Para os radicais, a hora exigia pegar em armas e combater o regime autoritário.

Naquele momento de angústia e desesperança para os defensores do retorno da democracia, Ulysses tornou-se o líder capaz de inspirar, motivar e manter os autênticos e moderados unidos no MDB. Ao promover um simpósio do partido em Florianópolis, Ulysses saldou os correligionários com um discurso sobre o "Homem e a Liberdade", afirmando que os dois são inseparáveis: "Se não é livre, não é homem, por ser irresponsável. Pode ser besta, vegetal, até mineral, mas homem não é". Em seguida, ele partiu para o ataque à ditadura:

> A segurança do Estado não pode ser a insegurança da Nação, e a grandeza do homem é mais importante do que a grandeza do Estado. Na ditadura, pululam e ficam impunes os Calígulas sanguinários, os Torquemadas da Inquisição e da intolerância, os enxundiosos Faruks da corrupção. O poder ou é delegado pelo consentimento dos governados ou usurpado pela violência dos governantes.

[112] *Ibid.*, p. 58.

Ulysses seguiu fazendo um paralelo sobre a liberdade, o progresso e o desenvolvimento das nações:

> Os países são mais pobres na proporção em que são menos livres... A censura, esta sim, compõe e perpetua a estrutura do subdesenvolvimento, opondo-se à sua ruptura pelas forças da justiça social, da educação e da produtividade. A verdade não desaparece quando é eliminada a opinião dos que divergem.

Ao concluir a sua fala, ele afirmou que a tirania e a desinformação são anomalias passageiras, enquanto a liberdade e a democracia são valores permanentes do povo brasileiro: "O Brasil não pode continuar entre parênteses, com instrumentos excepcionais estranhos à sua história, à sua geografia, à índole de sua gente e ao sacrifício de seus libertadores", concluiu o presidente do MDB.[113]

Há de se perguntar como Ulysses escapou da cassação ao proferir discursos como esse e promover reuniões partidárias para debater a liberdade. Uma das possibilidades é que ele era visto pelos militares como um político moderado, cuja atuação pública jamais exibira os sintomas dos três males que desvirtuaram a política brasileira: simpatia pelas propostas comunistas, ligação com os movimentos subversivos e envolvimento com atos de corrupção ou enriquecimento ilícito. Outra possibilidade é que alguns militares consideravam Ulysses um líder inofensivo, incapaz de desafiar e desestabilizar o regime por meio da sua atuação política. Há uma terceira corrente que entendia que o papel de Ulysses na oposição representava uma peça importante para preservar a fachada de tolerância e de legalidade institucional que o governo se esforçava para manter perante a opinião pública e o mundo. Mas Ulysses nunca foi marionete do regime militar. Ele testava o limite e a paciência dos militares com discursos, exemplos e atitudes. Desafiava-os com suas frases bem construídas, mas sem a agressividade panfletária de Carlos Lacerda ou chavões marxistas. Cada passo, cada palavra, cada ato político era pensado como um movimento estratégico, orquestrado por um hábil jogador de

---

[113] *Ibid.*, p. 63.

xadrez que movia cautelosamente as peças no tabuleiro, procurando um flanco para debilitar a posição do adversário e vencer a partida. De fato, é preciso muita paciência, determinação e resiliência para manter-se firme e não perder a esperança quando os ventos sopram contra as ideias e as causas que defendemos. O recrudescimento do regime militar, somado à retomada do crescimento econômico a partir de 1968, anestesiou a vontade da população de lutar pela redemocratização do país.

O milagre econômico deixou o Brasil satisfeito e a classe média contente. A economia cresceu por volta de 10% ao ano. Os brasileiros que ignorassem a política e dedicassem atenção e energia à vida privada e aos negócios podiam viver em paz, desfrutar o momento econômico promissor e gozar das liberdades na esfera privada. A democracia não parecia fazer falta para uma parte expressiva dos brasileiros.

Lembro-me de uma cena que ilustra o espírito do tempo. Em 1970, ano em que o Brasil venceu sua terceira Copa do Mundo, eu era um menino de 7 anos. Naquele momento de fervor patriótico com a "seleção canarinho" de Pelé, Gerson e Tostão, circulavam bandeiras e adesivos, nos carros, com a frase: "Brasil: ame-o ou deixe-o". Não entendia muito bem o que significavam aquelas palavras, até um dia em que eu estava comendo um delicioso misto quente, acompanhado de um irresistível *ice-cream soda*, na Casa Yara, na rua Augusta. Na mesa ao lado, havia um casal conversando com o filho, que parecia ser bem mais velho do que eu. A certa hora, o pai voltou-se para o filho e disse que, na União Soviética, jovens não podiam usar calça jeans, nem tomar Coca-Cola e, muito menos, escutar discos de *rock*, e que essa história de luta pela liberdade política era coisa de esquerdista que não gostava de trabalhar. Imaginei que castigo terrível seria trocar o Brasil por um país no qual não se pudesse usar jeans, tomar Coca-Cola e ouvir *rock n' roll*. Como alguém poderia querer deixar o país e trocá-lo por outro em que essas coisas eram proibidas?!

Esse era um retrato do Brasil no início dos anos 1970, onde Ulysses Guimarães digladiava pelo retorno da democracia. Apesar do AI-5, da censura à imprensa, do papel limitado do Congresso e das benesses do crescimento que permitiu a uma parte da população desfrutar do "milagre econômico", Ulysses continuou a ser o obstinado e implacável defensor da democracia. Parecia estar pregando no deserto o restabelecimento da liberdade e da democracia. Mas em nenhum momento desistiu do bom combate: "A liberdade não é um bem que se ganha de presente. O sangue e o sofrimento costumam ser seu preço".[114]

Os grandes estadistas inspiram as pessoas não apenas por meio das palavras, mas principalmente por meio do seu exemplo e das suas atitudes. Suas escolhas lhes revelam o caráter, as ações, a coragem e as virtudes. Winston Churchill, primeiro-ministro da Grã-Bretanha durante a Segunda Guerra Mundial, dizia que "o sucesso consiste em ir de derrota em derrota sem perder o entusiasmo". Churchill colecionou um número impressionante de derrotas militares antes de virar o jogo e colher os louros da vitória dos Aliados e da democracia sobre o nazismo. Ulysses também viveu um período intenso de derrotas políticas antes de se tornar o principal líder político da restauração da democracia.

Dificuldades e derrotas são verdadeiros testes de fé e convicção nos valores e princípios em que acreditamos. A maneira como Ulysses enfrentou os momentos difíceis revela muita coisa sobre seu caráter e suas virtudes. Nos instantes sombrios e de desesperança, em que a maioria das pessoas perde a fé, questiona suas crenças e sucumbe aos dois extremos – a resignação dos fracos ou a ação destemperada dos radicais –, o estadista mantém a calma e não perde de vista o caminho a ser trilhado. As derrotas passageiras não são castigos divinos, mas dificuldades que testam a nossa crença em valores e princípios e retratam a coerência entre o discurso e a ação. Ulysses encarava as derrotas e os erros como "o dramático preço da evolução rumo à verdade. São as avalanches e quedas que conduzem aos cimos! Levantar-se depois de cair, ainda coberto de pó ou sujo de lama, isso é ser Homem. Quem tomba e não se ergue, não é digno da vitória."[115]

Assim como Churchill, Ulysses era um líder que se destacava em tempos de crise. Quanto mais difícil a situação, maiores sua energia

[114] *Ibid.*, p. 65.
[115] *Ibid.*, p. 58.

e criatividade em responder aos desafios. No início de 1973, ele se encontrava num desses becos que pareciam não ter saída. De um lado, havia a maioria da população anestesiada com as benesses do crescimento econômico. O indivíduo satisfeito quer sossego e desfrutar a vida, não quer saber de lutas por causas que exigem "sangue, suor e lágrimas" e que podem gerar desconforto e colocar em risco o seu bem-estar pessoal e material. Era preferível se acomodar à realidade e às limitações políticas impostas pelo regime militar do que se aventurar numa batalha incerta na qual o preço a ser pago poderia representar a perda dos ganhos e das conquistas proporcionadas por uma economia exuberante.

Do outro lado, havia a disputa interna no MDB entre moderados e autênticos, que havia atingido um ponto crítico que ameaçava causar a ruptura do partido. Os autênticos pregavam a dissolução do MDB. Argumentavam que era preciso abandonar a arena pública e não participar mais da encenação – da "farsa democrática" – imposta pelo regime autoritário. A participação do MDB em eleições que jamais poderiam ser vencidas colaborava apenas para legitimar o regime militar. No entendimento dos autênticos, restavam apenas a clandestinidade e, para os mais radicais, a luta armada. Ulysses e os moderados consideravam essa alternativa inaceitável. A defesa da legalidade e do Estado de Direito por meios ilegais era inconcebível. Ulysses acreditava que o embate político se trava dentro da legalidade, mesmo quando limitada por regras impostas pelo regime. A longa e árdua batalha pela restauração da democracia provocaria pequenas fissuras no regime, fragilizaria o governo e permitiria ao MDB romper o cerco do autoritarismo por meio das pequenas frestas de liberdade política que os militares toleravam.

Essa divergência entre autênticos e moderados ameaçava a própria existência do MDB. A questão que Ulysses teve de enfrentar era simples e direta: como manter o partido aglutinado num momento tão crítico? A pergunta foi respondida por meio de uma atitude que parecia quixotesca à época, mas que postumamente foi reconhecida como o "momento da virada" da luta pela redemocratização do país. Esse ato foi o lançamento da anticandidatura de Ulysses Guimarães à presidência da República, em setembro de 1973.

Os autênticos apoiaram a ideia porque Ulysses se comprometeu a transformar sua campanha na personificação do protesto da oposição contra o regime:

> A inviabilidade da campanha oposicionista testemunhará perante a Nação e o mundo que o sistema não é democrático, de vez que, tanto quanto dure este, a atual situação será sempre governo, perenidade impossível quando o poder é consentido pelo escrutínio direto, universal e secreto, em que a alternatividade dos partidos é regra, consoante ocorre nos países civilizados.

Havia também, no discurso de Ulysses na convenção do MDB, o defensor implacável da legalidade e das instituições que foram debilitadas pelo autoritarismo:

> Não é o candidato à Presidência da República que vai percorrer o país. É o anticandidato, para denunciar a antieleição imposta pela anticonstituição que homizia o AI-5, submete o Legislativo e o Judiciário ao Executivo, possibilita prisões desamparadas pelo habeas corpus e condenações sem defesa, e torna inaudíveis as vozes discordantes, porque ensurdece a Nação pela censura à Imprensa, ao Rádio, à Televisão, ao Cinema e ao Teatro.

Os moderados endossaram a proposta, e o partido continuou a trilhar o caminho da legalidade.

O brilhante discurso de Ulysses na convenção do MDB terminou com uma convocação poética e assertiva, que reflete o caráter do autor, o destemor do líder da oposição e a fé inabalável nos princípios da liberdade e nos valores da democracia:

> Senhores Convencionais: a caravela vai partir. As velas estão pandas de sonho, aladas de esperanças. O ideal está ao leme e o desconhecido se desata à frente. No cais alvoroçado, nossos opositores, como velho do Restelo de todas as epopeias, com sua voz de Cassandra e seu olhar derrotista, sussurram as excelências do imobilismo e a invencibilidade do *establishment*. Conjuram que é a hora de ficar, e não de aventurar.

> Mas, no episódio, nossa carta de marear não é de Camões, e sim de Fernando Pessoa ao recordar o brado: 'Navegar é preciso. Viver não é preciso'.
>
> Posto hoje no alto da gávea, espero em Deus que em breve possa gritar ao povo brasileiro: Alvíssaras, meu capitão. Terra à vista! Sem sombra, medo e pesadelo, à vista a terra limpa e abençoada da liberdade.[116]

Após o lançamento da anticandidatura, Ulysses percorreu o país praticamente sozinho. Contou com a companhia do candidato a vice-presidente, o intelectual Barbosa Lima Sobrinho. Entretanto, raríssimos políticos se aventuraram a acompanhá-lo na caravana eleitoral por 14 estados brasileiros. Eles temiam ser presos ou cassados pelo regime. Tampouco empresários queriam se envolver diretamente com a campanha presidencial de Ulysses. Ele foi obrigado a financiá-la por conta própria, pois ninguém queria contribuir com dinheiro para uma campanha que irritava os militares e que não tinha chance de vitória. Os simpatizantes do MDB também receavam participar de comícios, temendo a reação da polícia e serem presos. Ulysses chegou muitas vezes sozinho a algumas cidades, onde havia apenas uma dezena de pessoas para ouvi-lo. Não se importava com o tamanho da audiência; o importante era sua mensagem. Discursava com a mesma paixão e convicção para uma multidão ou para um pequeno grupo. Queria convencer as pessoas de suas ideias e da necessidade de acabar com a ditadura e restaurar a democracia. Dizia que venceria a eleição presidencial e transformou a caravana na sua grande tribuna política.

A anticandidatura não era uma campanha eleitoral, mas uma campanha cívica. As reuniões políticas, os pequenos comícios, as entrevistas para rádios, jornais e televisão contribuíram para propagar a voz da oposição e as bandeiras políticas do MDB. Ulysses levou a sério a campanha e foi convencido pelo deputado João Pacheco Chaves de que o partido deveria apresentar uma proposta de governo. Pacheco Chaves levou Ulysses ao Cebrap, Centro de Estudos Políticos, e encomendaram ao professor Fernando Henrique Cardoso

---

[116] *Ibid.*, p. 47.

que preparasse o programa de governo do MDB. Esse projeto não só aproximou Fernando Henrique do partido e de Ulysses, como também se transformou numa plataforma política que pautou o discurso e a campanha do MDB até o fim da ditadura.

A campanha presidencial de 1974 foi o momento de conversão de Ulysses. Ele deixou de ser o líder do partido de oposição e passou a ser uma figura política nacionalmente conhecida. Transformou-se no profeta que enxergava a Terra Prometida da Liberdade, enquanto seus seguidores se queixavam do calor, da fome e da sede durante a travessia do deserto. Sua convicção no triunfo da democracia e na derrota do autoritarismo era inabalável:

> A civilização é a longa e fascinante história da libertação do homem. Toda invenção é triunfo da libertação humana. Com a roda, o homem começou a libertar-se do espaço e do tempo; com a agricultura, do nomadismo e da fome; com a medicina, da doença; com a escola, da ignorância; com a sociedade, da solidão; com a Imprensa, o Rádio e a Televisão, da desinformação; com a Democracia, dos tiranos.[117]

Quando o debate é limitado, o poder das ações e do exemplo pessoal é fundamental para dar forma, rumo e significado às bandeiras e causas que defendemos. Com 75 votos, Ulysses perdeu, em janeiro de 1974, a eleição no Colégio Eleitoral para o general Ernesto Geisel, que teve 400 votos. Mas a anticandidatura não foi em vão. A eleição legislativa, realizada em novembro, consagrou o MDB. No Senado, o partido conquistou 16 dos 22 estados brasileiros. Na Câmara Federal, o MDB ganhou 161 cadeiras, uma vitória expressiva para um partido que elegera apenas 87 parlamentares em 1970. A eleição legislativa de 1974 marcou o início da lenta sangria do regime militar.

A defesa dos princípios e valores na arena pública é o verdadeiro teste de coragem do estadista:

> Há momentos em que o homem público tem que decidir, mesmo com risco de sua vida, liberdade, impopularidade ou exílio. Sem coragem não o fará. O medo tem cheiro. Os cavalos e cachorros sentem-no, por

[117] *Ibid.*, p. 58.

isso derrubam ou mordem os medrosos. Mesmo longe, chega ao povo o cheiro corajoso de seus líderes.[118]

Foi enfrentando cachorros, cavalos e soldados com baionetas que Ulysses Guimarães resistiu à intimidação da polícia em Salvador. Os principais líderes do MDB haviam planejado uma reunião na capital baiana para apoiar as candidaturas de oposição que disputariam as eleições legislativas de 1978. Como os comícios em lugares públicos continuavam proibidos desde o AI-5, era possível apenas organizar reuniões em lugares fechados, como na sede do MDB. Minutos antes do encontro, os dirigentes souberam que a polícia já havia cercado a área em torno da sede do partido para impedir a reunião. Era um ato ilegal e arbitrário que precisava ser resistido de maneira firme, mas com respeito às leis vigentes: "Vou entrar de qualquer jeito [na sede do partido]. É uma arbitrariedade sem limites". Ulysses, seguido de Tancredo Neves, Freitas Nobre e mais uma dezena de membros do MDB, entrou na praça, em frente ao teatro Castro Alves, onde havia 500 policiais armados de fuzis e outros com cachorros da PM. Começaram a caminhada em direção ao diretório do MDB, quando foram interrompidos por um oficial e soldados com cachorros, que ordenaram que parassem imediatamente: "Respeitem o líder da oposição!", exclamou Ulysses, removendo, imediatamente, com as mãos o fuzil que o oficial lhe apontava. Em seguida, passou por meio dos soldados e cachorros que tentavam mordê-lo. Ao entrar na sede do diretório do MDB, Ulysses foi ao balcão que dava para a praça, pegou o microfone e virou as caixas de som para a praça e disse: "Soldados da minha pátria, baioneta não é voto e cachorro não é urna!".[119]

Era preciso mais do que cachorro, soldados e baioneta para conter o crescimento do MDB e frear a marcha gradual dos defensores da redemocratização do país. O trauma da vitória da oposição em vários estados, nas eleições de 1974, levou o presidente Geisel a promulgar o "Pacote de Abril" em 1977. Para proclamá-lo, foi obrigado a fechar o Congresso por duas semanas. O objetivo das medidas era impedir o

---

118 *Ibid.*, p. 34.

119 *Ibid.*, pp. 11-12.

crescimento do MDB nas eleições legislativas de 1978. A preservação da maioria governista no Senado exigiu mais um ato arbitrário do governo, que alterou as regras para a renovação de dois terços do mandato dos senadores. Metade das vagas do Senado seria preenchida pelo voto direto, mas a outra metade seria escolhida pelo voto indireto. O governo criou uma excrescência que foi popularmente batizada de "senador biônico". O "biônico" não precisava do voto popular para se eleger. Era escolhido pelo presidente da República e referendado por um Colégio Eleitoral, composto por parlamentares governistas. Mesmo com a criação desse artifício, o governo não conseguiu atingir o seu objetivo de eleger dois terços dos senadores. A Arena obteve 42 cadeiras e o MDB, 25.

O Pacote de Abril criou outra regra perversa para garantir a maioria governista na Câmara. O presidente Geisel acabou com o princípio democrático de "um homem, um voto", criando uma regra de proporcionalidade que permitiu aos estados menos populosos uma representação de deputados na Câmara desproporcional ao seu peso populacional. O objetivo dessa distorção era privilegiar os estados do Nordeste em detrimento dos estados do Sudeste, a fim de criar um contrapeso na Câmara ao crescimento eleitoral do MDB nos estados mais populosos. O dique criado pelo governo para represar o voto que cabia ao MDB teve efeito limitado. Apesar do Pacote de Abril, o MDB elegeu 189 deputados federais e a Arena, 231.

Geisel percebeu que não era mais possível conter o avanço do MDB por meio do contorcionismo das leis eleitorais e da Constituição (como foi o caso do Pacote de Abril) nem por meio da violência e da repressão. O presidente sabia que precisava mudar de tática. Resolveu então conduzir, de maneira ordenada, o processo da abertura política. Foi uma atitude corajosa, pois havia forte resistência nas Forças Armadas ao seu plano de abertura "lenta, gradual e segura". A disputa interna no governo terminou com a demissão do ministro do Exército, general Sylvio Frota, o militar linha dura que criticava o processo de abertura. Mas Geisel também pôde contar com grandes aliados no ministério. Seu ministro da Casa Civil, general Golbery do Couto e Silva, foi encarregado de ser o porta-voz e o principal articulador da abertura política.

Um dos primeiros atos importantes da dissensão política foi a revogação do AI-5, em outubro de 1978. A decisão, que entrou em vigor em 1º de janeiro de 1979, representava o fim do regime de exceção e o renascimento do Estado de Direito. Os direitos políticos foram restituídos, a inviolabilidade do mandato político preservada e o *habeas corpus* restabelecido. Uma brisa de liberdade voltou a soprar no país, mas Ulysses não baixou a guarda. Continuou a exibir a mesma determinação, perseverança e convicção na sua missão de lutar pela restauração da democracia por meio das leis e das instituições. O fim do AI-5 mudou o clima político. Fortalecido pelo crescimento do partido nas eleições e pela volta da liberdade política, o MDB começou a especular sobre a possibilidade de vencer as eleições presidenciais de 1978. Se o MDB encontrasse um militar que se dispusesse a disputar a eleição presidencial como candidato da oposição, haveria uma boa chance de dividir os votos no Colégio Eleitoral e vencer as eleições.

Severo Gomes, um dos amigos próximos de Ulysses, tornou-se o principal articulador dessa proposta. Severo havia sido ministro da Agricultura do presidente Castello Branco e também ministro da Indústria e do Comércio do governo Geisel. Tramitava bem entre os militares e começou a sondar cuidadosamente a possibilidade de o general Euler Bentes Monteiro aceitar a candidatura presidencial do MDB. Como Severo não era membro do partido, convidou Fernando Henrique Cardoso para acompanhá-lo à reunião. O general Euler concordou em disputar a eleição presidencial pelo MDB, e Fernando Henrique foi encarregado de relatar a conversa com o general a Ulysses: "Você acha mesmo que esse Euler pode ser o candidato do MDB?", perguntou Ulysses. Fernando Henrique explicou: "[É a] primeira vez que os militares exibem uma cisão importante e, sem isso, não conseguiremos ganhar o apoio necessário para a democracia. Creio que se deve apoiar e que isto já vem tarde". Ulysses fitou-o por um instante, com um ar pensativo, e respondeu-lhe: "Bom, professor, o senhor sabe, isso é uma decisão muito importante, e as decisões importantes eu tomo sozinho. Vou pensar e decidir.[120]

[120] MELHEM, Célia Soibelmann; RUSSO, Sonia Morgenstern (Orgs.). *Dr. Ulysses, o homem que pensou o Brasil*. São Paulo: Artemeios, 2004, p. 100.

O diálogo com Fernando Henrique revela uma das grandes virtudes políticas de Ulysses Guimarães: sua capacidade de ouvir e de aprimorar a análise do contexto antes de tomar decisões. Política é a arte de conversar, e Ulysses sabia conduzir uma conversa política como poucos. "Saber escutar é um dom político", dizia ele. Em seguida, citava um provérbio árabe: "Deus deu ao homem dois ouvidos e uma boca, para que ouça o dobro do que fala". Conversava com os amigos próximos, como João Pacheco Chaves e Renato Archer; escutava os membros do partido, como Fernando Henrique e Mario Covas; e sondava vários políticos em suas conversas informais, em encontros e reuniões políticas. João Pacheco Chaves se considerava a pessoa que mais dava trabalho a Ulysses no MDB: "Eu não concordava com tudo, e o Ulysses queria que todo mundo concordasse. Eu era o rebelde". Mas, no fim, acertavam-se, "era só uma conversa".[121]

As conversas ajudavam a clarear as ideias, a compreender o contexto político e aprimorar a qualidade do diagnóstico da situação. As decisões, entretanto, eram atos solitários. Ulysses não decidia por impulso nem agia de maneira precipitada. Suas escolhas costumavam revelar a preocupação do estadista com as instituições, com o Estado de Direito e com a democracia. O interesse do país estava sempre acima do interesse pessoal ou partidário. Em 1978, abriu mão de sua candidatura presidencial para apoiar o general Euler Bentes Monteiro. Em 1984, era o candidato natural a disputar a presidência da República na eleição que consagraria o retorno do regime democrático no país, mas Ulysses renunciou-a para apoiar Tancredo Neves. Antes de assumir a presidência da República em 1985, Tancredo veio a falecer, e Ulysses, para evitar uma crise política, endossou a posse de José Sarney, o vice-presidente da República.

Voltemos à eleição presidencial de 1978. Se Ulysses fosse um político comum, escutaria seus marqueteiros e áulicos e provavelmente seria pressionado a ser o candidato presidencial do MDB. Seus partidários tentariam persuadi-lo da importância de promover uma segunda caravana cívica, a fim de mobilizar o país e o partido em mais uma campanha pela democracia, e fortalecer a sua imagem

---

[121] *Ibid.*, p. 129.

de líder inconteste da oposição. Ulysses, entretanto, não tomava decisões pensando nos resultados imediatistas da política. Isso era preocupação de amadores, como costumava dizer com um sorriso nos lábios. Não dava importância para amadores ou palpiteiros – fossem eles jornalistas, marqueteiros ou economistas: "Política é conversa de adulto, não de moleque. É doloroso ter de repreender imaturos, com o convite latino: *puer, sacer est locus: extra migite*. Em língua crioula: Menino, o lugar é sagrado. Vá fazer pipi lá fora".[122] Ulysses era um estadista e se orgulhava de ser um político profissional. Enquanto o político oportunista se deixa pautar pelo impacto de curto prazo de suas ações, o estadista age pensando nas instituições e nos interesses do país. Suas decisões políticas são guiadas pelo seu senso de propósito, por valores e princípios. Eles formam o arcabouço de suas escolhas e de sua atuação na vida pública. Ulysses não estava na arena pública para conquistar cargos políticos nem para desfrutar das regalias do poder. Estava na política para resgatar a democracia e a liberdade que haviam sido sufocadas pelo regime autoritário.

A escolha do general Euler ilustra bem como a definição do propósito determina a escolha política de Ulysses. Ao abrir mão da sua candidatura presidencial e apoiar o general Euler, ele estava contribuindo para a pavimentação do caminho da democracia. A candidatura de um militar moderado pelo MDB não dividiria apenas as Forças Armadas, como Fernando Henrique havia dito. Ela cumpria outro objetivo fundamental, que consistia em neutralizar a escolha de um candidato militar linha dura para suceder o presidente Geisel. Um candidato linha dura poderia aumentar a dissidência no Colégio Eleitoral e consagrar a vitória do representante do MDB, algo que o governo queria evitar a todo custo. Na lógica de Ulysses, o propósito da candidatura do general Euler tinha dois objetivos. Primeiro, dividir os votos governistas e vencer as eleições no Congresso; segundo, assegurar a continuidade da abertura política. Nesse sentido, ela já nascia vitoriosa. Não importava o resultado das eleições, o candidato que vencesse o pleito daria continuidade à abertura política iniciada pelo presidente Geisel.

---

122 GUIMARÃES, *op. cit.*, p. 25.

Em janeiro de 1979, o general João Baptista Figueiredo venceu a eleição presidencial, derrotando o general Euler no Colégio Eleitoral por 355 votos contra 226. Mas, ao assumir a presidência da República, em março, o general Figueiredo prometeu fazer "deste país uma democracia". O MDB perdeu a batalha da eleição, mas Ulysses ganhou a guerra: a transição pacífica, segura e gradual do regime autoritário triunfou, culminando com a restauração da democracia em 1985. Além da coragem, determinação e perseverança de Ulysses na política, a cruzada pela democracia contou com a incapacidade do regime militar de sanear a economia e livrar o país da inflação.

As duas crises do petróleo – a de 1973 e a de 1979 – colaboraram para frear o milagre econômico e mudar a percepção dos brasileiros sobre o regime militar. O início da guerra do Yom Kippur entre Israel, Egito e Síria foi o pretexto usado pelo cartel do petróleo – a Organização dos Países Exportadores de Petróleo (Opep) – para promover um aumento estratosférico do preço do barril. De outubro de 1973 a março de 1974, a cotação saltou de US$ 2,5 para US$ 12. O Brasil, que dependia do petróleo importado, sofreu a primeira retração econômica importante desde 1966. A dívida pública cresceu para financiar a compra de petróleo, os custos relativos de produção de bens e serviços aumentaram e a economia retraiu. Em contrapartida, o mercado foi inundado por petrodólares que buscavam oportunidades de investimentos nos países desenvolvidos e subdesenvolvidos. Essa bolha de liquidez tornou-se um atalho irresistível para o governo brasileiro.

O presidente Geisel respondeu à crise propondo o II Plano Nacional de Desenvolvimento, que poderia ser resumido numa frase: pé fundo no acelerador do crescimento econômico. Em vez de promover o corte dos gastos públicos e equilibrar a conta corrente do balanço de pagamentos, o governo preferiu ignorar o remédio amargo do ajuste econômico e buscar o atalho do crescimento baseado em financiamento externo. Atraiu capital estrangeiro barato para financiar as suas obras de infraestrutura, a diversificação da economia, o desenvolvimento do mercado interno e a redução da dependência do país das importações. O país contraiu vultosos empréstimos externos, criou 400 empresas estatais – dentre elas, Itaipu e a usina nuclear

Angra 1 –, financiou projetos estratégicos, como o Proálcool, e abriu a torneira do crédito para as grandes empresas nacionais que atuavam nos setores prioritários, como construção e indústria.

Na visão utópica do governo brasileiro, o país era uma "ilha de prosperidade no meio de um mar turbulento", que ameaçava os pilares das principias potências com suas ondas de recessão, inflação e desemprego. Entretanto, o céu de brigadeiro que pairava sobre a nossa "ilha de prosperidade" sucumbiu ao mar turbulento logo após o presidente Geisel ter passado a faixa presidencial ao general João Figueiredo. Em 1979, a revolução islâmica no Irã, um dos grandes produtores de petróleo do mundo, depôs o xá Reza Pahlevi e levou ao poder o Aiatolá Khomeini. O governo de Khomeini cessou o fornecimento de petróleo para os Estados Unidos, gerando nova disparada do preço do barril, que atingiu o pico de US$ 40. A situação dramática da economia mundial obrigou os principais países a tomarem medidas drásticas para conter a inflação. Nomeado pelo presidente Jimmy Carter para presidir o *Federal Reserve* (o Banco Central americano), em agosto de 1979, Paul Volcker aumentou a taxa de juros, a fim de frear a inflação, que havia ultrapassado a barreira dos 10% em 1980. Em dois anos, a taxa de juros americana dobrou, atingindo 21,5% em 1981. Os efeitos do aperto monetário nos Estados Unidos foram devastadores para o Brasil.

O dinheiro barato ficou caro, e os empréstimos brasileiros, contraídos com juros flutuantes, tornaram-se proibitivos. A economia sofreu forte retração e a inflação disparou, ultrapassando a barreira dos 100% ao ano. A situação financeira do país tornou-se dramática. O Brasil teve de recorrer ao Fundo Monetário Internacional (FMI) para obter crédito, a fim de se manter solvente. Mas, numa data fatídica, sexta-feira 13 de agosto de 1982, o drama financeiro transformou-se em tragédia. O México declarou moratória e anunciou a suspensão do pagamento da sua dívida externa. A moratória mexicana secou o crédito internacional para os países emergentes e o Brasil "quebrou". Com o país sem crédito, o ministro da Fazenda, Ernane Galvêas, reuniu-se com o presidente Figueiredo e anunciou sem meias-palavras: "Estamos quebrados e não temos saída. Temos que desvalorizar o câmbio e suspender os pagamentos". Figueiredo descobriu, naquele instante, o peso da herança maldita do governo Geisel: "Largaram os Quatro Cavaleiros do Apocalipse em cima do meu governo! Eu não mereço isso!".[123]

A "ilha de prosperidade", cujo crescimento desenfreado baseou-se no financiamento externo em vez da poupança interna, levou o Brasil à bancarrota. Geisel ignorou os sinais claros de que era necessário arrumar as finanças do país após a crise do petróleo de 1973. Figueiredo seguiu o mesmo caminho no início do seu governo, descartando o alerta do ministro do Planejamento, Mario Henrique Simonsen. Em 1979, Simonsen apresentou ao presidente um quadro dramático da situação financeira do país e ressaltou a necessidade de promover um ajuste radical nas contas públicas. Simonsen propôs um plano de austeridade que exigiria coragem e determinação política do presidente. Figueiredo achou o remédio muito amargo e rechaçou a recomendação. Simonsen renunciou, e Figueiredo encontrou em Delfim Netto um novo *tsar* da economia, que propunha um plano mais palatável para evitar o desastre anunciado por Simonsen. O plano palatável não surtiu efeito, e o Brasil "quebrou" em 1982.

Começou então a romaria do Brasil ao FMI. A liberação do crédito era condicionada ao compromisso do país de adotar medidas de austeridade. A primeira carta de intenção assinada pelo governo Figueiredo com o Fundo exigia que o governo reduzisse o déficit público de 14% do PIB, em 1982, para 8% no ano seguinte, desindexasse os salários, aumentasse substancialmente o superávit comercial (de US$ 1 bilhão para US$ 6 bilhões em 1983) e combatesse a inflação, reduzindo-a de 100% para 70% em dois anos. O PIB, que havia crescido apenas 0,8% em 1982, desabou, recuando 2,9% em 1983.[124]

O receituário do FMI gerou recessão e descontentamento popular. Ulysses e a oposição aproveitaram para converter a insatisfação em votos. Na eleição de 1982, os partidos de oposição – PMDB, PT, PDT e PTB – conquistaram, pela primeira vez, a maioria no Congresso. Os partidos de oposição elegeram 244 parlamentares, e o PDS

---

[123] SAFATLE, Claudia. "A mãe de todas as crises". *Valor Econômico*, Caderno EU & Fim de Semana. 10, 11 e 12 ago. 2012, p. 6.

[124] *Ibid.*, p. 8.

(o partido governista que sucedeu a Arena), 235. A experiência da abertura "lenta, gradual e segura", iniciada por Geisel, começava a andar num ritmo mais acelerado. Além de conquistar a maioria no Congresso, a oposição elegeu dez governadores na primeira eleição direta para o poder Executivo estadual. A oposição venceu nos três principais estados, São Paulo (Franco Montoro), Minas Gerais (Tancredo Neves) e Rio de Janeiro (Leonel Brizola). A eleição de Brizola causou verdadeiro reboliço no meio militar. Ela desencadeou um alerta na ala mais radical das Forças Armadas, que queria impedir-lhe a posse. O presidente Figueiredo rechaçou qualquer tentativa de golpe e convocou a imprensa para reconhecer a vitória da oposição.

A posse de Brizola e a decisão do governo de respeitar o veredicto das urnas estimularam um jovem deputado do PMDB do Mato Grosso, Dante de Oliveira, a apresentar uma emenda constitucional que estabelecesse eleição direta para presidente da República. A disposição de Dante de Oliveira para conseguir as assinaturas para a emenda fez com que Ulysses o apelidasse carinhosamente de "mosquito elétrico". Magro e com energia inesgotável, Dante perseguia parlamentares no café da Câmara, nos gabinetes, restaurantes, hotéis e nas reuniões políticas para conseguir as assinaturas de 176 deputados e 23 de senadores, que eram necessárias para apresentar uma emenda. O projeto foi finalmente apresentado no plenário em 2 de março de 1983. Ulysses foi um dos signatários da emenda. A apresentação da emenda no plenário foi apenas a primeira batalha de uma iniciativa que mobilizou o país e fez estremecerem os pilares da ditadura.

A emenda Dante de Oliveira foi um divisor de águas. Ao deixar o Congresso e ganhar as ruas, ela foi popularmente rebatizada como a campanha pelas Diretas Já. Ulysses foi o líder que comandou a campanha na arena política e nas ruas. Tornou-se o "Senhor Diretas". Seu exemplo, sua liderança e a habilidade política para manter o PMDB unido e os partidos de oposição alinhados em torno de um objetivo comum – a campanha pelas Diretas Já – resultaram em um dos seus maiores feitos políticos. A mobilização em torno da aprovação do projeto que permitiria aos brasileiros eleger democraticamente o presidente da República transformou-se no maior movimento de massa do Brasil. A liderança de Ulysses foi decisiva nesse processo. Mais uma vez, ele estava à frente de uma caravana para defender uma causa política.

Em junho de 1983, um comício do PMDB em Goiânia reuniu 5 mil pessoas para escutar Ulysses defender o direito do povo brasileiro de escolher o presidente da República por meio do voto democrático. Além das praças e ruas, Ulysses recorria ao microfone das rádios e a entrevistas em jornais para mobilizar as pessoas a pressionar o Congresso a votar a emenda Dante de Oliveira. Tancredo Neves, governador de Minas, fazia o papel do líder moderado da oposição, enquanto Ulysses radicalizava o discurso. Tancredo, como bom político mineiro, apoiava a emenda, mas também argumentava que o Colégio Eleitoral poderia ser ampliado para garantir uma eleição indireta mais democrática. A divergência entre Ulysses e Tancredo tornou-se pública quando Ulysses declarou a um jornal que não havia atalho ou solução salomônica para a questão, como Tancredo deixava transparecer: "Não se pode tratar as coisas de interesse do país como se fossem um hímen complacente".[125] Para Ulysses, só havia uma alternativa: o governo tinha de respeitar a vontade popular e permitir ao Congresso Nacional votar livremente a emenda Dante de Oliveira.

O Senhor Diretas tinha um faro político aguçado. Sabia quando era preciso avançar e não dar trégua ao governo. Por isso, rechaçou a posição moderada de Tancredo, que recomendava diminuir a pressão sobre o governo e buscar uma solução conciliatória. Como a anticandidatura em 1973, as Diretas Já, na percepção de Ulysses, representavam uma oportunidade única para o avanço da causa democrática. Era preciso pressionar o governo e mobilizar o povo. Em fevereiro de 1984, Ulysses foi a Cuiabá, no Mato Grosso, para participar de um comício pelas Diretas Já. Queria prestigiar o representante do estado na Câmara federal e autor da emenda. Após o comício, ao qual 15 mil pessoas compareceram, Ulysses comentou com Lula, também presente no evento: "Botamos o povo na rua. Quem vai tirá-lo de lá?"

---

[125] LEONELLI, Domingos; OLIVEIRA, Dante. *Diretas Já, 15 meses que abalaram a ditadura*. Rio de Janeiro: Record, 2004, p. 96.

Há momentos em que o estadista tem de abandonar a moderação e enfrentar os riscos de trilhar um caminho que não lhe permite recuar. A coragem do estadista se manifesta nesses momentos cruciais, quando suas decisões e seus atos definem o grau de risco pessoal e político que ele está disposto a correr para defender os valores e os princípios que exemplificam o seu comprometimento com a causa que defende. "César não foi ao Rubicon beber água. Se Pedro I fosse ao Ipiranga para beber água, suas estátuas não se ergueriam nas praças públicas do Brasil", concluiu Ulysses.[126]

Uma pesquisa de opinião pública, realizada no início de 1984, revelou que 74% das pessoas apoiavam as Diretas Já. O respaldo maciço da população criou um problema político para os partidos de oposição. Certos de que a emenda seria aprovada no Congresso, os partidos de oposição começaram a se articular para escolher um candidato único para disputar a presidência da República. Ulysses, Tancredo, Montoro e Brizola surgiam como possíveis presidenciáveis. O governo também começou a aventar a possibilidade de lançar um candidato civil para suceder o presidente Figueiredo. Leitão de Abreu (ministro da Casa Civil), Mario Andreazza (ministro dos Transportes) e Paulo Maluf (o deputado federal mais votado do Brasil) eram cogitados como candidatos da base governista. As especulações sobre os presidenciáveis somadas às declarações e entrevistas dos líderes da oposição – como Miguel Arraes e Brizola – colaboravam para desviar a atenção do esforço político necessário para aprovar a emenda Dante de Oliveira no Congresso.

Para evitar que a oposição colocasse o carro (os candidatos presidenciáveis) à frente dos bois (a votação da emenda), Ulysses iniciou uma maratona de reuniões políticas com os líderes da oposição e do PMDB para reiterar a importância de manter a oposição unida em torno da campanha das Diretas Já. A discussão sobre a candidatura presidencial deveria ser suspensa até a votação da emenda Dante de Oliveira no Congresso. Ulysses relembrava aos seus pares que, em caso de eleição indireta, seria necessário não só reunir todos os votos da oposição no Colégio Eleitoral, como também conquistar

[126] GUIMARÃES, *op. cit.*, p. 34.

dezenas de votos dos parlamentares do PDS, o partido governista. Não era uma tarefa fácil. Por isso, era vital preservar a unidade do discurso e da ação política em torno do esforço de mobilizar a opinião pública, a mídia e o Congresso para conquistar o apoio e os votos necessários para aprovar a emenda Dante de Oliveira. A liderança de Ulysses foi vital nesse processo de diminuir as divergências na oposição e mantê-la unida em torno da mobilização popular pelas Diretas Já.

A campanha das Diretas Já se espalhou pelo país numa velocidade impressionante. Em 15 meses, mobilizou milhares de pessoas, ganhou a adesão da maioria da imprensa e terminou em 16 de abril de 1984 num evento apoteótico em São Paulo, no qual 1,7 milhão de pessoas ocuparam o Vale do Anhangabaú. Foi a maior concentração popular já registrada na história do Brasil. No palanque instalado no Anhangabaú, líderes da oposição, como Ulysses, Brizola, Tancredo, Montoro e Lula, revezavam-se em discursos, conclamando o direito do povo de eleger o presidente da República. Apesar do entusiasmo das ruas e da adesão popular, do apoio da imprensa e da conquista de votos importantes da base governista, a mão de ferro do governo prevaleceu e a emenda Dante de Oliveira foi derrotada na Câmara dos Deputados. Clovis Rossi, do jornal *Folha de S. Paulo*, escreveu numa coluna, no dia seguinte à votação, 26 de abril de 1984, retratando o humor da nação:

> A emenda Dante de Oliveira, que prevê eleições diretas já para a Presidência da República, foi rejeitada esta madrugada pela Câmara dos Deputados, embora tivesse recebido maioria de votos a favor (298 a 65), insuficiente, entretanto, para se atingir o quórum de dois terços exigido para alterações da Constituição. Faltaram 22 votos.
>
> A emenda recebeu substancial apoio da bancada do PDS (54 votos), o que demonstra o quanto a tese das diretas já penetrou no partido oficial, como reflexo da mobilização popular. Com esse resultado, fica evidentemente mais fácil prosseguir, daqui para frente, na campanha pelas diretas, na qual a oposição promete continuar engajada. Prova disso foi a reafirmação pública, ontem, da posição assumida na véspera pelos governadores do PMDB, transmitida à imprensa por Franco

Montoro: "Esta luta não pode cessar senão com a conquista das eleições diretas".[127]

A derrota da emenda não diminuiu a pressão da população por mudanças políticas. Abatido por uma inflação anual de 200%, uma alta taxa de desemprego e por uma política econômica que procurava conter reajustes salariais, o povo continuou a ocupar as ruas para protestar contra o governo e apoiar o direito de votar para presidente. Acuado, o governo buscava uma trégua com a oposição para atenuar a pressão das greves e das manifestações populares. Mas Ulysses não queria saber de acordos com um governo debilitado que se recusava a aceitar a vontade popular: "A trégua que a sociedade aceita é a abertura das urnas para que dela saia o sucessor do presidente Figueiredo. Sucessor eleito, não herdeiro imposto".[128]

Além do descontentamento popular, a votação da emenda revelou a expressiva dissidência na base do governo. No PDS, 54 parlamentares haviam votado a favor da emenda, um sinal claro de que o governo começara a perder o controle dos aliados. A disputa pela sucessão do presidente Figueiredo acabou promovendo a cisão definitiva do PDS. A escolha do deputado Paulo Maluf, ex-governador de São Paulo, como candidato do governo, precipitou a formação de um novo partido, o PFL (Partido da Frente Liberal), em janeiro de 1985. Se a base governista rachou, a oposição manteve-se unida, graças à grandeza política de Ulysses.

Ele era o candidato natural da oposição à presidência, mas com a derrota da emenda Dante de Oliveira, Ulysses convenceu-se de que Tancredo Neves tinha mais chance de atrair os votos dissidentes do governo no Colégio Eleitoral. Ulysses representava a combatividade à ditadura, mas Tancredo era o candidato ideal para tecer o consenso e aglutinar os votos necessários da base governista e da oposição.

---

[127] ROSSI, Clovis. "Use preto pelo Congresso Nacional". *Folha de S. Paulo.* 26 abr. 1984. Disponível em: < http://almanaque.folha.uol.com.br/brasil_26abr1984.htm>. Acesso em: 02 mai. 2023.

[128] LEONELLI; OLIVEIRA, *op. cit.*, p. 105.

Ulysses sabia a hora de fazer concessão. Tinha plena consciência de que as decisões políticas importantes para a nação não devem ser tomadas tendo em vista as preferências pessoais, os interesses do partido ou a conquista de cargos públicos. A escolha política tem de refletir os valores e o propósito que melhor expressam o interesse do país. Para Ulysses, o objetivo primordial da nação era vencer a eleição presidencial no Colégio Eleitoral e conduzir a transição pacífica da ditadura para a democracia. Se Tancredo representava a melhor alternativa para liderar a travessia, ele deveria ser o candidato da oposição. Ao decidir apoiar a candidatura de Tancredo, Ulysses assumiu o comando da campanha e tornou-se o principal cabo eleitoral do ex-governador mineiro.

Lembro-me nitidamente do dia 15 de janeiro de 1985, quando a televisão transmitiu ao vivo a eleição presidencial no Congresso Nacional. Cada voto pronunciado em nome de Tancredo era recebido pela nação como se fosse um gol da seleção brasileira numa final de Copa do Mundo. Quando o deputado João Cunha (PMDB-SP) pronunciou o 344° voto – aquele que deu a vitória a Tancredo Neves –, a nação prorrompeu num grito de euforia e júbilo no meio da chuva que caía em Brasília. A população invadiu ruas e praças em várias cidades do Brasil, comemorando o momento histórico que sepultava o regime autoritário e ressuscitava a democracia no país após 21 anos. Tancredo recebeu 480 votos, contra 180 votos de Paulo Maluf, e foi proclamado presidente da República.

Tancredo fez um discurso conciliatório, comprometendo-se a promover a reorganização institucional do Estado. Enfatizou a necessidade de criar uma nova Constituição e foi veemente ao reafirmar que lutaria para combater a inflação e assegurar a retomada do crescimento da economia "desde o primeiro dia do meu governo". Convocou a população para "um mutirão nacional" e reiterou a necessidade de construir um governo de conciliação para enfrentar os desafios prementes do país. Enalteceu o papel da oposição, das Forças Armadas e do governo Figueiredo em garantir uma transição pacífica para a restauração da democracia. Após o discurso, recebeu um telefonema do presidente Figueiredo, que estava internado no hospital, cumprimentando-o pela eleição.

Em 14 de março, véspera da posse, Tancredo acordou sentindo fortes dores abdominais e foi submetido a uma cirurgia de emergência no Hospital de Base de Brasília. A capital estava repleta de chefes de Estados, autoridades e líderes políticos que haviam se dirigido à capital para testemunhar o momento histórico da transferência da faixa presidencial para o primeiro presidente civil desde 1964. As principais lideranças políticas do PMDB foram ao hospital em busca de notícia. Nos corredores do hospital, se perguntaram quem deveria representar Tancredo na cerimônia. Ulysses declarou que o vice-presidente eleito, José Sarney, deveria ser empossado. As lideranças do PMDB, no entanto, insistiam que Ulysses, como presidente da Câmara, tinha de assumir a presidência da República e governar até o restabelecimento de Tancredo.

O primeiro boletim médico gerou alívio. A cirurgia fora um sucesso e Tancredo passava bem. Mas a discussão sobre a transferência da faixa presidencial para Sarney ou Ulysses perdurou noite adentro. Ulysses, Fernando Henrique, o senador José Fragelli e o general Leônidas Pires Gonçalves (que seria o ministro do Exército de Tancredo), driblaram os jornalistas que faziam plantão na porta do hospital e dirigiram-se à casa do ministro da Casa Civil, Leitão de Abreu, para decidir a questão.

Travou-se longa discussão jurídica. Leitão de Abreu e Fernando Henrique defendiam a tese de que o presidente da Câmara deveria ser empossado. José Fragelli e Leônidas, como Ulysses, defendiam a posse de José Sarney. Ulysses recorreu ao exemplo histórico de Rodrigues Alves, que, eleito presidente pela segunda vez em 1918, faleceu antes da posse, e a faixa presidencial foi transmitida ao vice-presidente, Delfim Moreira. Mas, na noite de 14 de março, ninguém imaginava que Tancredo viria a falecer em decorrência da deterioração do seu quadro. Tratava-se apenas de uma formalidade jurídico-constitucional sobre quem deveria ocupar temporariamente a presidência até Tancredo recuperar-se da cirurgia e assumir o comando da nação.

Além do debate jurídico-constitucional, havia uma questão política que o ministro Leitão de Abreu deixou clara. O presidente Figueiredo, que nutria ódio por Sarney por ter traído o governo militar e migrado para a oposição, disse que não transmitiria a faixa presidencial ao vice, mas apenas ao presidente da Câmara. De qualquer maneira, a opinião de Ulysses prevaleceu e Sarney assumiu no dia seguinte, quando leu o discurso que Tancredo havia escrito para a solenidade. O presidente Figueiredo cumpriu a promessa e encarregou Leitão de Abreu de transmitir a faixa presidencial ao presidente interino.

Mal Sarney sentou na cadeira presidencial, começaram a surgir as primeiras notícias sobre a piora do estado de saúde de Tancredo. Em 26 de março, ele foi transferido para o Hospital das Clínicas de São Paulo. A tensão política aumentou rapidamente com o agravamento da sua condição de saúde. A perspectiva de que Sarney pudesse se tornar presidente do Brasil tornou-se um pesadelo para o PMDB e para toda uma geração que lutara pela redemocratização. Ulysses colocou-se novamente à frente da liderança da nação quando Tancredo veio a falecer em 21 de abril de 1985. A manchete do jornal *O Estado de São Paulo* resumiu o sentimento nacional: "O Brasil chora a morte de Tancredo". A nação estava devastada com o falecimento do presidente, que se tornara o símbolo do renascimento da democracia e da esperança de vivermos uma nova era de liberdade, de crescimento econômico e de justiça social.

A morte de Tancredo havia roubado da nação esse sonho e gerou grande apreensão em relação aos possíveis desdobramentos políticos. O temor de que militares voltariam ao poder com o vácuo criado pela morte de Tancredo gerou inquietação. Ulysses sabia que teria de agir rápido. Em menos de 24 horas após a morte de Tancredo, Ulysses assumiu a liderança da sucessão, unindo todos os partidos em torno do nome de Sarney. Como presidente da Câmara, Ulysses foi pressionado pelo PMDB a assumir a presidência, mas preferiu seguir a regra sucessória. Osvaldo Manicardi, o fiel escudeiro de Ulysses e seu secretário particular, assegurou que as horas que transcorreram entre a morte de Tancredo e a posse de Sarney foram "o momento mais perigoso da democracia brasileira".

Segundo Manicardi: "Ulysses ficou muito preocupado, porque os militares democratas ainda não haviam assumido o poder, mas os outros eram ministros e estavam no poder". Ulysses temia que pudesse "dar coisa", isto é, os militares inventarem um pretexto para não transferirem a faixa presidencial ao sucessor de Tancredo.

Quando percebeu que a pressão dos cardeais do partido tornara-se intensa para que assumisse o cargo, Ulysses foi enfático: "Não assumo. E se continuar essa discussão, os militares vão ficar no poder. Vamos decidir logo, é o Sarney". Decisão tomada e comunicada ao presidente Figueiredo. O deputado Pacheco Chaves, o amigo mais próximo de Ulysses, disse que essa decisão foi o maior erro político da carreira de Ulysses: "Aquela teria sido a ocasião de ele ter assumido a presidência da República. Ele se arrependeu amargamente, mas nunca falou [sobre esse arrependimento]. Ele escondia tudo, era muito reservado".[129]

Pedro Simon, senador gaúcho do PMDB, usou uma metáfora bíblica para explicar o destino de Ulysses:

> Tenho relacionado a figura de Ulysses à de Moisés, que conduziu o povo durante quarenta anos e, quando chegou a hora de atravessar o rio para chegar à terra prometida, ouviu de Deus: "Você não vai atravessar". Na verdade, o dr. Ulysses atravessou todos os obstáculos, só não chegou à presidência da República.[130]

Ulysses ambicionava a presidência, mas, se tivesse de fazer um pacto com Deus e escolher entre o papel do guerreiro da democracia ou o de presidente da República, provavelmente teria escolhido o primeiro. Governar exige habilidades que Ulysses não possuía. Ele não tinha vocação para cargos executivos, não se interessava por questões administrativas e tinha pouca paciência para acompanhar e fiscalizar a implementação de políticas públicas.

Ulysses era um parlamentar por excelência. Gostava do Congresso e da articulação política. "A Câmara era seu grande cenário político. O Ulysses era um grande parlamentar", lembra o deputado João Pacheco Chaves. A vida de Ulysses era a política. Seus amigos próximos eram parlamentares, sua leitura favorita eram livros de política e de memórias de líderes políticos, sua casa era um lugar de reuniões políticas. O Parlamento, sobretudo a Câmara, era sua casa predileta.

---

[129] MELHEM; RUSSO, *op. cit.*, p. 135.

[130] *Ibid.*, p. 7.

Programas sociais, como jantares e eventos festivos, eram pretextos para reunir os amigos políticos e conversar sobre política. O "Clube do Poire" nasceu no restaurante Piantella, em Brasília, e reunia apenas amigos políticos, como João Pacheco Chaves, Renato Archer, Raphael Almeida Magalhães, Ronan Tito, Cid Carvalho, entre outros.

A habilidade política de Ulysses estava em unir pessoas e partidos das mais variadas correntes em torno da causa democrática. Assim como Churchill, Ulysses era o líder dos tempos de crise, de uma época na qual a liderança política requeria coragem para enfrentar situações adversas, capacidade de inspirar as pessoas e de personificar a luta pela causa da democracia por meio da ação, do exemplo e da disposição de enfrentar, com resiliência e determinação, as inúmeras adversidades. Nunca desanimou, nunca duvidou de que a democracia ressuscitaria no Brasil. Acreditava no desejo de liberdade dos brasileiros e no poder das instituições. Não acreditava no longo reinado dos usurpadores do poder, pois o uso da força conferia poder e autoridade aos militares, mas jamais legitimidade. O poder autoritário foi sempre colocado em xeque pelo constrangimento criado por Ulysses aos generais que se apoderaram da faixa presidencial. Sua capacidade de questionar, enfrentar e revelar os atos arbitrários do governo foi vital para minar gradualmente a credibilidade do regime militar.

Ulysses nunca se importou com cargos e holofotes. Importava-se com causas que personificavam os valores e os princípios que prezava e que considerava essenciais para o aprimoramento das instituições, para o cultivo da liberdade e para o desenvolvimento da democracia. Para ele, o estadista deveria ser fiel às ideias, não à carreira: "Pode perder o poder, o emprego, a liberdade, mas não renega as ideias, não perde a vergonha". Se o propósito da vida pública for desvirtuado por alianças temporárias, ditado por interesses imediatistas e moldado por decisões oportunistas, o político se perde num emaranhado de arranjos frágeis que enfraquecem as instituições e corroem a credibilidade das leis que constituem os pilares da civilização e do Estado de Direito.

Se analisarmos a carreira política de Ulysses com o olhar míope daqueles que só pensam nas conquistas imediatas, ela teria sido uma coletânea de fracassos: a anticandidatura em 1973, o movimento pelas

Diretas Já e a sua conformidade em abrir mão da candidatura presidencial em favor de Tancredo e de Sarney. Mas, quando alargamos o horizonte da análise e compreendemos o contexto, notamos que essas "derrotas" desencadearam grandes conquistas para o país. A anticandidatura consolidou a vitória da oposição nas eleições legislativas de 1974 e 1978, inaugurando o movimento pela abertura "lenta, gradual e segura" da ditadura. O movimento das Diretas Já deixou claro que o regime militar perdera a legitimidade e o apoio da sociedade, abrindo caminho para a dissidência da base governista e a eleição de Tancredo Neves no Colégio Eleitoral. Ao renunciar à presidência em favor de Tancredo e, mais tarde, em benefício de Sarney, ele contribuiu para a transição pacífica do regime autoritário e a consolidação da democracia no país. O espírito público, o exemplo pessoal e as atitudes na arena política foram vitais para transformar suas derrotas de curto prazo em vitórias de longo prazo.

Ulysses foi o estadista que simbolizou a luta pela democracia numa época em que muitos acreditavam na futilidade do seu gesto quixotesco. Sempre acreditou em mudanças por meio das instituições. Mesmo nas horas mais sombrias, acreditava no poder irresistível do espírito democrático. Nunca deixou de acreditar que a pressão política do MDB, a mobilização da sociedade e o desgaste natural e irreversível do poder dos militares – cuja cegueira e fraqueza tornaram-se inevitáveis com o sufocamento das vozes dissidentes, da pluralidade de visões e da sua capacidade de se renovar – haveriam de contribuir para o desmoronamento do regime autoritário. Ulysses foi a personificação da esperança no Brasil da desesperança.

Apesar de Ulysses continuar a desempenhar papel relevante na política até a sua morte, em 1992, seu momento mais brilhante foi na trincheira da luta pela democracia. Sua trajetória gloriosa como líder da oposição foi temporariamente ofuscada por uma mudança política importante durante o governo Sarney. Ulysses deixou de ser líder da oposição para se tornar líder do partido que deu sustentação à desastrosa administração de Sarney.

No início de 1986, o presidente resolveu enfrentar o problema dramático da inflação e do crescimento econômico criando um atalho, conhecido como Plano Cruzado. Por alguns meses, o Cruzado iludiu os brasileiros com a sensação de que a inflação poderia ser derrotada com uma mistura de congelamento de preços e salários, com a criação de uma nova moeda e com o estabelecimento de um "gatilho salarial" que permitiria o reajuste de preços e salários quando a inflação ultrapassasse 20%. O presidente convocou os brasileiros para se tornarem "fiscais do Sarney" e incumbiu-os de fiscalizar os preços dos produtos nos estabelecimentos comerciais. O Cruzado logo gerou grande dividendo político. Sarney tornou-se um presidente popular e o PMDB obteve uma vitória extraordinária nas eleições de novembro de 1986. O plano, porém, já havia malogrado e, no início de 1987, a inflação voltou a atingir 20% ao mês.

O Cruzado foi o primeiro de uma série de planos desastrosos e de tentativas heterodoxas de controlar a inflação. Os planos Bresser e Verão também não foram capazes de derrotar a hiperinflação, que atingiu 2.000% ao ano no fim do mandato do presidente Sarney. Em vez de efetuar cortes nos gastos públicos, promover a abertura da economia, defender a quebra dos monopólios estatais e adotar medidas que estimulassem o aumento da competitividade e da produtividade da economia, o governo preferiu criar planos mirabolantes e salvacionistas para combater a inflação. A fé em atalhos para combater a inflação revela uma elite política ignorante em assuntos econômicos e uma elite empresarial viciada nas medidas protecionistas do Estado patrimonialista. Essa combinação fatal, de ignorância com defesa do interesse próprio, impediu a mudança de valores e de cultura necessária para a modernização da economia e o fortalecimento da democracia. Com o país mergulhado na hiperinflação, as esperanças do brasileiro foram dilapidadas e tal frustração refletiu-se na eleição presidencial de 1989.

A candidatura de Ulysses foi um verdadeiro fiasco. O povo estava cansado e desiludido com Sarney, com Ulysses e com o PMDB. Depois de ser reconhecido como o Senhor Diretas, como o grande responsável pela Constituição Cidadã, como o líder da luta democrática, Ulysses recebeu menos de 5% dos votos na primeira eleição direta para presidente da República em quase 30 anos. Pior do que a derrota fragorosa foi a atitude do PMDB. Parodiando uma expressão futebolística, o PMDB não entrou em campo para ajudar Ulysses.

Os governadores não se empenharam na campanha porque, desde o início, ela dava sinais de que não decolaria. Desgastado, o partido cruzou os braços e assistiu passivamente ao bombardeio ao governo Sarney promovido pelos dois candidatos que disputaram o segundo turno da eleição presidencial: Fernando Collor de Melo e Luiz Inácio Lula da Silva. Ambos atacavam impiedosamente a conduta da política econômica e o legado do PMDB. O Brasil elegeu Collor, o "caçador de marajás", que prometera derrotar a hiperinflação "com um tiro". A bala de prata do presidente foi um desastroso plano econômico que confiscou a poupança e a conta bancária dos brasileiros e apelou novamente pelo congelamento de preços e salários.

Collor cultivava a típica ignorância da nossa classe política no trato de assuntos econômicos. O presidente acreditava que o problema da inflação estava no excesso de dinheiro circulando na economia, e não na necessidade de promover reformas profundas no papel do Estado e na conduta da economia. É verdade que iniciou o processo de abertura da economia brasileira, mas os pilares do Estado patrimonialista permaneceram intactos. Assim como Sarney e Collor, Ulysses não gostava e não se interessava por questões econômicas. Para ele, a economia era um tema para técnicos, que ocupava lugar secundário na política.

Ulysses não tinha paciência para compreender as consequências nefastas das medidas econômicas do governo nem para avaliar os incisos desastrosos que foram incorporados à Constituição de 1988. Exerceu papel importante na liderança do Congresso Constituinte, responsável pela promulgação da nova Constituição. Se a nova Carta teve o mérito de ter restabelecido as liberdades individuais e os princípios democráticos, teve o demérito de mesclar utopia social e irresponsabilidade econômica, cujo ônus continua a pesar sobre a nação até os nossos dias. Ela tornou-se um retrato das aspirações e utopias de um Congresso que havia perdido o senso da realidade política após duas décadas de regime autoritário. Fernando Henrique Cardoso procurou justificar a obra do Congresso Constituinte:

> Creio que a "Constituição Cidadã" foi um avanço muito grande para o Brasil. Hoje ela é criticada – eu mesmo o faço –, mas naquele momento a

> Constituição tinha que ter uma marca muito forte de liberdade democrática e de reivindicação social. Depois de tantos anos de abastardamento da vida política brasileira, de marginalização da população, tinha que haver isso.[131]

Roberto Campos, um dos raríssimos parlamentares que não foram contaminados pelo ufanismo patriótico, manteve o senso crítico apurado e a lucidez de um arguto conhecedor de economia, rebatizando a Constituição Cidadã de "Constituição Besteirol". Tornou-se uma espécie de Cassandra nacional, cujos prognósticos estavam corretos, mas que ninguém, no Parlamento ou no governo, levava a sério. Ele carregava consigo três pecados capitais para um político brasileiro: era liberal, havia sido ministro do regime militar e foi afiliado aos dois partidos de "direita", o PDS e, depois, o PPB. Sua crítica implacável à política econômica, a ironia refinada e a erudição mordaz rendiam-lhe aplausos e prestígio entre seus leitores, mas o distanciavam do núcleo de poder do governo e do Congresso. Na visão de Roberto Campos, Ulysses cercava-se de dois grupos nefastos:

> Os economistas do PMDB e o Clube do Poire. Aqueles perfilhavam as mágicas anti-inflacionárias dos "choques heterodoxos". Estes embarcaram no nacional-populismo e no voluntarismo ideológico tipificado na ridícula "política de informática", que transformou o Brasil de potencial atleta em tartaruga tecnológica.[132]

Roberto Campos gozava de grande prestígio fora do Parlamento. Tornou-se articulista brilhante na imprensa e era sempre um dos parlamentares mais citados e procurados pela mídia, justamente por ser a voz discordante da maioria, o contraponto inteligente, o crítico arguto e irônico que denunciava as aberrações da política econômica do governo:

---

[131] *Ibid.*, p. 98.

[132] CAMPOS, Roberto. "Encontro na quarta esquina". *O Estado de S. Paulo*, 25 out. 1992.

No Brasil, temos uma cultura esquerdista bastante arraigada e que assumiu a pior forma possível, que é a do populismo. Ele pressupõe uma desvinculação entre esforço e recompensa, que se caracteriza, por exemplo, pela desvinculação entre salário e produtividade, sendo o salário muitas vezes fixado por disposições legais sobre pisos mínimos.

Mas, para enfrentar esses desafios e inserir o país numa fase liberal, "precisaria realmente de uma revolução cultural. Precisaria chegar à fase capitalista, porque na realidade, somos uma sociedade caracterizada por um mercantilismo patrimonialista".[133]

A "revolução cultural" que o país tinha de promover só seria possível se houvesse a fusão do conhecimento econômico de Roberto Campos com a destreza política de Ulysses Guimarães. Durante 50 anos, eles atuaram na vida pública. Encontravam-se esporadicamente e cumprimentavam-se educadamente, mas nunca haviam conversado sobre os rumos do país, os desafios políticos e as questões econômicas. Campos e Ulysses cultivaram uma distância cordial, fruto do preconceito que nutriam um pelo outro. Campos refletiu sobre a relação entre eles em suas memórias:

> Lia nos olhos azuis de Ulysses o seguinte: "esse Campos escreve bem, talvez mereça a Academia Brasileira de Letras, mas em política é pouco relevante, um peso leve sem paciência para a articulação". Eu arguia com os meus botões: "esse Ulysses é um dinâmico político, mas é perigosamente desinformado em economia. Vai na conversa do primeiro esquerdista que lhe sussurra *slogans* socializantes e o chama de *progressista*".[134]

A distância que cultivaram durante tantos anos fez muito mal ao Brasil. Ela retrata o fracasso de uma geração que não conseguiu promover o desenvolvimento econômico sustentável do país. No seu discurso de despedida do Congresso Nacional, em 1999, Roberto Campos declarou:

---

[133] *República*, n. 23, set. 1998.

[134] CAMPOS, *op. cit.*

> Minha melancolia provém do reconhecimento do fracasso de toda uma geração – minha geração – em lançar o Brasil numa trajetória de desenvolvimento sustentável. A melancolia vem também da constatação de nossa insuportável mesmice. Quando cheguei ao Congresso (em 1983), os temas candentes eram moratória e recessão. Dezesseis anos depois, os temas inquietantes voltam a ser recessão e crise cambial. Isso demonstra que o Brasil, conquanto capaz de saltos de desenvolvimento, não aprendeu a tecnologia do desenvolvimento sustentável.[135]

A melancolia se transforma em depressão quando deparamos com o fato de que a geração de Roberto Campos reunia uma das melhores safras de homens públicos da história republicana brasileira. Havia políticos como Milton Campos, Afonso Arinos, Carlos Lacerda, Gustavo Capanema, Juscelino Kubitscheck, Tancredo Neves e Ulysses Guimarães. No grupo dos ministros e tecnocratas, havia homens como Eugênio Gudin, Octávio Gouvêa de Bulhões, Roberto Campos, Mario Henrique Simonsen, Santiago Dantas e José Guilherme Merquior. Se tivessem sentado à mesa, numa espécie de *Bretton Woods* brasileiro, teriam sido capazes de lapidar as medidas essenciais da reforma econômica e de tecer os entendimentos políticos capazes de convertê-las em decisões de governo. Mas esse entrosamento entre os tecnocratas e os líderes políticos não existiu, e o Brasil tornou-se vítima de planos econômicos mirabolantes que castigaram os brasileiros por quase duas décadas com crises, hiperinflação, moratória, confiscos, congelamento, políticas nacionalistas, reserva de mercado e medidas protecionistas que retardaram o desenvolvimento sustentável e minaram a competitividade do país. Como escrevi à época, na revista *República*, estabeleceu-se um diálogo de surdos entre eles:

> [...] os tecnocratas achavam que os políticos eram mero executores de seus planos econômicos. Eles eram incapazes de compreender as limitações constitucionais, as restrições político-partidárias e as dificuldades que todo governante tem de enfrentar para legitimar suas decisões. Os

[135] Filípicas. *República*, n. 30, 1999.

> políticos, por sua vez, raramente se interessavam por temas econômicos, e a maioria considerava um assunto enfadonho e secundário que deveria estar sempre subordinado às necessidades políticas e aos interesses partidários.[136]

Roberto Campos tentou produzir a transformação do tecnocrata em parlamentar quando foi eleito senador pelo Mato Grosso em 1982. Após deixar o ministério do Planejamento do governo Castello Branco, Campos trabalhou temporariamente na iniciativa privada e voltou à carreira diplomática, tornando-se embaixador do Brasil na Grã-Bretanha. Longe da política partidária, "admirava a luta de Ulysses contra o continuísmo militar". Discordava da conduta política do governo e dos planos desenvolvimentistas do governo Geisel, mas não os criticava abertamente. No fim do regime militar, aceitou o convite do PDS para disputar uma cadeira de senador pelo estado de Mato Grosso. Disputou a eleição, com o respaldo político do governo Figueiredo, e venceu o pleito em 1983.

Roberto Campos acreditava que poderia ajudar a moldar e a influenciar a criação da ordem econômica da "Nova República" democrática. Os princípios fundamentais da liberdade e da democracia tinham de ser estendidos à economia. O Brasil precisava livrar-se do mal da hiperinflação e promover as reformas liberalizantes para trilhar o caminho do desenvolvimento sustentável. Mas Roberto Campos foi alijado das discussões, apesar de ser o economista mais notável do Parlamento. Não encontrou no Congresso ou entre as lideranças políticas o interesse e a abertura para um diálogo franco sobre os rumos da economia. Segundo a lógica política, as diretrizes da economia tinham de estar subordinadas aos interesses político-partidários, e não de acordo com as leis de mercado. Portanto, não havia espaço para as teorias liberais e explicações econômicas que pregavam a abertura da economia, a quebra dos monopólios estatais e as reformas do Estado patrimonialista. Roberto Campos foi direto ao ponto quando disse: "Para Ulysses, o supremo valor era a relevância política. Para mim, a consistência econômica. Eu via no Ulysses o

[136] *Ibid.*

Dom Quixote da democracia. E me considerava um Sancho Pança da economia. Juntos, poderíamos ter atacado mais do que moinho de vento."[137]

A aproximação do D. Quixote da democracia e do Sancho Pança da economia só ocorreu após o Brasil ter passado pelos traumáticos governos Sarney e Collor. A iniciativa partiu de Ulysses, em 1992. No auge da campanha pelo *impeachment* do presidente Collor, Ulysses trabalhava para angariar todos os votos possíveis no Congresso Nacional a favor do *impeachment*. Tudo começou com um telefonema de Ulysses para Roberto Campos, que estava internado no hospital com septicemia. Ulysses pediu-lhe para deixar o hospital por algumas horas e votar na Câmara o *impeachment* de Fernando Collor. "Seria um voto de qualidade", argumentou Ulysses. Roberto Campos disse que faria a vontade de Ulysses. "Era a ocasião de se transformar um acidente de ingovernabilidade numa lição de moralidade!", concluiu Campos.

O telefonema de Ulysses e a ida de Roberto Campos ao Congresso para votar o *impeachment* de Collor estabeleceram uma cumplicidade imediata entre os dois deputados mais velhos do Parlamento: "Quando compareci, em cadeira de rodas, a Brasília para a votação do *impeachment*, Ulysses abraçou-me com ternura". No dia seguinte da votação, Ulysses voltou a telefonar ao deputado Roberto Campos, que havia retornado ao hospital.

> Telefonou-me no dia seguinte, 29 de setembro, e disse: "estou com ciúme, Roberto. Você foi mais aplaudido que eu". "Ora, que velho egoísta", respondi-lhe. "Você sempre ficou com os aplausos e eu com os apupos. Vamos mudar esta distribuição de trabalho". Combinamos um longo encontro para acertar ponteiros.[138]

Infelizmente, o encontro que poderia ter inaugurado um novo capítulo da história do país nunca ocorreu. A morte de Ulysses num acidente de helicóptero, em outubro de 1992, roubou a possibilidade

---

[137] CAMPOS, *op. cit.*

[138] *Ibid.*

do encontro do parlamentar que mais conhecia política com o homem que mais conhecia economia no Congresso: "Ulysses sabia tudo o que eu ignorava sobre política; e eu sabia tudo o que ele ignorava sobre economia. Juntos, quiçá, fizéssemos alguma diferença na vida brasileira. Talvez para torná-la um pouco melhor para os nossos netos."[139]

Ulysses continuava a impressionar Roberto Campos com a sua capacidade de estar sempre a descobrir uma causa política que o mantivesse motivado e engajado a lutar pelo país: "Ultimamente, minha admiração pelo Dom Quixote da democracia aumentara. Vi-o lançar-se, com ardor juvenil e resistência peripatética, a uma nova causa salvacionista: o parlamentarismo". Ulysses morreu lutando pela democracia e pelo aprimoramento das instituições; dizia que morreria "fardado, e não de pijama". A política era a sua paixão, a sua missão de vida e o seu legado para as gerações futuras. Seu exemplo de vida pública revela que a política transformadora requer nobreza de caráter, convicção em valores e princípios e capacidade de transformá-los em leis e decisões de governo por meio do diálogo, do entendimento, da persuasão e do voto. Ulysses era um aristotélico. Acreditava que a política é o exercício da virtude e que a atuação política molda o caráter humano: "Política não se faz com ódio, pois não é função hepática. Política é filha da consciência, irmã do caráter, hóspede do coração".

Após a morte de Ulysses, Roberto Campos permaneceu órfão na arena política. Suas ideias liberais continuavam a ser pregadas no deserto e igualmente ignoradas pelos governantes. Esse talvez seja o maior castigo que Deus tenha imposto ao seminarista que trocou a carreira eclesiástica pela diplomacia, estudou economia e tornou-se um dos pais do dirigismo estatal brasileiro antes de se converter no mais notório apóstolo do liberalismo. Ironicamente, Roberto Campos foi um dos arquitetos do Estado intervencionista. Influenciado pelas teses econômicas intervencionistas de John Maynard Keynes, adaptou-as ao sabor local, dando origem ao nacional-desenvolvimentismo. Roberto Campos apoiou a criação de empresas estatais quando

---

[139] *Ibid.*

foi conselheiro econômico dos presidentes Getúlio Vargas e Juscelino Kubitscheck. Foi um dos criadores do Banco Nacional do Desenvolvimento Econômico (BNDE) e um dos principais coordenadores e autores do Plano de Metas do governo Juscelino, uma bíblia do Estado indutor do crescimento e do desenvolvimento nacional:

> Imaginem o Brasil de hoje, com tudo o que tem de bom e ruim. A indústria automobilística e a siderúrgica passaram pela caneta de Campos. O Banco Central, o sistema financeiro, o sistema cambial, o sistema salarial, o sistema tributário, a correção monetária e uma profusão de siglas: BNDES, BNH, FGTS, IR, ICM. Pode-se dizer, sem medo de errar, que Roberto Campos foi o grande arquiteto do Estado brasileiro.[140]

Mas a desvirtuação política das suas propostas e a irresistível manipulação populista dos fundamentos econômicos contribuíram para a criação do Estado intervencionista, ineficaz e patrimonialista que ele tanto criticou nos anos 1980 e 1990.

A desilusão com os políticos levou Roberto Campos a acreditar mais na eficiência das leis de mercado do que no intervencionismo político para promover o desenvolvimento econômico. Campos abandonou as ideias de Keynes e abraçou os princípios de Frederich Hayek, o economista austríaco liberal que acreditava na ineficiência do intervencionismo estatal e na soberania das leis de mercado. Mas ele confessa, no seu livro de memórias, que "ninguém exerceu maior influência sobre a minha formação de economista do que Eugênio Gudin".[141] Enquanto governantes e economistas – como Roberto Campos – foram seduzidos pelas políticas intervencionistas, Eugênio Gudin manteve a lucidez econômica. Jamais se deixou seduzir por planos econômicos, políticas intervencionistas ou qualquer forma de atuação política que deturpasse o bom funcionamento das leis de mercado. O raciocínio de Gudin era de uma lógica cristalina. O intervencionismo do Estado sufoca a liberdade que produz a

---

140 *República*, n. 61, nov. 2001.

141 CAMPOS, Roberto. *A lanterna na Popa*. Rio de Janeiro: Topbooks, 1994, p. 237.

saudável troca de produtos, ideias e pessoas, prejudica o desenvolvimento econômico sustentável e cria perigosos feudos de poder que distorcem o bom funcionamento do mercado. Roberto Campos confessa que não havia

> ninguém que tenha logrado manter a coerência implacável e a fria objetividade de Gudin, sem ceder à moda e ao maneirismo ingênuo da puberdade – de que alguns só se livram na menopausa e outros carregam até a senectude. Consideremos aquilo que Gudin acertou e vários de nós erraram.

Na lista dos acertos de Gudin e dos erros de Roberto Campos, há três itens a serem destacados.

Muito antes da crise do petróleo e sofrendo grande objurgação pessoal, Gudin insistiu em que a rigidez do monopólio estatal impediria ou retardaria a aplicação de volume adequado de recursos em pesquisa. Na realidade, somente após duas crises petrolíferas, que nos levaram a grave endividamento externo, é que o panorama petrolífero brasileiro desvenda promessas que poderiam ter sido alcançadas antes, se dividíssemos riscos para multiplicar oportunidades.

Muito antes que o empresariado despertasse para os perigos do intervencionismo estatal, Gudin nos advertia da "socialização sub-reptícia" resultante da proliferação de empresas estatais e de concentração da poupança nacional nas mãos do Estado. Dizia Gudin que "o motor da economia é o empresário, e não o funcionário".

Mesmo durante a fase do fascínio incontido pela industrialização, Gudin acentuava a importância de investimento na agricultura e, sobretudo, no aumento da produtividade agrícola, como instrumento de contenção de preços, solvência cambial e melhoria de renda das massas rurais.[142]

Um quarto item que Gudin defendia era o investimento em capital humano. Numa época em que os economistas brasileiros apenas consideravam o capital físico nas suas análises (como máquinas e insumos), Gudin compreendia a correlação vital entre investimento

---

[142] *Ibid.*, pp. 238-239.

em capital humano e a transformação do conhecimento em inovação e produtos de maior valor agregado e de cidadãos mais qualificados para defender as liberdades individuais e as instituições democráticas.

Roberto Campos pôde testemunhar o início da transformação do Brasil que tanto Ulysses sonhava na política como Gudin aspirava na área econômica. Em maio de 1993, Fernando Henrique Cardoso, um dos herdeiros políticos de Ulysses, assumiu o ministério da Fazenda do governo Itamar Franco e reuniu um time de economistas, tecnocratas e políticos em torno da formulação e implementação do Plano Real. Em 1994, Fernando Henrique conseguiu a façanha inédita de debelar a inflação e eleger-se presidente da República, o que lhe permitiu conduzir um processo de mudanças transformadoras, cujo impacto na economia e na política mudaram o destino do país.

FERNANDO HENRIQUE CARDOSO: A CAPACIDADE DE TRANSFORMAR CRISES EM OPORTUNIDADES PARA PROMOVER MUDANÇAS INSTITUCIONAIS

O presidente Fernando Henrique Cardoso será lembrado como o estadista que debelou a inflação, saneou a economia e promoveu uma série de reformas institucionais que fortaleceram os pilares da democracia brasileira. Seu nome estará sempre associado ao Plano Real, um conjunto de medidas econômicas, administrativas e políticas que desintoxicou o Brasil da cultura inflacionária e resgatou a credibilidade das instituições democráticas. Ironicamente, Fernando Henrique nunca imaginou que o saneamento da economia seria o seu legado político: "A grande causa da minha geração não foi a estabilização da economia. Tampouco a do desenvolvimento econômico. Foi a da democracia. Para mim, a história contemporânea da política brasileira começa nos anos 1970, com as lutas pela volta à democracia."[143]

Na vida pública, não é incomum o acaso alçar o estadista a posições e papéis que, num primeiro instante, parecem ser estranhos a seus planos e aspirações, mas que, com o passar do tempo, provam ser determinantes na sua trajetória política. Nesse sentido, a carreira política de Fernando Henrique é reveladora. Ele ingressou na vida pública para lutar pela restauração da democracia. A economia era um assunto secundário, um pano de fundo da cena nacional onde se travava a batalha pelo resgate da liberdade cívica e pela reconstrução

[143] CARDOSO, Fernando Henrique. *A arte da política: a história que vivi*. Rio de Janeiro: Civilização Brasileira, 2006, p. 14.

das instituições democráticas. A inquietação intelectual do sociólogo renomado com o destino da democracia e das instituições foi muito além de mera curiosidade acadêmica. O seu envolvimento com a política partidária tornou-se permanente logo após o acaso aproximá-lo de Ulysses Guimarães e de João Pacheco Chaves, os dois emissários do MDB que foram ao Cebrap (centro de pesquisa criado por Fernando Henrique e alguns professores da Universidade de São Paulo), em 1973, encomendar-lhe o programa de governo do partido. Após a formulação do programa, Fernando Henrique filiou-se ao MDB e não tardou a receber o convite para disputar uma vaga para o Senado, pelo estado de São Paulo, em 1978. Apesar de não ter sido eleito, tornou-se suplente do senador Franco Montoro. Mas Montoro se elegeu governador de São Paulo em 1982, abrindo vaga no Senado para Fernando Henrique: "Tornei-me senador sem jamais haver tido esse propósito seriamente".

O senador foi nomeado ministro das Relações Exteriores em 1992, pelo presidente Itamar Franco, e, em maio de 1993, o acaso contribuiu para que ele se tornasse ministro da Fazenda. Fernando Henrique encontrava-se em missão oficial nos Estados Unidos quando foi interrompido por um telefonema do presidente Itamar durante um jantar na casa do embaixador brasileiro junto à ONU, Ronaldo Sardenberg. Do outro lado da linha, Itamar perguntou-lhe se estava "em pé ou sentado" e, em seguida, se aceitaria assumir o cargo de ministro da Fazenda. Fernando Henrique tentou argumentar que não era economista e que estava feliz no Ministério das Relações Exteriores. Em resumo, procurou dizer-lhe que não gostaria de trocar um cargo de que gostava por outro do qual estava prestes a ser defenestrado o terceiro ministro da Fazenda em sete meses de governo.

Mas Itamar Franco não estava muito interessado em saber como o seu ministro se sentia. Preocupava-se com a dificuldade de manter Eliseu Resende na pasta da Fazenda após a acusação de que aceitara pagamento de despesas de viagens ao exterior pela construtora Odebrecht, episódio ocorrido antes de Eliseu ter assumido o ministério. Fernando Henrique insistiu com o presidente, disse-lhe que Eliseu Resende estava fazendo um grande esforço para sanar a economia e que deveria permanecer. Uma nova mudança de ministro poderia gerar instabilidade nos mercados e no exterior, ponderou o chanceler. Itamar agradeceu as considerações e desligou o telefone. Fernando Henrique voltou para o jantar preocupado. Antes de dormir, ficou aliviado ao saber que o ajudante de ordens do presidente "telefonara para dizer que o presidente não precisava mais falar comigo. Na manhã seguinte, me chamaram do Brasil para dizer que eu fora nomeado ministro da Fazenda".[144]

O acaso não é suficiente para definir a trajetória de um estadista. O verdadeiro mérito do líder político está em transformar as oportunidades que o destino lhe confere em ações e feitos que revelem a sua capacidade de conduzir o país a enfrentar as mudanças de crenças e de comportamento que retardam o fortalecimento das instituições democráticas, o desenvolvimento econômico sustentável e a redução da desigualdade social. Os desafios e as dificuldades políticas servem para lapidar o caráter do estadista, refinar sua visão, revigorar sua coragem e aprimorar suas habilidades que são empregadas para moldar os acontecimentos e converter as aspirações da nação em decisões políticas que contribuam para o progresso do país, o avanço da liberdade e o fortalecimento da democracia.

Ao se tornar o quarto ministro da Fazenda do governo Itamar Franco, Fernando Henrique sabia o risco político que corria. Assumiu quando a inflação ameaçava ultrapassar a barreira dos 2.000% no fim de 1993, o que seria um desastre para o país e para o governo. Ademais, conhecia bem o presidente, seu temperamento voluntarioso e a dificuldade que encontraria para obter seu respaldo político às medidas duras que teriam de ser adotadas para conter a escalada da inflação. Fernando Henrique também tinha perfeita consciência de que todos os ministros da Fazenda que ocuparam o cargo nos 24 anos anteriores haviam fracassado no propósito de derrotar a inflação. Por último, o tempo era exíguo. Itamar era um *lame duck*, um presidente-tampão, que tinha pela frente apenas 15 meses de mandato.

A pergunta a ser feita diante de um quadro tão desalentador é por que Fernando Henrique assumiu o cargo? Havia três motivos para aceitá-lo. Primeiro, era preciso tomar medidas urgentes para frear a

---

[144] *Ibid.*, p. 42.

inflação, diminuir a tensão na sociedade e nos mercados e evitar que o descrédito do governo afetasse a confiança nas instituições democráticas. Segundo, ao ocupar o ministério mais importante do governo, Fernando Henrique estaria mais próximo do presidente Itamar e poderia exercer maior influência na elaboração e na implementação das políticas de Estado e na busca do entendimento dentro e fora do governo para aprovar as medidas necessárias para debelar a inflação. Terceiro, ele sabia que, se conseguisse vencer a cruzada contra a inflação, teria grande chance de se eleger presidente da República, o que era essencial para dar continuidade às reformas políticas e econômicas e institucionalizar as mudanças estruturais do Estado brasileiro.

Momentos de crise costumam revelar os valores e as crenças que definem as escolhas e as ações de um estadista. A maior preocupação do novo ministro da Fazenda não era a economia, mas as instituições democráticas. O processo traumático do *impeachment* de Collor, a dramática situação econômica do país e a perspectiva de uma eventual vitória eleitoral de caudilhos velhos (Leonel Brizola) e novos (Lula) representavam sério risco institucional para a democracia brasileira. A renúncia de Jânio Quadros em 1961, a queda de João Goulart em 1964 e o *impeachment* de Collor em 1992 retratam o perigo de o descrédito do governo se transformar rapidamente em crise institucional.

Para a sorte do Brasil e do governo, o presidente Itamar acertou na escolha de Fernando Henrique para a Fazenda. O momento político era delicado e o contexto exigia um estadista com as características e as habilidades de Fernando Henrique Cardoso. A primeira delas consistia em saber lidar com Itamar, o que não era tarefa simples. O presidente era temperamental, impulsivo, teimoso e ciumento. Confiava em poucas pessoas e prezava mais a lealdade dos amigos fiéis do que a competência e o talento. Nomeou para os cargos-chave velhos amigos mineiros, como Henrique Hargreaves (Casa Civil), Maurício Correa (Justiça), Murílio Hingel (Educação)[145] e Paulo Haddad (Planejamento e, depois, Fazenda). Na Fazenda, não queria saber de tecnocratas que o irritavam com suas explicações técnicas e

[145] Apesar de ser carioca, Murílio Hingel fez carreira pública em Minas Gerais e nos governos comandados por Itamar Franco.

seu amadorismo político. Tampouco pretendia entregar o cargo a um político com conhecimento de economia e ambição eleitoral – como era o caso do deputado José Serra. O resultado dessa falta de critério na seleção do principal responsável pela conduta da política econômica foi devastador para o país:

> A sucessão de desastres é responsabilidade total, única e exclusiva do presidente da República. Itamar Franco escolheu ministros fracos e os enfraqueceu ainda mais. Atritou-se com Gustavo Krause, deixou que Paulo Haddad o enganasse e negou apoio a Eliseu Resende quando a credibilidade do ministro se erodia. É de Itamar Franco, igualmente, a responsabilidade total, única e absoluta por ter dado a grande tacada. Ao colocar Fernando Henrique Cardoso no Ministério da Fazenda, o presidente fez a melhor escolha possível.[146]

Entre as qualidades de Fernando Henrique destacam-se a capacidade de persuadir e de cativar as pessoas. Ele foi um dos raros ministros que conquistaram a confiança do presidente da República e foi quem o persuadiu a apoiar o Plano Real. Fernando Henrique possui a virtude de saber escutar e compreender rapidamente a questão que aflige seu interlocutor. Encontra sempre uma brecha para dizer uma frase espirituosa ou fazer um comentário inteligente, seguido de um sorriso amigável. O interlocutor se sente à vontade e logo se estabelece a empatia. Quando precisa ser mais contundente ou assertivo, prefere recorrer às sutilezas do humor e da ironia, mas raramente apela para a imposição ou o ultimato. Prefere as conversas reservadas ao palanque e, como um bom diplomata, sabe cultivar uma ampla rede de pessoas pertencentes às mais variadas tribos – sejam elas de intelectuais, políticos, empresários ou jornalistas –, o que lhe permite ter uma visão pluralista e um entendimento amplo das demandas, dos desafios e das aspirações das pessoas. Sua capacidade de cultivar boas relações dentro e fora do governo foi, sem dúvida, uma das grandes virtudes que lhe permitiram criar uma teia importante de apoios na sociedade, no governo e no Parlamento em torno da implementação

146 "A última chance de Itamar". *Veja*, 23 mai. 1993.

do Plano Real em 1994. Mas também é verdade que sua autoconfiança em exercer essas habilidades o traiu em algumas ocasiões.

Em 1985, ele disputou a prefeitura de São Paulo contra o ex-presidente Jânio Quadros. Durante a campanha, liderou as pesquisas e era franco favorito. Contudo, na reta final da disputa, a diferença entre os dois candidatos diminuiu e um descuido de Fernando Henrique contribuiu para sua derrota. Ao ser perguntado pelo jornalista Boris Casoy se acreditava em Deus, Fernando Henrique disse que a crença em Deus era de "foro íntimo". No dia seguinte, Jânio disse que Fernando Henrique não acreditava em Deus – algo extremamente importante para uma população majoritariamente cristã. A derrota eleitoral foi compensada no ano seguinte com uma vitória estrondosa do PMDB e com a sua reeleição para o Senado.

No Congresso, Fernando Henrique nunca perdeu o foco do propósito que o levou a ingressar na política. Elegera a luta pelo retorno da liberdade e pela reconstrução das instituições democráticas como seu objetivo primordial. Foi um dos principais articuladores da campanha pelas Diretas Já, um movimento suprapartidário e popular a favor da realização de eleições diretas para presidente da República. Tanto no partido como no Senado, tornou-se hábil articulador, capaz de tecer acordos e entendimentos dentro e fora do Parlamento. Em pouco tempo, tornou-se uma das figuras mais influentes do partido e importante interlocutor da oposição com o governo na conduta da transição do poder dos militares para o presidente Tancredo Neves em 1985.

Essa clareza de propósito ajudou-o a tomar decisões difíceis. Quando Fernando Henrique percebeu que o comando do PMDB passara das mãos de Ulysses Guimarães para as do grupo liderado pelo governador de São Paulo, Orestes Quércia, resolveu deixar o partido. Os escândalos de corrupção que cercavam o governo Quércia, as relações cada vez mais tensas e desgastantes entre o governo Sarney, Ulysses e o PMDB, e a constatação de que os valores que nortearam o partido foram substituídos pela defesa de propostas e práticas contrárias aos seus princípios levaram um grupo de partidários insatisfeitos a romper com o partido. Liderados por Franco Montoro, Mário Covas e Fernando Henrique, os dissidentes criaram, em 1988, o PSDB – Partido da Social Democracia Brasileira.

Fernando Henrique e Itamar Franco conviveram durante uma década no Senado. Não eram grandes amigos, mas participaram das lutas pelas Diretas Já, pela eleição de Tancredo e pela promulgação da Constituição de 1988. Distanciaram-se quando Itamar deixou o Senado e aceitou o convite de Collor para ser o seu companheiro de chapa nas eleições presidenciais de 1989. Collor elegeu-se presidente, e Itamar estava destinado a ser um insignificante vice-presidente. Mas o escândalo de corrupção que eclodiu no governo e a inabilidade política de Collor em lidar com o Congresso culminaram com o processo de *impeachment*.

Ao perceber que Collor havia perdido o apoio político no Congresso e o respaldo popular, Fernando Henrique aproximou-se de Itamar. Estava certo de que, com o afastamento de Collor, Itamar teria de assumir a presidência num momento traumático de inflação galopante e da deposição do primeiro presidente eleito após o golpe militar de 1964. A confiança de Itamar em Fernando Henrique foi vital para o êxito do Real. O presidente lhe deu plena liberdade para mudar os membros da equipe econômica. Ao contrário dos antecessores, Fernando Henrique não anunciou mudanças imediatas na equipe: "Nunca acreditei na política de terra arrasada como ponto de partida. Prefiro conquistar o respeito e a confiança das pessoas a mudá-las sem lhes dar uma oportunidade". Naquele momento, a prioridade do ministro consistia em reunir gente talentosa para discutir as medidas urgentes que teriam de ser adotadas para estancar a inflação: "Minha preocupação era buscar cérebros, pessoas que me ajudassem a pensar".[147]

Fernando Henrique não perdeu um minuto para iniciar a sua caça aos cérebros. Estava ainda em Nova York quando procurou Pedro Malan e Armínio Fraga, que moravam nos Estados Unidos. O primeiro era o representante do Brasil no Banco Mundial e negociador da dívida externa brasileira; o segundo trabalhava no mercado financeiro em Nova York. Malan declinou do convite para trabalhar com o ministro em Brasília, mas prometeu que viria uma vez por mês ao Brasil para participar das discussões do plano econômico.

---

[147] CARDOSO, *op. cit.*, p. 138.

Armínio também deixou claro que não pretendia trocar o mercado financeiro por um lugar na equipe econômica.

O novo ministro da Fazenda percebeu que seria difícil atrair cérebros para ocupar cargos numa pasta desacreditada pelos fracassos dos planos passados. A negativa dos dois amigos o fez recuar e refletir sobre os próximos passos. Antes de mergulhar na ação, é necessário fazer um diagnóstico realista do contexto. A identificação dos problemas recorrentes costuma revelar as áreas que exigem mudanças de comportamento, de cultura e de atitude. No caso da guerra contra a inflação, havia dois temas que se enquadravam nesse quesito.

O primeiro era o profundo desconhecimento e desinteresse dos presidentes da República pelos assuntos econômicos. Se vivêssemos num período de normalidade econômica, essa deficiência não seria tão grave. Mas num país castigado por crises econômicas e refém das taxas de inflação mais altas do mundo, tal desinteresse era desastroso. A ignorância sobre temas econômicos dos presidentes Sarney e Collor levou-os a endossar propostas descabidas e a sacrificar a racionalidade das medidas econômicas em nome dos interesses imediatos da política partidária. Sarney promoveu um aumento real dos salários e postergou o congelamento de preços para vencer as eleições de novembro de 1986, o que colaborou para destruir o Plano Cruzado e ressuscitar a inflação descontrolada. Collor foi responsável pelo confisco da poupança dos brasileiros, uma medida desastrosa que figurará para sempre entre as maiores aberrações já cometidas por um presidente da República.

O segundo problema consistia em tratar o combate à inflação como uma questão técnica a ser enfrentada unicamente por economistas e tecnocratas. Nos governos anteriores, os pacotes econômicos eram discutidos no âmbito secreto dos gabinetes fechados e anunciados por meio de pronunciamentos em cadeia nacional e feriados bancários. O brasileiro estava cansado de sustos, de improvisos e de medidas drásticas que eram anunciadas como salvação nacional. Em vez de surpresas, o governo teria de recorrer aos instrumentos da democracia, como a transparência do diálogo, o esclarecimento das medidas à população e a persuasão do Congresso Nacional. Parecia uma missão impossível, mas Fernando Henrique estava disposto a enfrentá-la com as armas da democracia e com o seu "Exército de Brancaleone" – o nome que ele mesmo deu à sua equipe econômica no seu livro de memórias.

Fernando Henrique compreendeu que a batalha contra a inflação só seria vencida se ele fosse capaz de converter as medidas econômicas em decisões políticas que contassem com o apoio da opinião pública, do presidente da República e do Congresso. O ministro mergulhou no debate técnico das medidas econômicas para poder avaliar com propriedade os riscos políticos e a melhor estratégia para comunicar e mobilizar as pessoas em torno das medidas e dos sacrifícios que seriam exigidos da sociedade para vencer a guerra contra a inflação. A coragem, a determinação e a resiliência do líder político aumentam de acordo com o grau de convicção nos valores, nos princípios e nos propósitos que balizam o seu discurso e a sua ação política. Quando há uma grande distância entre o discurso e a ação, o político dificilmente consegue administrar as crises, as insatisfações e a impopularidade que as mudanças de comportamento e cultura geram na sociedade. Ele acaba cedendo às pressões e aos interesses imediatistas e abandonando as reformas institucionais. No caso de Fernando Henrique, os debates econômicos foram importantes para que ele compreendesse os desafios econômicos e os riscos políticos que teria de enfrentar para debelar a inflação.

O seu "Exército de Brancaleone" tinha dois regimentos. O primeiro era o conselho informal de economistas que o ministro criou para reunir os cérebros que o ajudariam a conceber as medidas. Participaram desse grupo Edmar Bacha, André Lara Resende, Pérsio Arida, Gustavo Franco e Winston Fritsch. O conselho informal oferecia algumas vantagens importantes. Primeiro, permitiu a Fernando Henrique reunir economistas notáveis, que desejavam colaborar com a elaboração do plano, mas que não queriam ocupar cargos públicos. Segundo, contribuiu para criar um ambiente aberto e franco de debates de ideias. Tratava-se de uma saudável discussão entre pares que não tinham compromisso com cargos, partidos ou poder, mas apenas com a formulação de propostas econômicas. Terceiro, o conselho transformou-se num espaço único para Fernando Henrique participar dos debates econômicos, aprofundar o seu conhecimento de economia e refletir sobre a conversão das medidas sugeridas em decisões políticas.

O segundo regimento – o núcleo duro do Ministério da Fazenda – era formado por aliados e amigos próximos de Fernando Henrique. Havia Clóvis Carvalho, o secretário-executivo, que organizava com competência os trabalhos da equipe econômica; Murilo Portugal, secretário do Tesouro, que ficou responsável pela negociação e implementação das medidas de austeridade; Eduardo Jorge Caldas, o fiel escudeiro de Fernando Henrique, que o acompanhava desde a época do Senado, e Ana Tavares, sua assessora. Segundo o ministro, ela tinha o dom de "saber ouvir como ninguém" e de emitir "opiniões fortes e definitivas", qualidades que contribuíram para que Fernando Henrique não fosse traído pelo seu ponto cego. Completavam o time dois amigos próximos: o empresário Sergio Motta e o deputado federal José Serra, um dos raros parlamentares que conheciam economia.

A primeira missão da equipe econômica foi a de elaborar o Plano de Ação Imediata. O PAI foi apresentado ao Congresso em julho de 1993 e contemplava fundamentalmente um drástico corte das despesas públicas. Criava um orçamento realista, cobrava disciplina fiscal dos estados e municípios, impunha maior rigor na administração dos bancos públicos, acenava com a privatização de empresas estatais e propunha um plano de renegociação da dívida externa. Além de conter a gênese do Plano Real, o PAI representou importante marco de mudança cultural na luta contra a inflação. Ao contrário dos planos econômicos anteriores, que procuraram debelar a inflação atacando o bolso dos brasileiros por meio de arrocho salarial, congelamento de preços e aumento de impostos, o ministro Fernando Henrique inverteu a fórmula. O combate à inflação começaria pelo exemplo do governo de promover um corte drástico dos gastos públicos – o núcleo central do DNA da inflação.

Cabia ao governo mostrar ao país que estava disposto a livrar-se da mágica do "imposto inflacionário", um mecanismo que permitiu ao Estado criar a ilusão de que era possível equilibrar o orçamento da nação contando com a inflação como aliada, por corroer o valor real das despesas, enquanto a receita – ou seja, os impostos – era favorecida pela correção monetária. No seu livro de memórias, Fernando

Henrique deixa claro que seu objetivo na fase inicial do Plano Real consistia em "estabelecer a verdade orçamentária". Tal medida "era parte essencial do esforço para recuperar a credibilidade do governo. A sociedade precisava acreditar que o governo estava comprometido com o equilíbrio das contas públicas".[148] O corte demandado no Orçamento de 1993 foi de US$ 6 bilhões, quantia expressiva que demonstrava o compromisso em sanar rapidamente o orçamento da nação. O PAI representava o reconhecimento público de que a guerra contra a inflação só seria vencida se o governo mudasse de crença e de atitude em relação à principal causa do câncer inflacionário: o desequilíbrio crônico das contas públicas. Era preciso cortar gastos, melhorar a eficiência da aplicação dos recursos públicos e exigir disciplina fiscal dos governantes. Essa postura testaria a capacidade do governo de negar pedidos clientelistas aos seus partidários e de punir governantes que violassem as medidas de austeridade – mesmo que pertencessem à base aliada do governo.

Mudança de comportamento exige perseverança e resiliência. A luta do governo para impor a disciplina fiscal nos estados e municípios foi longa e difícil. A cultura inflacionária transformara as finanças públicas em peça de ficção. As dívidas dos estados e municípios com a União não eram pagas, transformando a inadimplência em algo corriqueiro da nossa cultura política. Mas o esforço para sanar as finanças públicas estaria comprometido se o governo evitasse medidas duras contra o calote contumaz dos estados e municípios. Essa era uma briga política difícil e impopular, mas inevitável para o êxito do Plano Real.

Os governos que relutaram em promover um ajuste drástico dos gastos públicos enfrentaram sérios problemas para honrar os seus compromissos financeiros. O governo federal usou a tática da cenoura e do chicote para mudar a cultura política. Cada vez que os estados encontravam-se à beira da inadimplência e tinham de repactuar as suas dívidas com a União, o governo exigia a adoção de medidas mais rigorosas. Uma nova negociação da dívida dos estados com o governo federal foi iniciada em 1995. No ano seguinte, 1996, criou-se o Proes

---

148 *Ibid.*, p. 144.

– um programa de reestruturação das dívidas dos bancos estaduais –, que culminou com a venda ou liquidação de várias instituições financeiras estaduais. Em 1999, o governo federal conseguiu forjar um pacto com os estados. A União se comprometera a repactuar as dívidas estaduais e municipais em troca de um compromisso de saneamento dos bancos estaduais, da imposição do limite de gasto com pessoal em 60% da receita e da aprovação de um acordo jurídico que garantia à União reter o repasse de verbas federais aos estados que não honrassem o pagamento das parcelas da sua dívida com o governo federal.

Clóvis Carvalho foi incumbido da tarefa de negociar a dívida dos estados e municípios com o governo federal. A discrição e a eficiência de Carvalho foram vitais para o êxito do pacto. Os governadores acabaram adotando programas de "choque de gestão", privatizando empresas estatais e vendendo os bancos estaduais. A disciplina da gestão pública foi finalmente institucionalizada com a aprovação da Lei de Responsabilidade Fiscal em maio de 2000. Os governadores e os prefeitos que não cumprissem as limitações constitucionais do gasto com pessoal e o teto do endividamento poderiam ser punidos com a perda do mandato.

A blindagem jurídica do Plano Real foi uma preocupação permanente da equipe de Fernando Henrique, especialmente de Eduardo Jorge, Clóvis Carvalho e Gustavo Franco. O governo federal, por exemplo, exigiu que o Ministério Público e as assembleias legislativas ratificassem as medidas de saneamento das finanças estaduais. O cuidado da Fazenda com os aspectos legais e constitucionais das medidas econômicas foi fundamental para o êxito do Real. Essa precaução evitou que a implementação das medidas econômicas e a essência do plano fossem dilaceradas por uma enxurrada de processos e ações judiciais. O governo ganhou praticamente todas as ações movidas contra o plano, especialmente aquelas que questionavam a privatização de estatais, a liquidação de bancos estaduais e a renegociação de reajustes salariais.

Outra mudança cultural importante introduzida pelo plano foi o conceito de transparência e de corresponsabilidade. Pela primeira vez, o governo submeteu um plano de combate à inflação ao crivo do Parlamento e da sociedade. Em vez de pacotes governamentais e decisões arbitrárias decretadas pela presidência da República, o Real instituiu a discussão das propostas no Congresso, o diálogo transparente com a sociedade e a prerrogativa de que os parlamentares teriam de validar as propostas por meio do voto. Fernando Henrique confessa que, "em meio a muitas dúvidas do plano econômico", ele "abrigava só uma e fundamental certeza, de que só um programa que pudesse ser explicado e compreendido pelas pessoas seria capaz de derrubar a inflação de forma duradoura e colocar em marcha a reorganização do Estado brasileiro".[149]

Mudança cultural só se faz despertando o senso de urgência em torno do debate de ideias, expondo as contradições entre o que se prega e o que se faz, debatendo as escolhas e alternativas difíceis, porém necessárias, e expondo com clareza os riscos e ganhos que as mudanças podem trazer à sociedade. A liderança política de Fernando Henrique e a sua habilidade de envolver as pessoas nesses debates e persuadi-las da importância das medidas econômicas foram, sem dúvida, vitais para o êxito do Real. Ele tinha plena consciência de que a persuasão era a única maneira de engajar a sociedade, conscientizá-la da importância das medidas e mobilizá-la em torno dos sacrifícios que tinham de ser feitos para acabar com a inflação no país. O ministro da Fazenda gastou muito tempo em debates e explicações das medidas no governo, no Congresso, na mídia e em eventos que reuniam empresários e trabalhadores. Sua determinação de debater as proposições, explicá-las e implementá-las foi muito importante para reatar gradualmente a confiança da sociedade no governo e pavimentar o caminho do apoio espontâneo da população ao plano. Mas, no fim de 1993, nem mesmo alguns membros da equipe econômica acreditavam que o ministro da Fazenda conseguiria transformar a persuasão num instrumento de mudança transformadora.

Alguns técnicos da equipe, como Francisco Lopes, consideravam inviável aprovar as medidas amargas no Congresso sem que os parlamentares dilacerassem a essência das matérias na hora de votá-las. Por isso, preferiu renunciar ao cargo de diretor do Banco Central

[149] *Ibid.*, p. 146.

a participar de mais uma frustrante tentativa de debelar a inflação. O sentimento de Francisco Lopes não era um fato isolado na equipe econômica. Lembro-me de um jantar em minha casa, com Fernando Henrique, Pérsio Arida e André Lara Resende, no qual os dois economistas relaram o "frio na barriga" e a apreensão que nutriam em relação à determinação do então ministro da Fazenda de enfrentar as resistências políticas em torno do Real no governo e no Congresso. Perguntei-lhes quando o clima de desconfiança em relação ao êxito do plano se esvaeceu e a resposta foi surpreendente: "Somente após o lançamento da nova moeda, em julho de 1994".

Os receios da equipe advinham de duas vertentes. A primeira era a tradicional ignorância dos nossos políticos em relação aos temas econômicos. Ao apresentar o esboço do Real às principais lideranças do PSDB, o senador Mário Covas disse aos membros da equipe econômica que apoiaria o plano no Congresso, mas fez questão de dizer que o plano levaria o país ao precipício. No Palácio do Planalto, o presidente Itamar reuniu a equipe ministerial para discutir uma alternativa plausível ao remédio amargo do corte drástico dos gastos públicos que havia sido proposto por Fernando Henrique. Itamar entusiasmou-se com a ideia de seguir o exemplo do presidente americano Franklin Roosevelt e criar um *New Deal* brasileiro, um programa que vislumbrasse o aumento de gasto público para estimular a retomada do crescimento da economia. No fim da apresentação, Fernando Henrique explicou, de maneira educada e didática, que não havia nenhum paralelismo entre a situação do Brasil e a dos Estados Unidos nos anos 1930. A economia americana encontrava-se numa profunda recessão e as empresas estavam quebradas, necessitando de ajuda do governo para retomar a produção. No caso brasileiro, a economia crescia em torno de 5% ao ano e as empresas estavam muito bem capitalizadas; o problema residia no governo, que estava quebrado e dependente da ciranda inflacionária para sobreviver. Não restava alternativa ao governo senão promover o corte drástico de despesas públicas. Em seguida, Fernando Henrique explicou as premissas do Real, anunciadas ao país em dezembro de 1993. As medidas econômicas contemplavam três etapas sucessivas.

> A primeira foi o Fundo Social de Emergência, que foi aprovado pelo Congresso em fevereiro de 1994. A segunda era um mecanismo de unificação do sistema de indexação, a Unidade Real de Valor (URV), que foi implementado de março a junho de 1994. E, finalmente, a terceira era a transformação da URV na nova moeda do país, o real, que se deu a partir de 1º de julho de 1994.[150]

A segunda preocupação da equipe era a insistência do ministro Fernando Henrique em aprovar as medidas do plano por meio do debate democrático no Congresso e conquistar o apoio da sociedade. Se o debate e a discussão eram elementos importantes para a conscientização e a transparência do processo, eles representavam também um risco político significativo. Uma boa parcela do programa econômico geraria desconforto e resistência no meio político, o que poderia ser traduzido em dificuldades para aprovar no Parlamento as medidas complexas e impopulares que consistiam no núcleo central do plano. A pressão política para modificá-las ou atenuá-las representava não só uma ameaça ao Real como também à permanência do ministro Fernando Henrique no governo. O ministro, entretanto, sabia que não havia como promover mudanças culturais sem correr riscos políticos.

Apesar do esforço do governo de cortar os gastos públicos, a inflação permanecia altíssima, em torno de 35% ao mês, gerando impaciência no meio político e na mídia. As ações do governo ainda não haviam produzido o resultado esperado, o que motivou ataques da oposição, crítica da imprensa e a desconfiança dos membros do governo. Esse costuma ser o momento crucial da batalha política, no qual se testa a coragem e a determinação do líder de resistir à impopularidade e à pressão que culminam no período entre a implantação das medidas e a germinação dos frutos esperados. Fernando Henrique não se abalou com esses percalços, permaneceu firme no seu propósito de esclarecer as medidas econômicas e de enfrentar as resistências políticas no governo, no Congresso e no exterior.

---

[150] BACHA, Edmar. *Belíndia 2.0*. Rio de Janeiro: Civilização Brasileira, 2012, p. 18.

A desconfiança em relação ao plano não se limitou ao Brasil. A renegociação da dívida externa era um dos seus pilares. O país precisava voltar a ter acesso às linhas de crédito internacional, o que demandava o aval de instituições multilaterais, como o Fundo Monetário Internacional (FMI). Apesar de Michel Camdessus, diretor-gerente do FMI, nutrir enorme simpatia por Fernando Henrique e expressar sua solidariedade ao esforço gigantesco do ministro e de sua equipe para estabilizar a economia, o apoio pessoal de Camdessus ao plano não foi suficiente para persuadir o conselho do Fundo a dar o aval que o país necessitava para renegociar a dívida externa. A irresponsabilidade dos governos anteriores – com o longo antecedente de moratórias e de acordos não cumpridos com o FMI – destruíra a credibilidade do Brasil. Mas graças à competência e ao bom senso de Pedro Malan, presidente do Banco Central, o Brasil construíra um plano alternativo que lhe permitiu voltar aos mercados internacionais após a negativa do FMI.

Antes de iniciar as negociações com o FMI, Malan alertou Fernando Henrique para o risco das negociações com o FMI fracassarem e sugeriu que o governo fizesse um hedge, comprando títulos do Tesouro americano no mercado secundário. Esses títulos seriam utilizados como garantia, caso o acordo com o FMI não vingasse. O plano de Malan provou ser vital para o país. Quando as negociações com o Fundo não progrediram, Fernando Henrique contou com o apoio de outro amigo, Enrique Iglesias, presidente do Banco Interamericano de Desenvolvimento (Bird), que aceitou o depósito dos títulos americanos oferecidos pelo Brasil e disse que confiava no plano econômico do governo brasileiro. Com o aval do Bird, o governo conseguiu renegociar os US$ 70 bilhões da dívida externa, conquistar o respaldo do governo dos Estados Unidos e finalmente assinar um novo acordo da dívida em outubro de 1993.

No início de 1994, as atenções do governo voltaram-se para a aprovação do Fundo Social de Emergência (FSE). Era o primeiro teste importante da capacidade do governo de mobilizar o Congresso e de superar as resistências políticas dos estados. O FSE permitiu ao governo direcionar 20% da receita da União para seus programas e projetos prioritários. Além da "liberalidade" do governo para gastar esses recursos, a proposta previa também aumento de impostos para poder equilibrar o orçamento de 1994. Os estados mais dependentes dos recursos federais juntaram-se aos parlamentares insatisfeitos e procuraram mobilizar o Congresso e a opinião pública contra o FSE. Mas o governo e os partidos da base governista conseguiram se articular e aprovar a emenda constitucional que criou o fundo.

Nem tudo era um mar de rosas entre os membros do governo. Uma das discussões mais tensas ocorreu numa reunião ministerial a portas fechadas com o presidente Itamar, às vésperas do lançamento da Unidade de Referência de Valor (URV), o indexador que teria paridade com o dólar e que seria utilizado para reajustar contratos, salários e preços de tarifas públicas. Fernando Henrique explicou ao presidente da República e aos demais ministros que a URV permitiria às pessoas negociar livremente o valor dos contratos, usando a URV como o índice de correção. Uma vez convertido o valor do contrato em URV, não era mais possível reajustar os preços durante um ano. Edmar Bacha, um dos pais do Plano Real, considerava a URV um mecanismo fundamental

> para alinhar os preços relativos, uma vez que a existência de contratos indexados, com indexadores e datas de reajuste diferentes, implicava uma grande dispersão de preços a qualquer momento, com alguns deles tendo sido reajustados recentemente e outros apresentando grande defasagem.[151]

Esse foi justamente o perigo mencionado pelo ministro do Trabalho, Walter Barelli, logo após a exposição de Fernando Henrique. Barelli argumentou que a URV implicaria em perda salarial para as categorias que tinham tido reajuste nos meses anteriores ao lançamento da URV, o que beneficiaria apenas os trabalhadores com salário corrigido às vésperas do lançamento do indicador.

Fernando Henrique explicou que, em relação aos salários, o governo calcularia o valor médio dos últimos quatro meses e o utilizaria como referência para fixar o reajuste em URV. Indignado,

---

151 *Ibid.*, pp. 144-145.

Barelli argumentou que nesse caso todos os trabalhadores teriam seus salários achatados. A solução, para ele, residia na concessão de um aumento generalizado dos salários antes de indexá-los. Essa havia sido exatamente a medida populista que comprometera as tentativas anteriores de combater a inflação, como o Plano Cruzado. A sugestão de Barelli pareceu ter agradado aos presentes, menos ao ministro da Fazenda, que se irritou e disse: "Cansei de carregar o governo nas costas. Desisto". Itamar pressentiu o perigo de perder o seu ministro da Fazenda e decidiu apoiar a proposta de Fernando Henrique.

O discurso das "perdas salariais" não se restringiu apenas à discussão entre os ministros. Assim que a URV foi lançada, em março, o Sindicato dos Metalúrgicos de São Paulo e a Força Sindical uniram-se numa greve contra o "arrocho" que estaria implícito no reajuste salarial da URV. A greve, cujo intuito era político e almejava unicamente tentar mobilizar a opinião pública contra o governo, acabou na Justiça do Trabalho. A decisão do juiz do Tribunal de São Paulo, Rubens Tavares Aidar, foi categórica. O juiz denunciou a atitude dos sindicatos e a exploração

> político-ideológica do fato, pois procura conduzir o trabalhador ao erro de considerar que está sendo lesado, o que não é verdadeiro. O direito do empregado é receber o seu salário reajustado com a inflação de um mês e não duas inflações em um mesmo mês.[152]

A decisão da Justiça do Trabalho e a adesão voluntária da URV pela população eram sinais claros de que o governo contava com o apoio da sociedade. A oposição e os sindicatos continuavam a explorar politicamente a "enganação" do Plano Real. Afinal, em abril de 1994, havia sido dada a largada da disputa pela presidência da República, com a saída de Fernando Henrique do Ministério da Fazenda e o lançamento da sua candidatura. Lula era o candidato do PT e o líder absoluto nas pesquisas, mas o lançamento da nova moeda, o real, em julho de 1994, mudaria radicalmente o curso da campanha presidencial.

---

[152] FRANCO, Gustavo. *O Plano Real e outros ensaios*. Rio de Janeiro: Francisco Alves, 1995. p. 44.

A nova moeda era a coroação de um plano econômico bem sucedido de combate à inflação. O real era o símbolo vivo de um novo Brasil, onde vigorava a estabilidade dos preços, a queda abrupta da inflação e a recuperação do poder aquisitivo da população mais pobre que antes não conseguia proteger o salário da corrosão diária da inflação. A evidência desses fatos não sensibilizou Lula e o PT, que preferiram descartar a realidade e continuar defendendo suas crenças ideológicas. Aloízio Mercadante, candidato a vice-presidente na chapa de Lula e um dos principais economistas do PT, disse a Lula que "o Real é uma ilusão e não precisamos nos incomodar muito com ele". Maria da Conceição Tavares, outra economista do núcleo duro do partido, afirmou que o Real "é um desastre, não se sustenta até outubro e a gente só tem de esperar o caos de uma equipe incompetente".[153] A combinação de arrogância com rigidez ideológica levou o PT e Lula a embarcarem numa campanha desastrosa.

Apesar de a inflação ter caído de 45% ao mês no início de 1994 para menos de 2% no fim do ano, Lula e os petistas persistiram na defesa da tese de que o Real era um "estelionato eleitoral". Enquanto Lula criticava o governo e a nova moeda, o povo via o real como o símbolo da derrota da inflação e identificava Fernando Henrique Cardoso como o autor da façanha. Um mês após o lançamento do real, Lula e Fernando Henrique já estavam empatados nas pesquisas eleitorais. A evidência dos fatos não levou Lula e o PT a mudarem de discurso. Ao contrário, revigoraram a crença na cartilha ideológica do partido e continuaram a atacar o plano, um equívoco que custou ao PT duas derrotas eleitorais no primeiro turno para Fernando Henrique (em 1994 e 1998), e que só foi sepultado durante a campanha presidencial de 2002. Nessa ocasião Lula compreendeu que sua vitória dependia do compromisso em preservar os fundamentos do Plano Real.

Ao assumir a presidência, em janeiro de 1995, Fernando Henrique tinha plena consciência de que as reformas institucionais precisariam ser enfrentadas logo no início, quando o presidente contava com o apoio maciço da sociedade e a oposição ainda estava desarticulada e incapaz de oferecer séria resistência. Mas a lua de mel dos primeiros

[153] *Veja*, ed. 1361, 12 out. 1994, pp. 65-66.

cem dias de governo só se torna um ativo político quando o governante está pronto para agir desde o primeiro dia de governo. A ação rápida e eficaz requer a definição clara das prioridades e a criação de um plano de ação que possa ser implantado imediatamente após a posse.

Um líder pode ser mensurado pela qualidade de sua equipe. Bons líderes atraem gente talentosa. São capazes de definir claramente as prioridades, reconhecer o mérito e as habilidades dos colaboradores e delegar poder e autonomia necessários para que a equipe possa trabalhar e executar as funções vitais para que os objetivos do governo sejam atingidos. Fernando Henrique já contava com uma equipe que vinha trabalhando no detalhamento dessas propostas prioritárias antes mesmo de assumir a presidência. As reformas do Estado na área econômica ficaram ao encargo dessa equipe, cujos membros vieram a ocupar os cargos estratégicos. Clóvis Carvalho tornou-se ministro da Casa Civil, Pedro Malan assumiu o Ministério da Fazenda, Pérsio Arida foi para o Banco Central e José Serra ocupou a pasta do Planejamento. Havia também dois colaboradores que participaram da campanha presidencial e que se tornaram ministros: Paulo Renato Souza, coordenador-geral do programa de governo de Fernando Henrique, assumiu o Ministério da Educação, e Sérgio Motta, o "trator" que comandou a campanha presidencial, assumiu o Ministério das Comunicações. Completavam o núcleo duro dois fiéis escudeiros: Eduardo Jorge Caldas, o secretário-geral da Presidência da República, e Ana Tavares, a secretária de Imprensa.

O presidente resolveu atacar a reforma do Estado assim que assumiu o governo. Iniciou o processo pela reforma da ordem econômica, enviando ao Congresso um pacote de emendas constitucionais no fim de fevereiro. Essas emendas almejavam acabar com as reservas de mercado e abrir os setores estratégicos da economia – como petróleo, energia e telecomunicações. Além da quebra dos monopólios estatais, as emendas vislumbravam sepultar o conceito anacrônico de empresa nacional (que limitava a entrada de capital estrangeiro) e extinguir a proibição de empresas estrangeiras de atuar em áreas como exploração de minério e navegação de cabotagem.

Apesar de as pesquisas de opinião pública indicarem o apoio indiscutível da maioria dos brasileiros à quebra dos monopólios estatais e ao fim das reservas de mercado, a reação dos grupos ameaçados pela perda de privilégios e de poder foi imediata. O Sindicato dos Petroleiros, ligado à Central Única dos Trabalhadores (CUT), desencadeou uma greve que pretendia paralisar o fornecimento de combustível e gás no país. A reivindicação dos grevistas ameaçava os fundamentos do Plano Real. A pressão por reajuste salarial desestabilizaria o esforço do governo de acabar com a indexação dos salários. Mas o real motivo da greve era político. A CUT era contra a quebra do monopólio da Petrobras e a pauta de reformas do governo. A paralisação do fornecimento de combustível e gás era uma forma de pressionar o governo, mobilizar a opinião pública e forçar o Congresso a votar contra as emendas constitucionais.

Os petroleiros iniciaram a greve em abril de 1995. Em poucas semanas, as filas nos postos de gasolina e a dificuldade de se encontrar botijão de gás tornaram-se preocupantes. Em São Paulo, 70% dos postos de São Paulo não tinham diesel. O governo manteve-se firme e não recuou. Recusava-se a ceder às pressões políticas que comprometeriam a reforma do Estado e o Plano Real. Em maio, o Tribunal Superior do Trabalho julgou a greve abusiva e exigiu o retorno dos petroleiros ao trabalho. Os líderes sindicais se recusaram a acatar a decisão judicial. O governo reagiu, arquitetando uma verdadeira operação de guerra para fazer cumprir a decisão da Justiça. O Exército foi mobilizado para ocupar as refinarias e a Petrobras importou petróleo e transferiu combustível para as distribuidoras privadas a fim de evitar a paralisação do fornecimento de combustível e gás à população. O presidente da Petrobras, Joel Mendes Rennó, contratou 220 funcionários aposentados da companhia e os treinou para assumir as refinarias. A população apoiou integralmente o governo e revelou que o país não se dobraria à chantagem dos interesses corporativistas. De fato, a greve provocou o efeito inverso do que os grevistas esperavam: a paralisação dos petroleiros colaborou para aumentar o apoio popular à quebra do monopólio da Petrobras.

Acuados, os grevistas capitularam. O governo recusou-lhes uma saída honrosa e manteve a decisão de demitir 67 funcionários públicos envolvidos na paralisação. A intransigência foi um sinal claro de que o presidente não se curvaria às pressões corporativistas que buscavam frear as reformas institucionais. Fernando Henrique lembrou-se da atuação implacável de Margaret Thatcher, a primeira-ministra britânica, que agiu com firmeza e intransigência quando uma greve de mineiros, em 1984, tentou desestabilizar seu governo e impedir as reformas liberalizantes da economia. "O político deve sempre buscar a aprovação, porém jamais o aplauso", dizia Montesquieu, pensador francês do século XVIII. Líderes populistas são incapazes de discernir a diferença entre aprovação e aplauso, por isso sacrificam as reformas institucionais para não perderem o aplauso momentâneo. Estadistas dispostos a implementar mudanças estruturais têm de estar preparados para enfrentar resistências políticas durante o processo de institucionalização. Os perdedores – de direitos, privilégios e poder – sempre procurarão empregar meios de impedir as mudanças. A tarefa do estadista consiste em transformar essas dificuldades em oportunidades para criar o sentido de urgência necessário para mobilizar a sociedade em torno das reformas do Estado.

A impopularidade da greve dos petroleiros e a determinação do governo de enfrentar o corporativismo serviram para pressionar o Congresso a votar as emendas constitucionais que quebraram os monopólios estatais. Em maio, o Parlamento aprovou o fim do monopólio das telecomunicações, sepultando o reinado absoluto da Telebrás, a empresa estatal que controlava o setor. Sérgio Motta, o ministro das Comunicações, conduziu o programa de abertura do setor que se tornou um dos maiores triunfos do governo Fernando Henrique. A ineficiência da Telebrás podia ser mensurada. Havia 20 milhões de brasileiros esperando por uma linha telefônica e o prazo médio para obter uma linha variava entre dois a cinco anos. Criou-se um mercado paralelo para venda de linhas telefônicas. Na cidade de São Paulo, por exemplo, uma linha poderia custar R$ 4 mil. Em 1998, quando o governo conseguiu desmembrar a Telebrás e vendê-la à iniciativa privada por R$ 22 bilhões, o Brasil tinha 17 milhões de telefones fixos – uma média de 11 para cada 100 mil habitantes. Telefone celular era um luxo. Apenas três de cada cem brasileiros possuíam uma linha celular. A privatização acabou com esse pesadelo. As empresas que compraram as concessões do governo investiram mais de US$ 100 bilhões, tornando o telefone acessível a toda a população, inclusive os mais pobres. No início de 2013, havia 260 milhões de celulares no país.

A privatização das ferrovias federais foi outro programa bem-sucedido. A falta de investimento público havia transformado as ferrovias em sucata deficitária que sorvia recursos dos cofres públicos e colaborava para encarecer o transporte de mercadorias, tornando o país dependente do transporte rodoviário. O governo arrecadou quase R$ 2 bilhões com a venda das ferrovias estatais. Em dez anos (1997-2007), o transporte de carga no país dobrou e desde então continua a crescer por volta de 5% ao ano. Segundo os dados da Agência Nacional de Transportes Terrestres (ANTT), os investimentos em ferrovias saltaram de R$ 1,07 bilhão para R$ 4,32 bilhões.

As privatizações sofreram pressões políticas não só dos governadores como dos partidos de esquerda e dos movimentos sindicais ligados ao PT. Toda vez que o governo vendia uma empresa estatal por meio de leilões na Bolsa de Valores, surgiam liminares judiciais para cancelar o leilão e formavam-se piquetes de manifestantes contra a privatização. Mas o esforço do governo para estancar essas iniciativas foi vital para assegurar o êxito dos leilões. O Estado arrecadou quase US$ 80 bilhões com a venda dos ativos e a qualidade do serviço público melhorou imensamente em áreas como telefonia, ferrovia e energia. No caso das empresas estatais, a Vale do Rio Doce e a Embraer são bons exemplos do ganho de produtividade, de eficiência e de relevância internacional após a venda do seu controle para a iniciativa privada:

> Antes de privatizada, em 1997, a Vale do Rio Doce era a vigésima sétima mineradora do mundo; em 2012, a Vale era a segunda e a maior empresa privada da América Latina. Em 54 anos como estatal, investiu US$ 27 bilhões; em 15 anos privada, quadruplicou esse valor. Seus 11 mil empregados de estatal saltaram para mais de 100 mil. Entre impostos e taxas, em 15 anos a Vale recolheu ao governo 700% mais do que em cinco décadas de estatal.[154]

---

[154] CALDAS, Suely. "A metamorfose que a oposição não viu". *O Estado de S. Paulo*, 18 nov. 2012.

Apesar dos ganhos inquestionáveis da privatização, a venda de empresas estatais deficitárias ainda é tratada como tabu ideológico. Isso se deve aos resquícios culturais de um país viciado no paternalismo estatal e que ainda suspeita das virtudes do livre mercado, da competição saudável e da capacidade transformadora (e destruidora) da inovação. A privatização do setor elétrico, por exemplo, foi parcialmente bem-sucedida. A resistência dos governadores não foi capaz de frear a venda das distribuidoras, mas foi suficiente para vetar a privatização das geradoras. As empresas elétricas tornaram-se feudos políticos e contavam com a proteção dos governos estaduais que resistiram em se desfazer de um importante ativo político. Eleito governador de Minas Gerais, o ex-presidente Itamar Franco, chegou a ponto de mobilizar tropas para proteger a Usina Hidrelétrica de Furnas e evitar que fosse privatizada pelo governo federal. A atitude de Itamar foi a mais extrema, mas a pressão dos governadores para manter o controle sobre as geradoras foi de tal sorte que o presidente Fernando Henrique recuou. O único estado que privatizou sua geradora foi o Rio Grande do Sul. Anos mais tarde, quando já estava fora do governo, Fernando Henrique confessou-me: "Perdemos a batalha política no caso da privatização das geradoras".

A tentativa de erradicar os vícios do Estado paternalista trouxe também algumas derrotas significativas. O malogro da reforma previdenciária foi um dos mais notáveis do governo Fernando Henrique. Rever "direitos" e benefícios é sempre um tema difícil, impopular e de alto custo político. Mas a discussão tornou-se inevitável numa época na qual o crescente envelhecimento da população e o aumento da expectativa de vida haviam causado o crescimento exponencial dos custos previdenciários e se transformado numa grave ameaça à saúde financeira do Estado. O gasto médio dos países em relação ao PIB dobrou nos últimos 50 anos e o principal motivo desse crescimento foi o custo das transferências e aposentadorias. Políticos que fogem desse debate devido a preocupações eleitoreiras colocam em risco o futuro das próximas gerações. Parafraseando Churchill, a omissão da geração presente custará muito sangue, suor, trabalho e lágrimas para os nossos filhos e netos, na tarefa de sanear o Estado. O presidente Fernando Henrique não pretendia deixar essa herança maldita. Como sociólogo, compreendia que "a previdência é uma bomba-relógio"; como estadista, sabia que a bomba-relógio precisava ser desmontada enquanto o Brasil tivesse uma população majoritariamente jovem.

Apesar da janela demográfica favorável, a previdência social no Brasil já apresentava sinais preocupantes de insolvência. A Constituição de 1988 havia criado muitos benefícios sem se preocupar com os custos. Reduziu-se a idade de aposentadoria para homens e mulheres que trabalhavam no campo, criaram-se obrigações de atendimento gratuito no âmbito do Sistema Único de Saúde (SUS) e aumentou-se o valor da aposentadoria para os trabalhadores rurais,

> independentemente de os beneficiários haverem ou não contribuído para o sistema (a esmagadora maioria não o fazia). Na prática, dos 20 milhões de beneficiários do Instituto Nacional do Seguro Social (INSS) em 2001, somente 6 milhões haviam contribuído, e mesmo esses em montante insuficiente para cobrir a continuidade dos custos.[155]

Mas os desafios para equilibrar as contas do INSS eram infinitamente menores que o risco representado pela "bomba-relógio" da previdência do funcionalismo público.

Os benefícios pagos pelo INSS aos 20 milhões de trabalhadores segurados representavam déficit de R$ 17 bilhões aos cofres públicos. Já os benefícios previdenciários concedidos aos 4 milhões de funcionários públicos produziam déficit de R$ 53 bilhões. Os números indicam que o foco central do problema residia na previdência do setor público. Se o presidente tivesse iniciado a reforma pela mudança das regras do sistema previdenciário público, as chances de sobreviver aos ataques do corporativismo estatal e de aprovar a emenda constitucional no Congresso teriam sido maiores. O presidente teria sido capaz de contar com o apoio da maioria da população, o que ajudaria a quebrar as resistências ao projeto no Legislativo. Mas, ao optar por uma reforma mais ampla, que envolvia mudanças nas regras da previdência social tanto para os trabalhadores da iniciativa privada como para os servidores públicos, o governo gerou desconfiança na

---

[155] CARDOSO, *op. cit.*, pp. 456-457.

população em relação às mudanças das regras e à perda de benefícios. A oposição foi competente em explorar o medo dessas perdas e o governo não soube explicar claramente como as novas regras afetariam a vida dos futuros aposentados. O governo perdeu a batalha da comunicação e a reforma previdenciária foi derrotada no Congresso por um voto – justamente o voto do deputado Antônio Kandir, do PSDB, partido do presidente da República.

O governo conseguiu remediar parte da derrota da reforma em 1999, quando criou o fator previdenciário, um mecanismo criado para calcular o pagamento dos benefícios de acordo com a idade e o tempo de contribuição. O intuito do fator previdenciário era desestimular os pedidos de aposentadoria precoce dos funcionários públicos. A votação da proposta no Congresso foi conturbada e difícil. Partidos da base aliada do governo não escondiam a insatisfação com os novos critérios de cálculo de aposentadoria. O PT e a oposição bombardearam o projeto e mobilizaram os sindicatos para pressionar os parlamentares a votarem contra a proposta. No caso de derrota no Congresso, ameaçavam recorrer ao Supremo Tribunal Federal e questionar a constitucionalidade da medida. Apesar das dificuldades, o governo aprovou o fator previdenciário em novembro de 1999 e conseguiu estancar parte do gasto com aposentadorias, evitando que a bomba-relógio da previdência social explodisse no curto prazo.

As reformas econômicas e institucionais contribuíram não só para o saneamento das finanças do Estado como permitiram ao governo investir em programas sociais de grande importância para o presidente Fernando Henrique:

> Eu tinha duas outras obsessões: uma, a de que era preciso financiar adequadamente a saúde e a educação, especialmente a fundamental. Tínhamos que revolucionar essas áreas. Outra, era promover uma reestruturação do Estado para permitir os avanços sociais e econômicos desejados.[156]

---

[156] *Ibid.*, p. 448.

Na saúde, implementou um programa inédito de combate à Aids, acabou com os impostos sobre medicamentos de uso contínuo, criou os remédios genéricos e desafogou o atendimento não emergencial nos hospitais públicos, expandindo o Programa Saúde da Família, cujo propósito era atender às pessoas necessitadas em suas casas. Na educação, o governo promoveu um ambicioso programa que consistia em colocar toda criança de 7 a 10 anos na escola. Em 1991, 23% das crianças nessa faixa etária estavam fora da escola. Quando terminou seu mandato, em 2002, apenas 2% não frequentavam a escola. O governo criou dois importantes incentivos para implementar essa mudança transformadora. Primeiro, estabeleceu um fundo federal, o Fundef, que distribuiria recursos para os estados e municípios de acordo com o número de matrículas de crianças nas escolas. Segundo, criou um importante incentivo para as famílias de baixa renda enviarem seus filhos à escola. Trata-se do programa Bolsa Escola, que no governo Lula foi rebatizado de Bolsa Família. O Bolsa Escola garantiu o pagamento de um salário mínimo às famílias que comprovassem que seus filhos frequentavam a escola e que estavam em dia com as vacinas. O programa de transferência de renda foi essencial para o governo atingir as metas de vacinação de crianças e de inserção na escola.

O êxito da implementação desses programas prioritários deveu-se a uma combinação de visão clara das prioridades pelo presidente da República e da sua capacidade de atrair e selecionar gente competente para implementar esses programas. Se não fosse a competência política e administrativa do ministro José Serra no comando da pasta da Saúde e de Paulo Renato no Ministério da Educação, o governo provavelmente não teria vencido a guerra contra os interesses corporativistas que dificultavam a implementação das mudanças transformadoras que ambos deixaram como legado para a nação.

Em 1998, Fernando Henrique perdeu dois grandes aliados e amigos que o ajudaram imensamente a institucionalizar as reformas estruturais do Estado brasileiro. No dia 19 de abril, o ministro Sérgio Motta faleceu depois de uma luta contra uma doença infecciosa que atacou seu intestino e pulmão. Ele será lembrado como o responsável por ter conduzido a privatização das telecomunicações no Brasil.

Serjão, como era carinhosamente chamado, tornou-se uma figura imprescindível ao presidente e ao governo. Sua atuação foi muito além da sua função ministerial. Era um importante articulador político do governo e amigo do presidente, que não temia falar-lhe as verdades, expor-lhe as dificuldades e pressionar o governo a agir quando percebia que o presidente hesitava em comprar algumas brigas políticas. Serjão não temia enfrentar o corporativismo que criava obstáculos para inviabilizar as reformas do Estado.

Dois dias após a morte de Sérgio Motta, Fernando Henrique recebeu a notícia do falecimento do deputado Luís Eduardo Magalhães, jovem parlamentar que se tornou aliado imprescindível e insubstituível do governo no Congresso. Como presidente da Câmara e um dos principais líderes do governo no Parlamento, Luís Eduardo conduziu com grande habilidade a construção do consenso em torno das reformas constitucionais no Congresso. Sua habilidade como negociador, sua capacidade de tecer acordos e cumpri-los, tanto com a base do governo como com os partidos de oposição, transformaram-no no parlamentar mais influente e respeitado da Câmara. Luís Eduardo tornou-se uma das figuras mais próximas do presidente da República. Fernando Henrique via no jovem parlamentar as habilidades pessoais e a competência política necessárias para continuar a sua obra na presidência da República. Luís Eduardo Magalhães estava sendo preparado para ser o candidato presidencial de Fernando Henrique à sua sucessão em 2002, mas um infarto fulminante acabou com a vida de uma das figuras mais promissoras da política brasileira.

As duas mortes foram o auge do *annus horribilis* do governo Fernando Henrique. Mas houve mais má notícias. Eduardo Jorge Caldas, o fiel escudeiro do presidente e ministro-chefe da Secretaria-Geral da Presidência da República, deixou o governo após ter sido vítima de grampos ilegais (com a anuência de dois procuradores ligados ao PT) que tentavam incriminá-lo por tráfico de influência. As investigações nada comprovaram, mas Eduardo Jorge pediu o afastamento. A mesma cilada de escutas ilegais derrubou mais duas pessoas próximas do presidente: o ministro das Comunicações, Luiz Carlos Mendonça de Barros, e o presidente do BNDES, André Lara Resende.

Além da perda de importantes colaboradores, o governo teve de enfrentar a crise da Rússia em 1998, que chacoalhou os mercados internacionais e afetou o Brasil. Ao desvalorizar a moeda e declarar moratória no pagamento da dívida externa, a Rússia provocou um verdadeiro terremoto no mercado financeiro. O calote russo gerou um importante efeito colateral no Brasil. O país sofreu forte ataque especulativo e

> o governo brasileiro se viu forçado a abandonar o regime de câmbio administrado e deixar a moeda flutuar. A partir de janeiro de 1999, foi adotado um novo tripé para a política econômica, baseado em superávit primário, câmbio flutuante e regime de metas de inflação.[157]

A mudança de rumo da política econômica gerou turbulência no mercado. O câmbio flutuante disparou a cotação do dólar e a substituição de Gustavo Franco pela rápida (e desastrosa) passagem de Francisco Lopes pela presidência do Banco Central transformou-se num dos períodos mais tensos do mandato do presidente Fernando Henrique. Felizmente, a confiança no governo e na política monetária foi restituída com a indicação de Armínio Fraga para presidir o Banco Central em março de 1999.

Um dos maiores desafios de um estadista consiste em institucionalizar reformas estruturais. Essa dificuldade torna-se ainda maior quando ele é obrigado a enfrentar crises recorrentes. No caso do presidente Fernando Henrique, ele conseguiu transformar as crises em oportunidades para criar o sentido de urgência necessário, capaz de mobilizar a sociedade, os partidos e o Congresso e fazê-los aceitar perdas momentâneas em troca de ganhos permanentes que as reformas institucionais trouxeram ao país. Durante seus dois mandatos presidenciais, Fernando Henrique enfrentou quatro crises econômicas internacionais e soube usá-las para implementar mudanças institucionais.

A primeira foi a do México, no fim de 1994, pouco antes da posse. Ao tentar conter a crise no balanço de pagamentos, o governo

---

[157] BACHA, *op. cit.*, p. 19.

mexicano queimou suas reservas para tentar frear a fuga de capitais do país. Além de promover forte desvalorização da moeda, procurou congelar salários e preços. Essas medidas agravaram a percepção negativa do mercado em relação à situação dramática do México, precipitando a fuga de capitais e o agravamento da crise. Instalou-se o temor no mercado internacional de que o México seria apenas o primeiro de vários países emergentes a capitular. O Brasil aparecia na lista como uma das possíveis vítimas do "efeito tequila".

Assustado com os possíveis efeitos da crise do México no Brasil e com um possível ataque especulativo, o governo agiu com presteza para evitar que os efeitos negativos da crise financeira internacional pudessem comprometer os fundamentos do Plano Real. Em 1995, o governo implementou um audacioso Programa de Reestruturação do Sistema Financeiro, o Proer. O programa pretendia fortalecer o sistema financeiro atuando em três frentes. Em primeiro lugar, delegando ao Banco Central poder de intervir nos bancos em dificuldade financeira para proteger os poupadores e os correntistas. Segundo, construindo um sólido marco regulatório que permitisse ao Banco Central fiscalizar com rigor os bancos e atuar preventivamente para evitar que crises pontuais de algumas instituições se transformassem numa crise sistêmica. Terceiro, tornando-se um importante instrumento para promover a fusão de bancos, a abertura do mercado financeiro para os bancos estrangeiros e a liquidação de instituições bancárias falidas.

O Proer exigiu enorme coragem política para ser implementado. O presidente Fernando Henrique não deixou à vontade os técnicos do BC para intervir em grandes instituições financeiras, como o Banco Econômico, o Banco Nacional e o Bamerindus. Além da intervenção do BC, os bens pessoais dos donos dessas instituições tornaram-se indisponíveis. Ângelo Calmon de Sá, o principal controlador do Econômico, era um dos homens mais influentes e poderosos da Bahia e procurou por todos os meios evitar a intervenção no seu banco, mas nem o apelo do senador Antônio Carlos Magalhães ou do deputado Luís Eduardo Magalhães ao presidente Fernando Henrique foram suficientes para evitar a liquidação do sétimo banco do país. A intervenção no Banco Nacional foi igualmente traumática.

Havia um rombo de R$ 4 bilhões no banco mineiro da tradicional família do ex-governador e ex-ministro Magalhães Pinto. Além do problema financeiro, havia uma delicada questão familiar: a nora do presidente, Ana Lúcia Magalhães, era uma das acionistas do banco. Apesar de não exercer cargo executivo, teve seus bens bloqueados pelo governo, assim como os demais controladores das instituições sob intervenção. O Bamerindus também foi encampado pelo BC, criando atrito entre o presidente e o principal acionista do banco, José Eduardo Andrade Vieira, que havia sido seu ministro da Agricultura.

Não bastassem as dificuldades políticas e o desgaste das relações pessoais do presidente com pessoas próximas, o governo teve de enfrentar a oposição e a crítica de alguns órgãos de imprensa que acusavam o governo de gastar dinheiro público para salvar banqueiros falidos. Apesar dos ataques políticos do PT e da crítica de alguns jornalistas, o Proer foi reconhecido como um dos mais exitosos programas de reestruturação financeira. Custou ao país 4,7% do PIB, enquanto programas similares no Chile e na Argentina custaram 19,6% e 13% do PIB. Ironicamente, o presidente Lula, que havia sido um dos mais ácidos críticos do Proer, teria de reconhecer o mérito e a importância do programa durante a crise financeira mundial de 2008.

É verdade que o Proer colaborou para o agravamento da dívida pública, que saltou de 29% do PIB para 34% em 1996. Mas esse foi o custo para sanar o sistema financeiro, resgatar a sua credibilidade e prepará-lo para enfrentar crises futuras. O teste de resiliência das instituições financeiras do Brasil foi colocado à prova em 1997, quando eclodiu a crise no sudeste asiático. Se o motivo central da crise mexicana fora o excesso de gasto governamental, a origem da crise asiática se deu pelo excesso de investimento público. A ambição de crescer rapidamente levou países como Tailândia e Malásia a investirem quase 42% do PIB em 1996. Essa demanda por investimentos foi correspondida por empréstimos de curto prazo dos bancos internacionais, que emprestavam recursos em dólares. Quando os investidores começaram a suspeitar da superexposição dos bancos ao "risco asiático", os bancos começaram a cobrar os empréstimos de curto prazo dos governos. A dificuldade em honrá-los gerou pânico no mercado, arrastando países como Tailândia, Malásia, Indonésia e Filipinas. O terremoto financeiro no sudeste asiático atingiu novamente os mercados emergentes, mas foi o anúncio da moratória russa, em 1998 (a terceira crise), que obrigou o governo brasileiro a promover uma importante mudança na direção da política econômica no início de 1999. A pressão sobre o câmbio levou o governo a adotar câmbio flutuante, meta de inflação e superávit primário – a tríade que assegurou a credibilidade da política econômica tanto no governo Fernando Henrique como no de Lula, e que foi gradualmente desmantelada por Dilma.

A quarta crise internacional foi a da Argentina, em 2001. Ao tentar conter o déficit fiscal por meio da imposição de medidas de austeridade econômica, o presidente Fernando de La Rua perdeu o apoio da população e do Congresso e foi obrigado a renunciar em dezembro daquele ano. Mas a crise dramática que o Brasil enfrentou em 2001 foi doméstica. Um período atípico de estiagem prolongada afetou drasticamente o nível de água dos reservatórios das usinas hidrelétricas, responsáveis por 85% do fornecimento de eletricidade no país, e o temor do "apagão" nacional tornou-se uma real probabilidade.

A atuação do governo Fernando Henrique durante a crise energética deveria servir de modelo de gestão de crise para todo governante. Em vez de recorrer aos argumentos ideológicos e à caça de culpados pela crise, o governo agiu com competência e presteza na busca de soluções técnicas para evitar possíveis blecautes. Primeiro, criou um comitê de crise, capitaneado pelo ministro Pedro Parente. O ministro reuniu um time de especialistas e consultores, capitaneado pelo professor Vicente Falconi, e criou um painel de controle do despacho de energia de todas as usinas, permitindo o monitoramento ordenado da geração e da distribuição de eletricidade a fim de atenuar o risco de blecaute.

Segundo, determinou metas de consumo para empresas e consumidores e explicou à população que o "apagão" poderia ser evitado se o país economizasse 20% do consumo de eletricidade. A campanha de esclarecimento e a adesão das pessoas ao esforço para reduzir o consumo não foi fruto apenas de incentivos e de multas estipuladas pelo governo para punir aqueles que não contribuíssem com a diminuição do consumo de energia. Elas retratam o engajamento cívico das pessoas quando o governo é capaz de explicar com clareza a gravidade do problema e de exigir sacrifícios momentâneos (reduzir o consumo) para assegurar um benefício coletivo (o fornecimento de energia).

Terceiro, o governo incentivou a construção de usinas termelétricas para servir de recurso emergencial em épocas de estiagem. Essa medida permitiu ao país evitar outros possíveis racionamentos, como o que poderia ter ocorrido devido à estiagem de 2013. As crises internas e externas serviram como verdadeiro teste de resiliência das instituições. Apesar de não comprometerem os fundamentos do Plano Real nem o esforço do governo no combate à inflação, elas prejudicaram a retomada do crescimento da economia.

O Brasil teve uma taxa média anual de crescimento real de 2,30% durante os oito anos de governo Fernando Henrique. A estabilidade da moeda e o fim da inflação já haviam sido incorporados como patrimônio do Brasil, e o crédito de tais conquistas já havia sido convertido em votos na eleição e na reeleição de Fernando Henrique. Mas a combinação de baixo crescimento com uma taxa de desemprego em torno de 11% transformou o cenário da sucessão do presidente Fernando Henrique, favorecendo um candidato que prometesse defender a retomada do crescimento e a geração de empregos. Lula, o candidato do PT, insistiu no discurso da criação de empregos e na redução da desigualdade social, execrando, entretanto, as conquistas inequívocas do Plano Real.

A perspectiva de uma eventual vitória de Lula aterrorizou o mercado no início de 2002. O motivo da tensão e da desconfiança poderia ser resumido no documento infeliz que foi ratificado no Encontro Nacional do partido de Lula em dezembro de 2001. Intitulado "A Ruptura Necessária", o documento não deixava dúvidas sobre o rumo que o PT perseguiria na Presidência da República:

> A implementação de nosso governo [...] representará uma ruptura com o atual modelo econômico, fundado na abertura e na desregulação radicais da economia nacional e na consequente subordinação de sua dinâmica aos interesses e humores do capital financeiro globalizado [...]

A perspectiva de uma vitória petista fez o câmbio disparar e criou grande turbulência no mercado, que desconfiava que Lula sofria da síndrome de Luís XVIII, o rei da França que parecia "não ter aprendido e não ter esquecido nada". Mas Lula revelou ter um faro político mais aguçado do que Luís XVIII. Ao perceber que seria guilhotinado pelos eleitores pela quarta vez, mudou radicalmente de atitude em junho de 2002 – quatro meses antes da eleição presidencial. Naquele mês, publicou a "Carta ao Povo Brasileiro", um documento no qual se comprometia a manter os fundamentos da política econômica. Reiterou o seu compromisso em respeitar contratos e zelar pelo controle da inflação: "Ninguém precisa me ensinar a importância do controle da inflação. Iniciei minha vida sindical indignado com o processo de corrosão do poder de compra dos trabalhadores". Em seguida, prometeu defender o superávit fiscal:

> Para nós, o equilíbrio fiscal não é um fim, mas um meio. Queremos equilíbrio fiscal para crescer e não apenas para prestar contas aos nossos credores. Vamos preservar o superávit primário o quanto for necessário para impedir que a dívida interna aumente e destrua a confiança na capacidade do governo de honrar os seus compromissos.[158]

A garantia de que Lula cumpriria os termos da "Carta ao Povo Brasileiro" residia na certeza de que Antônio Palocci, um dos principais coordenadores da campanha de Lula, seria o ministro da Fazenda. Ex-prefeito de Ribeirão Preto, Palocci estava mais interessado na política de resultados do que na defesa dos dogmas ideológicos do PT. Escandalizou o partido quando resolveu privatizar a telefonia municipal da cidade. Ao assumir a coordenação da campanha presidencial de Lula, tornou-se conhecido por sua posição moderada, sensata e pragmática em relação aos temas econômicos. Conquistou a estima dos empresários, a confiança do mercado financeiro e o respeito de Lula, que passou a ouvi-lo mais e a distanciar-se

[158] SILVA, Luiz Inácio Lula da. *Carta ao povo brasileiro*. 22 jun. 2002. Disponível em: <https://fpabramo.org.br/wp-content/uploads/2010/02/cartaaopovobrasileiro.pdf>. Acesso em: 02 mai. 2023.

do grupo de economistas do PT que o levara a perder duas eleições presidenciais ao convencê-lo a tratar o Plano Real como "estelionato eleitoral".

Palocci reconheceu publicamente os méritos da política econômica do governo Fernando Henrique e os ganhos inquestionáveis que o Plano Real trouxera ao país. Pretendia preservar seus fundamentos, mas dava sinais de que faria mudanças pontuais para impulsionar o crescimento econômico e a geração de empregos – duas promessas do candidato Lula. Palocci tornou-se o símbolo da moderação e o fiador do compromisso do PT de não cometer loucuras na economia, como romper contratos, estatizar empresas que já haviam sido privatizadas e abandonar o tripé da política econômica (câmbio flutuante, superávit fiscal e metas de inflação), como queriam alguns petistas.

Ao proferir o discurso da "Carta ao Povo Brasileiro" e afirmar que Palocci seria o ministro da Fazenda, Lula dissipava temores sobre sua visão econômica ao mesmo tempo em que propugnava a geração de empregos e a redução da desigualdade social. Foi eleito presidente em outubro de 2002, após ter disputado o segundo turno contra José Serra, o candidato governista. Recebeu quase 53 milhões de votos (61%).

Após a eleição de Lula, Fernando Henrique instituiu o comitê de transição e designou o ministro Pedro Parente para coordená-lo. O presidente encarregou-o de ir aos Estados Unidos e investigar o modelo de transição dos presidentes americanos. Foi estabelecido um comitê de 70 pessoas, formado por membros do governo e da equipe de Lula. Palocci foi escolhido para ser o principal interlocutor do futuro governo e recebeu o *status* de ministro. Todas as informações do governo foram transmitidas aos futuros membros do governo Lula para que pudessem se inteirar dos assuntos de Estado.

A preocupação com a institucionalização da transição levou Fernando Henrique a criar um modelo exemplar a ser seguido por outros presidentes, como o próprio presidente Lula reconheceu:

> A disposição do presidente Fernando Henrique de fazer do processo de transição uma demonstração positiva da prática democrática muito agradou o nosso partido. No Brasil, nunca houve uma transição como

> essa. O presidente Fernando Henrique colocou praticamente o governo à disposição da nossa equipe de transição. Quem sabe isso seja uma aula que fique para sempre.[159]

No dia 1º de janeiro, Fernando Henrique passou a faixa presidencial ao presidente eleito. Encerrava-se naquele ato uma era de estadistas que lutaram para institucionalizar a democracia e debelar a inflação. O desafio da geração pós-Fernando Henrique consiste em garantir que o Brasil democrático seja capaz de crescer de forma sustentável e reduzir a desigualdade social. Caberá às futuras gerações de estadistas enfrentar esses desafios com coragem, determinação, competência e liderança transformadora – aquela capaz de promover mudanças de comportamento e cultura que colaborem para o fortalecimento das instituições democráticas.

---

[159] KOIFMAN, Fabio. *Presidentes do Brasil*. 2. ed. Rio de Janeiro: Universidade Estácio de Sá, 2002, v. 1, p. 408.

INSTITUIÇÕES, VALORES, LIDERANÇA E O PÊNDULO DA EVOLUÇÃO

Os estadistas retratados neste livro lideraram o país com atitudes, escolhas e exemplo e souberam empregar o poder e a autoridade para promover mudanças culturais e institucionalizar mudanças transformadoras. Correram riscos políticos e pessoais para tirar a sociedade da zona de desconforto e obrigar os cidadãos a enfrentar os reais problemas do país. Não impuseram sua verdade nem confortaram as pessoas oferecendo-lhes soluções mágicas. Ao contrário, procuraram educar a opinião pública, expondo de maneira transparente os desafios, as incertezas e as dificuldades que teriam de ser superadas pela sociedade para rever crenças, atitudes e valores que dificultavam o florescimento da democracia, a preservação da liberdade a evolução do Estado de Direito. Graças à visão, à coragem, à determinação, ao exemplo e à capacidade de transformar valores e princípios em ação política, eles foram capazes de deixar um importante e valioso legado para o país: a criação de instituições democráticas fortes e confiáveis.

Em termos institucionais, o Brasil já figura entre os países desenvolvidos. Temos eleições periódicas e limpas que produzem uma saudável alternância de poder entre os partidos políticos; uma imprensa livre e independente que tem o poder de investigar, criticar e denunciar os malfeitos dos governantes sem medo de ser perseguida, confiscada ou expropriada pelo governo; um Judiciário independente que assegura o cumprimento da Constituição e das leis e que não se curva às pressões do governo; um Legislativo pluralista que reflete uma miríade de interesses políticos, econômicos e sociais que competem entre si e que impedem a criação de um grupo capaz de se apoderar do Congresso e dominar a elaboração das leis; temos, enfim, um país no qual o respeito à propriedade privada, à liberdade econômica, religiosa e de expressão são plenamente assegurados. No Brasil, nenhum cidadão acorda com medo de ser preso, assassinado, perseguido ou expropriado pelo Estado por exprimir livremente a sua opinião, professar a sua fé ou exercer legalmente a sua atividade econômica.

É verdade que ainda há um longo caminho a percorrer para combater os males da corrupção, da péssima qualidade da educação pública, da desigualdade social. É preciso, ainda, melhorar a produtividade econômica e resgatar a competitividade do Brasil. Esses desafios compreendem a essência do que a atual geração terá de enfrentar para preservar o bom funcionamento das instituições democráticas, garantir o crescimento econômico sustentável e reduzir a desigualdade social. A atuação dos estadistas retratados nestas páginas deveria servir como referência e inspiração para os líderes que pretendem continuar a missão de promover mudanças de cultura necessárias para assegurar a evolução da democracia e o progresso econômico sustentável do país. Nossos estadistas são figuras exemplares que lutaram por mudanças transformadoras, respeitando os princípios democráticos, o Estado de Direito e os limites constitucionais. De fato, esse foi o primeiro grande desafio de José Bonifácio de Andrada e Silva, o Patriarca da Independência do Brasil. Ao convencer o jovem príncipe D. Pedro I a libertar o Brasil do domínio português e fundar uma monarquia constitucional, tinha plena consciência de que a manutenção da unidade nacional dependeria da capacidade da Coroa de preservar a liberdade e o Estado de Direito.

O horror e repúdio que José Bonifácio nutria por governos autoritários e revoluções não se baseavam apenas na sua vivência na Europa durante a época da Revolução Francesa. Eles refletiam também sua crença de que não havia como manter a unidade nacional de um vasto território sem a existência de um governo que contasse com o apoio e o consentimento voluntário dos cidadãos. A monarquia brasileira tinha de garantir a ordem e a liberdade – dois ingredientes capazes de mobilizar as pessoas para lutar pela preservação da unidade nacional contra a ameaça de potências estrangeiras e de demagogos nacionais que desejavam governar o país por meio da força e do terror.

Ademais, José Bonifácio era um profundo conhecedor da nossa história. Sabia que as instituições representativas continuavam a funcionar nas cidades e vilas nos séculos que antecederam a criação do Estado brasileiro. Jorge Caldeira narra, em seu livro *História do Brasil com empreendedores*, a existência de câmaras municipais eleitas, com mandatos fixos e desempenhando papel importantíssimo na vida cívica e política das vilas muito antes da chegada da Corte ao Brasil em 1808. Em outras palavras, já havia o exercício de uma espécie de democracia local, cuja tradição baseava-se na crença de que as decisões políticas eram tomadas por meio de instituições e de representantes eleitos pela vontade popular. O conceito de governo representativo já fazia parte da nossa convivência cívica, mas coube a José Bonifácio institucionalizá-lo ao criar do Estado brasileiro.

José Bonifácio tinha enorme admiração pela monarquia britânica e pela constatação empírica de que o progresso, a inovação e o desenvolvimento econômico não florescem numa nação que sufoca a liberdade e que se submete aos caprichos de governos autoritários. O crescimento econômico do Brasil dependia da edificação de um Estado que garantisse a liberdade, o respeito aos limites constitucionais e o cumprimento das leis. Esses elementos presentes na gênese da edificação do Estado e da Independência do Brasil foram cruciais para a germinação de uma cultura que valoriza o papel das instituições democráticas. Mas nem todas as ideias de José Bonifácio triunfaram. Num regime liberal, a competição de interesses, a autonomia das instituições e o resultado do voto nem sempre produzem os efeitos desejados. José Bonifácio morreu frustrado por não ter conseguido mobilizar a sociedade e o imperador D. Pedro I para abolir a escravidão no país.

É preciso coragem para questionar crenças e interesses que retardam o progresso da sociedade. Ao defender a abolição, Joaquim Nabuco não só trouxe para o debate público a questão da imoralidade da escravidão, como atacou sua força perversa em retardar o crescimento econômico, a proliferação da inovação e do comércio e o estímulo à mobilidade social. Nabuco tornou-se alvo de ataques de seus pares, que o viam como traidor dos interesses da sua classe. Em contrapartida, tornou-se o herói da população urbana e liberal e da grande massa de escravos que não tinha voto, voz política ou poder. Sua batalha pela emancipação dos escravos causou-lhe derrotas eleitorais, distanciou-o das lideranças do seu partido político, as quais lhe fecharam as portas para os cargos ministeriais. Mas Nabuco não desistiu da sua causa nem abriu mão dos valores e princípios que defendia para conquistar cargos políticos. Permaneceu fiel às suas convicções e continuou a sua batalha em favor da emancipação até a proclamação da abolição da escravidão em maio de 1888.

A abolição foi uma das principais causas da queda da monarquia. Tanto o imperador D. Pedro II quanto a princesa Isabel sabiam do risco de perder o trono após a libertação dos escravos. Estavam cientes de que os fazendeiros insatisfeitos se rebelariam contra o monarca. Mas tanto para o imperador como para a princesa, o fim da escravidão estava acima dos interesses da Coroa, do governo e dos fazendeiros. Mudanças transformadoras exigem determinação, resiliência e senso de dever para superar as resistências que surgem dos grupos que perdem poder e privilégios durante a travessia desencadeada pelas mudanças de comportamento e de cultura. Ao emancipar os escravos, D. Pedro II perdeu o trono, mas deixou para a nação o legado do Estado de Direito, do regime constitucional e das liberdades individuais.

A maior prova dessa institucionalização dos valores liberais, constitucionais e do apreço à democracia foi a resistência dos republicanos civilistas e legalistas à tentativa dos republicanos jacobinos de instaurar um regime autoritário durante os governos de Deodoro da Fonseca e Floriano Peixoto. A liderança dos três grandes presidentes paulistas – Prudente de Moraes, Campos Salles e Rodrigues Alves – foi vital para salvar o Brasil das garras dos caudilhos autoritários. Eles foram responsáveis pela instituição da República liberal e constitucional e pelo saneamento das finanças públicas que estavam debilitadas desde a época do Império. A presidência dos três grandes paulistas revela a importância da continuidade política no processo de institucionalização de mudanças estruturais.

Quando o medo de mudanças culturais dita a política de Estado, o país costuma a se fechar para o mundo, sufocar a liberdade, restringir a competição e a inovação, manipular as instituições para proteger os interesses de uma oligarquia que se apoderou do governo e da economia. Esse foi o caso do Brasil após a presidência de Rodrigues Alves. A gradual oligarquização do Estado levou os governos a promover a defesa incondicional do café. Em contrapartida, os cafeicultores apoiavam o governo. Esse pacto impediu a alternância no poder dos partidos (o candidato governista sempre vencia as eleições presidenciais), relegando ao segundo plano todos os outros interesses da nação. A única forma que restou para quebrar o monopólio político e econômico do grupo que se apoderou do Estado foi por meio da revolução. Em 1930, um movimento revolucionário derrubou o presidente Washington Luís e levou Getúlio Vargas ao poder.

Getúlio usou o discurso da restauração da democracia como o seu cavalo de Troia para chegar ao poder. Assim que conquistou a presidência, porém, instituiu um regime que se assemelhava mais com o modelo fascista de Mussolini do que com a democracia liberal concebida por Prudente de Moraes. Os democratas voltaram para a trincheira para combater o governo Vargas. A resistência à tentativa de impor um regime autoritário no Brasil foi combatida em todas as frentes: no Parlamento, na imprensa, no voto e até mesmo nos campos de batalha, como foi a Revolução Constitucionalista de 1932, em que os paulistas pegaram em armas para lutar por um regime democrático e constitucionalista.

A tentativa de transformar o Brasil numa república fascista criou mal-estar e resistência não só na oposição, como também entre alguns poucos e corajosos aliados de Vargas. Foi o caso de Oswaldo Aranha. Amigo de Getúlio, ministro e embaixador, Aranha enfrentou o presidente a ponto de renunciar ao cargo de embaixador nos Estados Unidos quando Getúlio proclamou a ditadura do Estado Novo em 1937. Aranha voltou ao governo no ano seguinte como ministro das Relações Exteriores e exerceu papel fundamental para evitar que a simpatia de Vargas por Mussolini e de Eurico Gaspar Dutra, ministro da Guerra (e futuro presidente do Brasil), pela Alemanha nazista se tornassem política de Estado. Oswaldo Aranha criou a trincheira da democracia no Ministério das Relações Exteriores e liderou o movimento pan-americano, cultivou as relações com os Estados Unidos e, no fim, convenceu Vargas a entrar na Segunda Guerra Mundial ao lado dos Aliados.

Outro grande líder da resistência democrática foi Ulysses Guimarães. Ele combateu a ditadura com o arsenal da democracia. Sua trincheira foi o Parlamento, sua arma favorita, a palavra e seu instrumento de promover mudanças transformadoras, o voto. A tenacidade política na luta pela restauração da democracia, a capacidade de mobilizar a opinião pública e o povo em torno da abertura política, a determinação e a paciência em convencer a sociedade de que o país não seria capaz de crescer, prosperar e progredir enquanto a semente da liberdade e o adubo da democracia não voltassem a dar frutos no solo brasileiro foram vitais para derrubar a ditadura e conduzir uma transição pacífica do regime autoritário para a democracia.

Foi uma batalha de 20 anos, na qual Ulysses jamais perdeu o entusiasmo, a esperança e a profunda convicção de que o autoritarismo é uma doença passageira que tem de ser combatida não com revoluções, levantes ou golpes, mas por meio dos métodos democráticos. Para Ulysses, só a democracia e a liberdade legitimam o exercício do poder. Qualquer outro meio é mera usurpação do exercício do poder. O "Dr. Ulysses" tornou-se símbolo do líder político capaz de transformar o país com seu exemplo de conduta política, com a força do seu caráter e com o emprego de suas palavras e ações inspiradoras na arena pública. Sempre houve coerência entre seus princípios, sua atuação política e sua conduta pessoal – algo raríssimo nos dias de hoje.

Raro também é o fato de um estadista ser capaz de colocar os interesses da nação acima dos interesses partidários e das questões de curto prazo que dão voto para se dedicar à promoção de mudanças institucionais no país. Esse foi o propósito que pautou o presidente Fernando Henrique Cardoso. Ao contrário dos governos anteriores – que acreditavam que a cultura inflacionária poderia ser eliminada com planos econômicos impostos por meio de decretos e de ações unilaterais do governo – o de Fernando Henrique acreditava que as mudanças de comportamento só ocorrem quando se explica às pessoas a natureza do problema e as convence dos sacrifícios e das perdas que terão de ser enfrentados para superá-lo. A eliminação do fator surpresa e a explicação honesta e transparente das medidas do Plano Real ajudaram a restabelecer o respeito por leis e regras, a restaurar a previsibilidade e estabilidade da política macroeconômica e a reforçar os laços de confiança entre governo e sociedade.

Tais laços foram fundamentais para a aprovação das reformas estruturais do Estado. O governo conseguiu aprovar o programa de privatização e a abertura da economia, a Lei de Responsabilidade Fiscal, o programa de saneamento do sistema financeiro (Proer), a reestruturação das dívidas dos estados e municípios e estabelecer o tripé da política econômica – câmbio flutuante, metas de inflação e superávit primário. Essas medidas, imprescindíveis para resgatar a credibilidade e confiança dos brasileiros e da comunidade internacional no Brasil, são ótimos exemplos de que é possível mobilizar a opinião pública e promover reformas estruturais por meio das instituições democráticas. Fernando Henrique aprovou mais de 30 emendas constitucionais no Congresso durante o seu mandato.

O Plano Real promoveu mudanças culturais não só no país como também no próprio presidente Fernando Henrique. O sociólogo de centro-esquerda e discípulo de Ulysses, que acreditava que sua missão política consistia em fortalecer as instituições democráticas, comandou a maior transformação econômica do país. Fernando Henrique descobriu que o fortalecimento das instituições dependia de um profundo revisionismo da visão econômica e do papel Estado. Ao adotar reformas liberais – como abertura da economia, privatização de estatais, quebra do monopólio do Estado em atividades estratégicas –, revelou a necessidade de abrir mão de algumas crenças que impediam o governo e o país de trilhar o caminho das reformas. Fernando Henrique convenceu-se de que a credibilidade das instituições e a redução da desigualdade social estão intimamente ligadas ao crescimento econômico sustentável.

As reformas econômicas e a derrota da inflação permitiram ao presidente avançar no campo social, uma área que sempre lhe foi cara. A criação do Bolsa Escola (que se transformou em Bolsa Família no governo Lula), um exitoso programa de transferência de renda para a camada mais pobre da sociedade, o aumento real de 85% do salário mínimo e a implementação de uma importante revolução no ensino público básico, cujo impacto imediato foi a inserção de 98% das crianças nas escolas – todas essas medidas contribuíram para reduzir a pobreza de 35% da população para 28% de 1994 a 2002.

Se a missão das gerações retratadas neste livro foi edificar as instituições democráticas, o desafio da geração atual é assegurar o crescimento econômico sustentável e reduzir a desigualdade social. Poucos países conseguem romper o patamar de renda média e se tornar uma nação rica. É preciso coragem, convicção e determinação das lideranças nacionais para conduzir essa travessia e livrar o país das armadilhas que o condenam a ser um país pobre ou de renda mediana. Citando o bordão do presidente Lula, "nunca antes na história deste país" tivemos um período de crescimento econômico sustentável.

A incapacidade de pavimentarmos o caminho do crescimento sustentável está associada aos valores e à cultura que moldaram nossa visão de Estado, do mercado e da economia. Em pleno século XXI, nossas crianças ainda aprendem na escola que o Estado centralizador, corporativista e patriarcal nos salva da desordem social, nos protege da ambição dos poderosos e ajuda a população menos favorecida, distribuindo empregos, favores e benesses. Essa visão de Estado reflete a percepção equivocada do funcionamento da economia. De acordo com esse viés, o mercado seria um mal necessário que precisa ser vigiado, regulado e tutelado pelo Estado. Sem a participação ativa do Estado na economia, a ganância individual, a imoralidade do lucro e a exploração do trabalhador pelo empregador produziriam uma sociedade mais injusta e desigual. O Estado precisa intervir para corrigir as perversidades do mercado, criando monopólios estatais, restringindo a competição, promulgando medidas protecionistas e distribuindo favores – como juros subsidiados.

O conceito maniqueísta de que a economia é um jogo de soma zero (se o empresário ganha, o trabalhador perde) criou um Estado extrativista e intervencionista e uma classe política ignorante em temas econômicos, cujos membros costumam nutrir profunda desconfiança sobre o funcionamento do mercado. D. Pedro II, assim como a grande maioria dos estadistas brasileiros, nunca gostou ou se interessou por assuntos econômicos. Trata-se de um tema árido, pouco interessante e excessivamente técnico. O importante eram o voto, as eleições, a defesa das instituições, a costura do entendimento político, a formação das alianças partidárias. As questões econômicas deveriam ser tratadas por técnicos e especialistas, longe da esfera política. Essa visão distorcida da economia dificultou a compreensão da relação causa-efeito entre crescimento econômico, estabilidade institucional e redução da desigualdade social. Durante o reinado de D. Pedro II, o gênio empreendedor e o espírito capitalista do Barão de Mauá despertaram a desconfiança dos governantes que se empenharam em criar leis, regulamentação e outras artimanhas para arruiná-lo.

A mentalidade extrativista e intervencionista da classe política continuou a reinar no período republicano. A política protecionista na Primeira República para defender o café e a valorização artificial do preço do nosso principal produto de exportação provaram serem desastrosas para o país e para os cofres públicos. Durante o Estado varguista, o governo procurou tutelar a economia por meio da criação de estatais e de uma constelação de empresários-amigos que receberam concessões, contratos e crédito para criar negócios em troca de apoio político ao presidente Vargas. No período juscelinista, o Brasil tinha de crescer "cinquenta anos em cinco", mesmo à custa de uma política inflacionária e de escândalos de corrupção que trouxeram tantos malefícios ao país. Na era Geisel, a crença dos militares na competência suprema dos tecnocratas e no dirigismo estatal, foi responsável pela criação de mais de 400 empresas estatais e do crescimento exponencial da dívida pública, levando o Brasil a declarar moratória em 1982. Já no governo Dilma, a exigência da participação do governo como sócio em todas as atividades econômicas "estratégicas" – da administração de aeroportos à exploração de petróleo – somada à incontinência do voluntarismo político que muda regras de contratos públicos com uma frequência assustadora, revela a perpetuação da crença de que o Estado intervencionista é imprescindível para evitar que o espírito de mercado deturpe o papel público das empresas atuando nos setores de "interesse nacional".

Um dos maiores desafios do Brasil é livrar-se do Estado intervencionista e extrativista. O Estado tornou-se um enorme parasita que existe apenas para servir a si mesmo. A sociedade tornou-se a vaca leiteira que o Estado explora apenas para extrair recursos para financiar os seus próprios interesses. Precisamos romper com as amarras do capitalismo de Estado, no qual governos garantem privilégios para um alguns setores e aliados preferenciais, limitam a concorrência e criam reservas de mercado para beneficiar alguns privilegiados, que retribuem esses favores apoiando o governo e financiando campanhas políticas. Nesse falso capitalismo, há pouco espaço para a livre concorrência e para a competição saudável de mercado que, como sabemos, estimulam o empreendedorismo, a inovação e a mobilidade social. Mudanças culturais são difíceis e dolorosas. Elas nos obrigam a rever crenças, comportamento e atitudes que estão enraizadas na mente e no coração das pessoas. Por isso, geram desconforto, incertezas e resistência, especialmente de pessoas e de grupos que perderão poder, direitos e privilégios. Mudanças culturais exigem visão, convicção, coragem e determinação para questionar valores obsoletos e enfrentar os reais problemas que impedem o país de promover as reformas institucionais necessárias para que possamos crescer de forma sustentável.

A busca do crescimento econômico sustentável nos obrigará a rever valores e princípios que justificam a existência desse Estado arcaico e corporativista. Ela exigirá que o Estado se torne menos paternalista e mais eficiente; demandará também que a sociedade valorize mais o mérito individual do que o paternalismo estatal; exigirá o reconhecimento de que a independência e a ousadia do empreendedor são mais valiosas para a sociedade do que o clientelismo político e a dependência do Estado. Contudo, a ausência de discussão de valores na arena pública evidencia a falta de líderes comprometidos em conduzir mudanças culturais que colaborem para o fortalecimento das instituições e a melhoria da eficácia do resultado das políticas públicas. Os sintomas de lideranças medíocres são evidentes.

Primeiro, há baixíssima disposição dos líderes de correr riscos eleitorais para defender os interesses da nação e se colocar acima das disputas partidárias, dos ganhos eleitorais imediatistas e dos interesses dos grupos de pressão que assediam o governo para extrair privilégios, benefícios e vantagens. Tal comportamento reflete ausência do senso de dever público e do sentido de legado que movem os grandes estadistas a conduzir o processo de educação da opinião pública, de mudança de cultura e de determinação de lutar pelas reformas institucionais que garantirão o crescimento econômico sustentável. A falta de convicção das lideranças públicas nos valores que visam estimular a competição saudável, o aumento da produtividade e o crescimento econômico sustentável é um sintoma nítido de políticos viciados nos métodos clientelistas, na dependência do Estado extrativista e de distribuição de favores e de recursos públicos por meio de políticas paternalistas.

Segundo, líderes medíocres evitam os reais problemas, minimizando os sacrifícios e as perdas que a sociedade têm de enfrentar, transformando o embate político num duelo partidário, ideológico e recheado com o moralismo raso do "politicamente correto". Criamos os bodes expiatórios para justificar a nossa incapacidade de promover as mudanças institucionais. Preferimos culpar a "guerra cambial", a ganância dos empresários e as imperfeições do sistema financeiro internacional para justificar as nossas mazelas, em vez de reconhecer que o aumento da intervenção do governo na economia, a adoção de políticas protecionistas e a incapacidade de promover as reformas estruturais colocaram o Brasil numa situação dramática. O país possui a pior regulamentação governamental do mundo, um dos mais pesados e injustos sistemas tributários do planeta e um dos mais vergonhosos índices de educação básica entre as principais nações emergentes.

Terceiro, líderes medíocres possuem baixa resistência para aguentar frustrações, porque não se importam com legado. Ao deparar com protestos, impopularidade e pressão dos grupos que perderão "direitos" e privilégios, eles descobrem uma saída honrosa para recuar e mudar de rumo. A popularidade momentânea é mais importante do que os riscos políticos e o impacto positivo das mudanças institucionais. Essa atitude gera a constante postergação das reformas estruturais, o que se transforma num gigantesco passivo político para as próximas gerações.

Um país evolui enfrentando os medos e as ilusões que o aprisionam ao passado. O Brasil deveria iniciar o seu processo de revisão de valores enfrentando as três grandes ilusões que o mantêm ancorado num modelo de Estado arcaico e prejudicial ao crescimento econômico sustentável e à redução da desigualdade social. A primeira ilusão é a de que o Brasil pode continuar a crescer eternamente dependendo da poupança externa. O Estado brasileiro consome quase 40% do PIB. Possuímos a mais alta carga tributária e o maior gasto público em relação ao PIB entre todos os países em desenvolvimento. Essa combinação perversa de impostos e gastos públicos elevados impede a criação de uma poupança interna, um ingrediente vital para gerar os investimentos necessários em infraestrutura, melhorar a competitividade do país e reduzir a nossa dependência do capital externo. O Brasil vem há décadas investindo por volta de 17% do PIB, quando deveria investir pelo menos 25%. O efeito nefasto desse baixo investimento tem um impacto direto na produtividade. Além de possuirmos a mais precária infraestrutura entre os três principias países em desenvolvimento – Rússia, Índia e China –, a péssima qualidade das nossas estradas, portos, ferrovias e aeroportos encarecem os produtos brasileiros. Gastamos, por exemplo, pelo menos 50% a mais do que os nossos competidores em logística. Sem ganho de competitividade e de produtividade, não há possibilidade de garantirmos o crescimento econômico sustentável e a redução da desigualdade social.

Os governantes poderiam alegar que estão sacrificando momentaneamente a produtividade e a competitividade para combater a desigualdade social. Mas os números desmentem essa tese. Segundo o economista Edmar Bacha, o gasto social já atinge 24% do PIB, mas apenas 2% são efetivamente direcionados para a população pobre. O gasto com o programa Bolsa Família, por exemplo, representa apenas 0,6% do PIB. A Previdência Social representa 12%, mas não beneficia a camada mais pobre da sociedade. Em 2011, o déficit previdenciário revela um dado estarrecedor: 950 mil funcionários públicos consomem R$ 57 bilhões, enquanto 28 milhões de trabalhadores consomem R$ 40 bilhões. Governantes preferem priorizar o gasto público com a classe média que vive à custa do Estado e com idosos do que com pobres e jovens.

A segunda ilusão é a de que o Brasil pode crescer de forma sustentável sem investir em capital humano. O Brasil gasta mais com 3 milhões de funcionários públicos aposentados do que com a educação básica de 37 milhões de crianças de zero a 14 anos. Outro dado: 44% dos jovens até 14 anos pertencem a 25% das famílias mais pobres do país; metade dos jovens ainda não conclui o ensino médio. Ao oferecer uma educação básica de baixa qualidade, o Estado condena uma geração de jovens a permanecer na pobreza, destruindo um dos principais mecanismos de mobilidade social: a igualdade de condições na disputa por vagas nas boas universidades e por empregos qualificados. Novamente, a prioridade do Estado é a classe média e a educação universitária. Para reverter esse círculo vicioso – que condena uma parte significativa da população à miséria, ao subemprego e à baixa produtividade do trabalhador brasileiro – precisaremos investir na melhoria da qualidade educação básica.

Há forte correlação entre anos de escolaridade e produtividade do trabalhador. Nos Estados Unidos, o americano produz US$ 37 por hora; no Chile, US$ 14 e no Brasil, US$ 7. Se analisarmos a produtividade do Brasil entre os anos de 1989-2011, vamos notar que houve queda de 7%, que representa perda de R$ 300 bilhões do PIB. Nesse mesmo período, a produtividade da China cresceu 66% e a dos Estados Unidos, 12%. Se os países da América Latina mantivessem a média mundial de produtividade desde 1960, a renda na região seria 47% maior. Portanto, o investimento em educação básica é um elemento essencial do ganho de produtividade, do crescimento econômico sustentável e da redução da desigualdade social. Mas a melhoria da educação básica e os investimentos em produtividade dependerão da vontade, da disposição e da coragem política para combater a terceira ilusão.

A terceira ilusão é de que podemos crescer de forma sustentável sem termos instituições democráticas fortes e confiáveis. Temos de fortalecer a credibilidade das instituições e combater o personalismo político que está sempre a minar o bom funcionamento das instituições. O personalismo político e suas facetas – populismo, caudilhismo e demagogia – são responsáveis pela involução das instituições no Brasil, pelos golpes de Estado, pelos governos autoritários e pelas revoluções que desestabilizaram a democracia brasileira. O contínuo aprimoramento das instituições por meio de reformas graduais e constantes é um tema permanente da agenda política. Como dizia Winston Churchill, "o preço da liberdade é a eterna vigilância". Vigilância sobretudo dos grupos que procuram se apoderar do Estado para enfraquecer as instituições e transformá-las em mero instrumentos de legitimação dos seus interesses políticos, eleitorais e econômicos. O populismo moderno procura debilitar as instituições utilizando o velho argumento de que o objetivo do governo é o "aprimoramento das instituições democráticas". Líderes populistas pretendem cercear a liberdade de imprensa, invocando o argumento de que o "controle social da mídia" irá aperfeiçoar a melhoria da imprensa. Promovem mudança de regras e contratos, intervindo de maneira arbitrária no mercado, alegando que tais ajustes são importantes para estimular a competição e atrair investimentos.

Evidentemente, essas medidas geram efeito inverso. A tentativa de transformar a imprensa num mecanismo de propaganda do governo e de calar a voz da imprensa livre é um mal constante que governos populistas e autoritários perseguem com afinco para silenciar as denúncias de corrupção, os mal feitos dos governantes e as vozes críticas do governo. As mudanças de regras e de contratos afugentam investidores e prejudicam consumidores, que sempre terão serviços mais caros e de pior qualidade, quando a competição é cerceada. Essas deficiências ajudam a fortalecer os laços do capitalismo de Estado e a distribuição de favores, benefícios e subsídios para as empresas que cultivam bom relacionamento com o governo, o que contribuiu para reduzir a competição e afugentar investidores que temem as incertezas geradas pela manipulação das regras pelo governo. O fortalecimento das instituições é a melhor forma de reduzir essas incertezas. Um líder que usa seu poder e carisma para enfraquecer as instituições e desacreditar a justiça é um impostor.

As instituições refletem os valores de uma nação. Espelham os princípios e valores que governam a sociedade e as crenças e costumes de um povo. Ajudam a tecer os laços de confiança que garantem a estabilidade política, asseguram a previsibilidade dos princípios que regem a economia e permitem a mudança e a evolução gradual dos hábitos e dos costumes da sociedade. As instituições constituem a espinha dorsal do Estado de Direito e da garantia da liberdade que nos protege da arbitrariedade dos governantes e que possibilita o país crescer e progredir de maneira sustentável. Elas também retratam a evolução e a involução de um país. Há forte correlação entre liberdade individual, pluralismo político, governos democráticos, Estado de Direito, desenvolvimento econômico sustentável, progresso científico e tecnológico, mobilidade social e melhoria do bem-estar social. Por outro lado, há também forte correlação entre governos autoritários, economias extrativistas, Estado arbitrário, imobilismo social e pobreza. Não é por outra razão que Aristóteles dizia que a política é a mais nobre e a mais importante das atividades humanas, pois é na arena pública que se definem os rumos de um país e o destino de um povo.

As escolhas da sociedade e as ações dos líderes públicos são determinantes para fazer o pêndulo da nação mover-se em direção à evolução ou à involução. A China é um bom exemplo para ilustrar esse fenômeno. Por volta do ano 1000, a China era um dos países mais prósperos do mundo. Já havia inventado a bússola e a pólvora, criado o papel e a impressão e se tornado uma nação rica, graças ao intenso comércio nos seus portos. Mas a ascensão dos imperadores Ming em 1368 mudou radicalmente o destino da China. Os imperadores passaram a tratar o dinâmico comércio internacional, as descobertas e inovações como ameaças à segurança do Império. Esses líderes imaginaram que ao tentar eliminar os riscos e as instabilidades geradas pela "criação destrutiva" – a força motora da inovação, do progresso e da invenção que destroem produtos e atividades obsoletas para criar espaço para novos negócios e novos produtos –, poderiam erradicar os ingredientes que ameaçavam a ordem, a segurança e a estabilidade. Ao destruir as forças produtivas do país para preservar a segurança e a ordem interna, os imperadores deixaram um terrível legado de miséria, tirania e instabilidade política para o povo chinês.

Na segunda metade do século XX, o líder comunista Mao Tse-Tung tentou inverter esse quadro dramático, impondo o Grande Salto Adiante – um catastrófico processo de "revolução industrial" que acabou gerando a quebra da agricultura chinesa e uma onda de fome que matou mais de 4 milhões de pessoas. O efeito devastador dessa trágica experiência pode ser observado em termos de involução do PIB. Nos anos 1950, a China encontrava-se em condições sociais e econômicas piores do que as de mil anos atrás.[160] Foi preciso visão, coragem e determinação de Deng Xiaoping, o sucessor de Mao, para inverter a direção do pêndulo e recomeçar o processo de abertura econômica da China em 1978. Após quase 40 anos ininterruptos de abertura gradual da economia, o país conseguiu livrar milhares de chineses da pobreza e iniciar um ciclo impressionante de crescimento econômico. Desde 1978, o PIB chinês saltou de US$ 57 bilhões para US$ 7,6 trilhões.

O grande desafio da China no século XXI consiste em se livrar da ilusão de que é possível manter o país na rota do crescimento econômico e do aumento da prosperidade social sem promover a abertura do seu sistema político. O enfrentamento dos temores e dos fantasmas que dificultam a abertura política e econômica e a institucionalização da liberdade de expressão determinarão se o pêndulo chinês continuará a mover-se em direção à evolução ou se voltará para a involução. O dilema da China reflete, de certa forma, o drama de muitos países que se encontram numa encruzilhada histórica na qual terão de fazer escolhas difíceis e impopulares.

Na América Latina, o pêndulo continua oscilando entre a evolução e a involução. Países como Chile e Brasil, que conseguiram se livrar dos governos populistas e fortalecer as instituições democráticas e a economia de mercado, mostraram que é possível mudar o destino de uma nação com reformas graduais e por meio das instituições democráticas. Infelizmente, a outra metade da América Latina continua escrava de governos populistas que manipulam uma democracia de fechada e dilapidam as bases do desenvolvimento econômico sustentável, condenando milhares de pessoas a viver em países que lideram o *ranking* mundial de desigualdade social.

Nos Estados Unidos, o pêndulo oscilou de um extremo ao outro: da arrogância da superpotência hegemônica ao pessimismo

---

[160] RIDLEY, Matt. *The Rational Optimist*. New York: Harper Collins, 2011, p. 180.

momentâneo. Os americanos parecem ter perdido o otimismo e confiança no futuro. Vivem um período de desilusão com o país e com a política, que se tornou uma atividade ditada pelo falso moralismo do "politicamente correto" e pela demagogia das minorias radicais incrustadas nos partidos Republicano e Democrata, cuja atuação perversa contribui para minar o entendimento nacional em torno das reformas estruturais. A Europa, por sua vez, está mergulhada numa grave crise, fruto de duas décadas de reformas tímidas e insuficientes para aprofundar a união monetária e fiscal e reformar o Estado assistencial. A crise na Europa reflete a ação de lideranças medíocres que evitam as reformas estruturais com medo de perder eleições. O constante adiamento das reformas gerou uma crise que quase provocou a ruptura da Comunidade Europeia – a melhor invenção concebida pelos europeus após a Segunda Guerra Mundial.

Apesar desses desafios, tanto a Europa como os Estados Unidos possuem uma longa tradição de usar crises para se reinventarem. Os ingredientes fundamentais para transformar crises em oportunidades estão no DNA dos europeus e dos americanos. Eles dispõem de um arcabouço de valores liberais – democracia, liberdade, governos constitucionais e Estado de Direito. Têm capacidade para gerar conhecimento aplicado, formar mão de obra qualificada, criar indústrias inovadoras e inventar tecnologias. Contam também com uma visão global moldada por meio da participação ativa no comércio internacional e da troca intensa de ideias, pessoas e produtos. E se beneficiam da existência de um mercado livre, regido pela competição, pela concorrência e pela "criação destrutiva", e de uma sociedade capaz de transformar esses ingredientes em mudanças estruturais que produzem o fortalecimento das instituições, a criação de igualdade de oportunidades e, portanto, de uma saudável mobilidade social – um elemento vital para evitar a esclerose econômica e a oligarquização do poder que arruínam empresas e nações.

Enquanto esses países aproveitam a crise para reformar suas instituições, o Brasil permanece anestesiado pela satisfação temporária dos efeitos positivos do baixo crescimento econômico, da alta do preço das *commodities* brasileiras no mercado internacional e do acesso ao crédito para milhares de pessoas que se tornaram consumidores. Com esses poderosos anestésicos, os governantes aniquilaram o sentido de urgência em torno das reformas estruturais. Trata-se de um sintoma perigoso de que as lideranças públicas não estão dispostas a correr os riscos eleitorais para promover as mudanças de crença, de comportamento e de cultura que são necessárias para assegurar os dois pilares do crescimento econômico sustentável: aumento da competitividade e da produtividade do país.

A história não é um processo linear de acúmulos de experiências e de aprendizados que nos levam ao constante aprimoramento das instituições. A ideia de que nações trilham o caminho da evolução contínua de um estado de perfeição menor para um maior é falsa. A história é orgânica. O pêndulo move-se em direção à evolução ou à involução de acordo com a ação e reação dos países em superar os seus desafios estruturais. Quando suas lideranças são incapazes de promover mudanças culturais, rever crenças e atitudes e reformar as instituições, as nações tornam-se vítimas de seus medos, inseguranças e inação. Os levantes, as crises e as revoluções destroem civilizações que pareciam ser imortais e indestrutíveis.

O drama da política consiste em tomar decisões em tempo real, com base no conhecimento parcial dos fatos e de carregar para o resto da vida a fama do sucesso ou do fracasso das escolhas que moldam o destino da sociedade. Não é à toa que muitos políticos preferem refugiar-se no discurso demagógico, na administração de pequenos problemas e esquivar-se do enfrentamento de mudanças de comportamento, crença e hábitos que podem causar perda de votos, de poder e de reputação. Como disse Marcel Proust, o célebre escritor francês, "é mais fácil viver na falsa procura do que na responsabilidade de encontrar".

No Brasil, imaginamos que ao atingir a maturidade institucional, podemos desfrutar das benesses de um país que possui um regime democrático estável e ignorar os velhos problemas e as novas ameaças que despontam no horizonte como sinais de alerta de que o pêndulo começa a mover-se em direção à involução. Na era do imediatismo eleitoral e do aplauso momentâneo, as reformas institucionais são postergadas e os falsos problemas são "resolvidos" com medidas simples, populistas e erradas. Se baixarmos a guarda e não cuidarmos de promover as reformas estruturais do Estado, vamos colocar em risco o legado que os grandes estadistas nos deixaram e fracassaremos em dar ao país a base institucional capaz de garantir o crescimento econômico sustentável e a redução da desigualdade social. Essa omissão demandará sacrifícios gigantescos dos nossos filhos e netos. Graças à omissão dos atuais governantes, as gerações futuras terão de enfrentar crises que os obrigarão a rever "direitos" e valores obsoletos que impedem o país de crescer de forma sustentável.

Abraham Lincoln, presidente dos Estados Unidos em meados do século XIX, dizia que "quase todas as pessoas são capazes de aguentar as adversidades da vida, mas, se desejarmos testar o caráter de um indivíduo, devemos dar-lhe o poder". O exercício do poder é revelador do caráter dos nossos políticos e de quão baixo está o atual sarrafo moral da sociedade. A discussão de valores na arena pública é quase inexistente e o eleitor raramente premia caráter e princípios com o seu voto. Prefere eleger líderes carismáticos, figuras midiáticas ou representantes que defendem interesses corporativistas. Quando a política deixa de ser pautada pelo senso de virtude, ela se transforma num mero mecanismo de acertos temporários, ditados por interesses corporativistas, partidários e eleitorais. Essa política rasa e imediatista faz parte do nosso cotidiano, mas ela não deveria determinar os rumos do país, muito menos deturpar o propósito das instituições.

A força que move o pêndulo em direção à evolução deriva da capacidade de as nações promoverem mudanças de cultura que colaborem para o fortalecimento das instituições democráticas, que valorizem os princípios da liberdade, que estimulem a competição saudável, a produtividade e a inovação e que reconheçam o mérito, a competência e o talento empreendedor do indivíduo em transformar conhecimento em produtos e serviços desejados e valorizados pela sociedade como o motor do progresso e da mobilidade social. É impossível criar um país democrático e edificar com instituições políticas e econômicas inclusivas sem a existência de lideranças que acreditam nesses valores e princípios e que estejam dispostas a promover mudanças de cultura e de comportamento. A inexistência de tal arcabouço de valores transforma a sociedade numa presa fácil para líderes autoritários e governos populistas que se apoderarem das instituições e conduzem o país aos ciclos de involução nos quais imperam a tirania, a miséria e a ignorância. A credibilidade das instituições e o destino do Estado são moldados pelo exemplo, pelo senso de virtude e pela qualidade dos valores que moldam as escolhas e as ações dos estadistas que conduzem a nação.

ÍNDICE REMISSIVO